河南省"十四五"普通高等教育规划教材

旅游统计学实务与SPSS应用

—第二版—

陈楠 等◎著

中国社会科学出版社

图书在版编目（CIP）数据

旅游统计学实务与 SPSS 应用/陈楠等著. — 2 版. —北
京：中国社会科学出版社，2022.10（2025.1 重印）
　ISBN 978-7-5227-0846-1

　Ⅰ.①旅… Ⅱ.①陈… Ⅲ.①旅游业—统计分析—应
用软件　Ⅳ.①F590-32

　中国版本图书馆 CIP 数据核字（2022）第 166204 号

出　版　人	赵剑英
责任编辑	戴玉龙
责任校对	周晓东
责任印制	王　超

出　　　版	中国社会科学出版社
社　　　址	北京鼓楼西大街甲 158 号
邮　　　编	100720
网　　　址	http://www.csspw.cn
发 行 部	010-84083685
门 市 部	010-84029450
经　　　销	新华书店及其他书店

印　　　刷	北京明恒达印务有限公司
装　　　订	廊坊市广阳区广增装订厂
版　　　次	2022 年 10 月第 1 版
印　　　次	2025 年 1 月第 2 次印刷

开　　　本	710×1000　1/16
印　　　张	21.5
字　　　数	341 千字
定　　　价	98.00 元

作者简介

陈楠，观光经营学博士，人文地理学博士后，河南大学研学旅行研究中心主任，文化产业与旅游管理学院系主任，教授，博士生导师，主要研究方向为旅游统计、节事旅游。

赵辉，管理学博士，河南大学数学与统计学院讲师，主要研究方向为金融统计、数理统计。

袁箐，休闲服务体育学博士，人文地理学博士后，河南大学文化产业与旅游管理学院校聘副教授，硕士生导师。

陈玉英，理学博士，区域经济学博士后，河南大学休闲与会展研究所所长，文化产业与旅游管理学院副教授，硕士生导师。

乔光辉，观光经营学博士，人文地理学博士后，浙江工商大学旅游与城乡规划学院副教授，硕士生导师。

尚雯雯，休闲服务体育学博士，公共管理博士后，河南财经政法大学旅游与会展学院教研室副主任。

第二版前言

　　《旅游统计学实务与 SPSS 应用（第二版）》一书是 2015 年出版的《旅游统计学实务与 SPSS 应用》的修订版，2020 年入选河南省"十四五"普通高等教育规划教材。该书自出版后，被多所院校选作教材或参考书使用，收到了多方的好评。随着文化旅游业的快速发展，旅游统计学内涵与分析工具不断更新变化，为顺应新发展，我们对第一版进行了修订出版。该书供将要从事旅游管理学、旅游经济学、文化产业管理等方向科学研究的高年级本科生和研究生使用阅读。本书系统介绍旅游统计学的基础知识及其在相关领域中的实际应用，从量化研究的基本思路和方法、统计原理和技术、软件应用三个层面有机地进行了整体设计和材料组织，并辅以研究案例，以帮助读者在整体应用上掌握量化研究的基本方法和技术。

　　统计学是收集、分析、处理和解释数据以更好地进行决策的一门学科。其在文化旅游、经济、金融、管理、社会学、犯罪学等许多领域有着越来越广泛的应用。在文化旅游高度发展的今天，旅游过程中出现的形形色色相关问题有待我们系统深入研究，发现其规律与内在关系。本书将旅游统计学中基本概念、逻辑关系进行有机梳理，将数据分析与统计方法的应用紧密融合在一起，每一种方法的介绍与讨论都有具体的数据与案例展开，并根据统计的结果解决问题、作出决策。

　　旅游统计学的教学中最困难的问题之一就是如何提高学生的学习兴趣和主观能动性。要求学生能够克服对数学的畏惧心理，并且能够从容地将统计运用到专业上去。为了达到以上的目的，本书在编写中尽可能简单明了地阐述基本原理，力求理论与实际操作的统一与循序渐进。全书一共分十九章：第一章至第五章是理论部分，主要介绍了旅游统计学的基本概念与基础知识，是软件操作前必须掌握的统计学基本内容；第六章至第十九章是 SPSS 软件的操作应用部分，将旅游统计学的各个理论与操作方法相结合，通过操作截图使学习者能够一步一步地跟随学习进行。本书由河南大学文化产业与旅游管理学院创意与规划系主任陈楠教授担任主编，负责全书的体系构建和统稿工作，并撰写了第一至四章；河南大学数学与信息科学学院赵辉老师担任了第九至十章、第十七至十九章的写作工作；河南大学文化产业与旅游管理学院袁箐副教授撰写了第五章、第十五、十六章，陈玉英副教授撰写了第六至第八章；河南财经政法大学旅游与会展学院尚雯雯老师撰写了第十一、十二章；浙江工商大学城乡与规划学院乔光辉副教授担任了第十三、十四章的编写工作。研究生刘远程、任贺、周健美参与了资料收集与文字校对工作。

本书在第二版编写的过程中，借鉴和引用了大量的国内外统计学相关专家学者的最新理论研究成果和应用成果，形成了本书的理论框架和写作体系的基本素材，其中大部分已在本书的参考文献中列出，但由于篇幅所限，可能会有遗漏，再次谨向这些研究著作的作者表示诚挚的谢意，向所有曾经帮助过本书编写和出版的专家、老师表示诚挚的谢意。衷心感谢中国社会科学出版社的大力支持和相关人员的辛勤劳动。本书的出版受到了河南省"十四五"普通高等教育规划教材项目、河南大学研究生培养创新与质量提升行动计划项目（SYLJC2022004）河南大学研究生教育教学改革研究与实践项目（YJSJG2022XJ016）的共同资助。

本书试图在旅游统计的教材建设上作出探索，尚存很多有待完善和改进之处。同时编写人员经验和水平有限，不当之处敬请广大行业内专家、学者和读者不吝指正，共同完善教材，为旅游教育尽一份薄力。

编者

2022 年 5 月

目　　录

第一章　旅游统计概论

第一节　旅游统计的产生与发展

一　统计的产生与发展

"统计"实践活动的产生已有近五千年的历史，是伴随着社会进步、经济发展和国家管理职能的产生而发展起来的一门学科。

认识世界、改造世界是人类最丰富、最伟大的实践活动。改造世界首先是正确地认识世界。统计实践活动是最初萌芽于对社会经济现象总体的数量特征描述，如人口、土地和财产等现象总量的汇总计量工作。我国早在公元前 2000 多年的夏代，就有人口、土地、粮食和财产的数字记录；在欧洲的古希腊、古罗马时代已经开始对居民人口和财产的统计调查。

伴随着社会生产力的缓慢发展，统计实践活动慢慢地得到了发展，统计实践活动范围由人口、土地、财产等扩大到社会经济生活的各个方面，如工业、贸易、运输业、保险业等等，逐渐成为管理国民经济、组织和指挥生产的重要手段。

统计工作作为政府管理的有用工具，受到了各国政府的高度重视，成立专门的统计机构，统计工作也日益地专业化。1853 年，在比利时首都布鲁塞尔召开了第一届国际统计会议，统计逐渐成为一项国际性的事业。

实践经验证明，社会宏观管理水平越高，对统计的需求就越大，统计的地位越重要，社会生产力水平发展就越快。

人类的统计实践上升到理论予以总结和概括成为一门系统的科学——统计学，距今仅有 300 多年的历史。从统计学的产生发展过程来看，大致可以划分为三个时期：萌芽期、近代期和现代期。

统计学创建于 17 世纪中期至 18 世纪，萌芽期主要有政治算术学派和国势学派。政治算术学派是统计学中最早的学派，起源于 17 世纪的英国，代表人物是威廉·配第（1623—1687）和约翰·格朗特（1620—1674）。威廉·配第创立统计学的目的是为了让人们知道第三次英荷战争中英国面临经济困难。约翰·格朗特对英国伦敦人口的出生率和死亡率进行分类计算，编制了世界上第一张死亡率统计表。政治算术学派在统计发展史上有着重要的地位。首先，它并不仅满足于社会经济现象的数量登记、列表、汇总、记述等过程，还要求对这些统计经验进行全面、系统的总结，并从中提炼出某些理论原则。在搜集资料方面，较明确地提出了大量观察法、典型调查、定期调查等思想；在处理数据资料方面，较为广泛地运用了分类、列表及各种指标来浓缩与显现数量资料的内涵信息。其次，政治算术学派第一次运用可度量的方法，力求把自己的论证建立在具体的、有说服力的数字上面，依靠数字来解释与说明社会经济生活。政治算术学派毕竟还处于统计发展的初创阶段，它只是用简单的、粗略的算术方法对社会经济现象进行计量和比较。由于政治算术学派没有使用统计学这个名词，人们将该学派看作是"有实无名"学派，开创了统计学学科。国势学派又称记述学派，产生于 18 世纪的德国。由于该学派主要以文字记述国家的显著事项，故称记述学派。其主要代表人物是海尔曼·康令（1606—1681）和阿亨华尔（1714—1772）。康令第一个在德国黑尔姆斯太特大学以"国势学"为题讲授政治活动家应具备的知识。阿亨华尔在哥廷根大学开设"国家学"课程，其主要著作是《近代欧洲各国国势学纲要》，书中讲述"一国或多数国家的显著事项"，主要用对比分析的方法研究了解国家组织、领土、人口、资源财富和国情国力，比较了各国实力的强弱，为德国的君主政体服务。因在德文中"国势"与"统计"词义相通，后来正式命名为"统计学"。该学派在进行国势比较分析中，偏重事物性质的解释，而不注重数量对比和数量计算，没有统计学所研究的内容。这一学派属于一直以统计学命名而无真正统计学之内容的学派，即"有名无实"学派。

统计学的近代期是 18 世纪末至 19 世纪末，这时期的统计学主要有数理统计学派和社会统计学派。数理统计学是伴随着概率论的发展而发展起来的。在 18 世纪，由于概率理论日益成熟，为统计学的发展奠定了基础。19 世纪中叶，把概率论引进统计学而形成数理学派。其奠基人是比利时的阿道夫·凯特勒（1796—1874），其主要著作有：《论人类》《概率论书简》《社会制度》和《社会物理学》等。他主张用研究自然科学的方法研究社会现象，正式把古典概率论引进统计学，使统计学进入一个新的发展阶段。由于历史的局限性，凯特勒在研究过程中混淆了自然现象和本质区别，对犯罪、道德等社会问题，用研究自然现象的观点和方法作出一些机械的、庸俗化的解释。但是，他把概率论引入统计学，使统计学在"政治算术"所建立的"算术"方法的基础上，在准确化道路上大大跨进了一步，为数理统计学的形成与发展奠定了基础。社会统计学派产生于 19 世纪后期，创始人是德国经济学家、统计学家克尼斯（1821—1889），主要代表人物主要有恩格尔（1821—1896）、梅尔（1841—1925）等人。他们融合了国势学派与政治算术学派的观点，沿着凯特勒的"基本统计理论"向前发展，但在学科性质上认为统计学是一门社会科学，是研究社会现象变动原因和规律性的实质性科学，因此同数理统计学派通用方法相对立。社会统计学派在研究对象上认为统计学是研究体而不是个别现象，而且认为由于社会现象的复杂性和整体性，必须从总体进行大量观察和分析，研究其内在联系，才能揭示现象内在规律。这是社会统计学派的"实质性科学"的显著特点。

统计学的现代期是自 20 世纪初到现在的数理统计学时期。科学技术迅猛发展，社会发生了巨大变化，统计学进入了快速发展时期。归纳起来有以下几个方面。第一，由记述统计向推断统计发展。记述统计是对所搜集的大量数据资料进行加工整理、综合概括，通过图示、列表和数字，如编制次数分布表、绘制直方图、计算各种特征数等，对资料进行分析和描述。而推断统计，则是在搜集、整理观测的样本数据基础上，对有关总体作出推断。其特点是根据带随机性的观测样本数据以及问题的条件和假定（模型），而对未知事物作出的以概率形式表述的推断。目前，西方国家所指的科学统计方法，主要就是对推断统计来说的。第二，由社会、经济统计向多分支学科发展。在 20 世纪以前，统计学的领域主要是人口统计、生命统计、社会统计和经济统计。随着社会、经济和科学技术的发展，到今天，统计的范畴已覆盖了社会生活的一切领域，几乎无所不包，成为通用的方法论科学。它被广泛用于研究社会和自然界的各个方面，并发展成为有着许多分支学科的科学。第三，统计预测和决策科学的发展。传统的统计是对已经发生和正在发生的事物进行统计，提供统计资料和数据。20 世纪 30 年代以来，特别是第二次世界大战以来，由于经济、社会、军事等方面的客观需要，统计预测和统计决策科学有了很大发展，使统计走出了传统的领域而被赋予新的意义和使命。第四，信息论、控制论、系统论与统计学的相互渗透和结合，使统计科学进一步得到发展和日趋完善。信息论、控制论、系统论在许多基本概念、基本思想、基本方法等方面有着共同之处，三者从不同角度、侧面提出了解决共同问题的方法和原则。三论的创立和发展，彻底改变了世界的科学图景和科学家的思维方式，也使统计科学和统计工作从中吸取了营养，拓宽了视野，丰富了内容，出现了新的发展趋势。第五，计算技术和一系列新技术、新方法在统计领域不断得到开发和应用。近几十年间，计算机技术不断发展，使统计数据的搜集、处理、分析、存贮、传递、印制等过程日益现代化，提高了统计工作的效能。计算机技术的发展，日益扩大了传统的和先进的统计技术的应用领域，促使统计科学和统计工作发生了革命性的变化。如今，计算机科学已经成为统计科学不可分割的组成部分。随着科学技术的发展，统计理论和实践深度和广度方面也不断发展。第六，统计在现代化管理和社会生活中的地位日益重要。随着社会、经济和科学技术的发展，统计在现代化国家管理和企业管理中的地位，在社会生活中的地位，越来越重要了。人们的日常生活和一切社会生活都离不开统计。英国统计学家哈斯利特说："统计方法的应用是这样普遍，在我们的生活和习惯中，统计的影响是这样巨大，以致统计的重要性无论怎样强调也不过分。"甚至有的科学家还把我们的时代叫作"统计时代"。显然，20 世纪统计科学的发展及其未来，已经被赋予了划时代的意义。

二 旅游统计的含义

统计学的英文 Statistics，最早是源于现代拉丁文 Statisticum Collegium（国会）以及意大利文 Statista（国民或政治家）；德文 Statistik，最早是由阿亨华尔（1749 年）所使用，代表对国家的资料进行分析的学问，也就是"研究国家的科学"。字面来看统计最简单、最原始的意思就是"计数"。在人类社会生活与经济活动中，"统计"是经常可以接触到的活动，它被赋予了多种涵义，有时被作为一种工作、职业；有时又被认为是一种行为、动作；有时又被看作一种积累、概括与总结。

"统计"的概念，可以指统计数据的搜集活动，即统计工作；也可以是指统计活动的结果，即统计数据资料；还可以是指分析统计数据的方法和技术，即统计学。

（一）统计工作

统计工作是指对社会经济现象进行数量方面的搜集、整理、分析和研究等实践过程的总称。从事此工作的人员，统称为统计工作者；组织和领导这项工作的部门，成为统计机构或统计部门。我国在国务院设有国家统计局，各部、委、省（直辖市、自治区）、市、县设有统计局（司）、处、科等单位。

（二）统计数据资料

统计数据资料是统计工作活动进行搜集、整理、分析和研究的主体及最终成果。不管是个人、集体和社会，还是国家、部门和事业、企业、公司及科研机构，都离不开统计数据资料。例如，我们班的学生人数120人，女生占30%，男女生的比例为2.33∶1等；公司和企业要管理好生产和销售，必须进行市场调研、生产控制、质量管理、人员培训、成本评估等，这就需要对有关的生产资料、市场资料、成本资料、人员资料、质量资料等进行搜集、整理、分析和研究。一般旅游统计资料有统计年鉴、统计手册、统计资料汇编和统计分析报告等。国家统计局每年出版统计年鉴，反映国家的经济、文化教育以及科技发展等情况，这些都是在这个意义上的统计。

（三）统计学

统计学是统计工作实践的理论概括，是专门研究社会经济现象数量方面的一门社会科学，其目的是探索数据的内在规律性，以达到对客观事物的科学认识。

统计工作、统计数据资料和统计学这三个含义是紧密结合、相互联系的，是一组相互关联、相互影响的社会理论与实践活动的总和。正确而有价值的统计资料，必然是在科学统计工作的结果；而科学的统计工作，又必然是在统计学理论的指导下完成的，三者联系起来才是"统计"的完整概念。

旅游统计学是统计学的一个重要分支，是社会统计学的重要组成部分，是专门研究旅游经济现象数量方面的一门学科。

第二节　旅游统计的特点、作用与基本方法

一　旅游统计的研究对象与特点

旅游统计学的研究对象是旅游经济统计的认识活动过程，即认识旅游经济总体数量方面的一种调查研究活动过程。

第一，从认识活动过程的角度来研究。其中心内容是旅游经济的认识活动是怎么样进行的，它的活动方式、方法受什么因素制约，用什么方法、遵循什么原则才能反映社会经济总体的实际情况，怎样深入认识旅游经济总体及其发展的数量规律性等等。

第二，从统计学活动组织管理过程的角度来研究。这种研究和成果统称为旅游统计组织管理学。

旅游统计学研究对象的特点有以下几点。

（一）数量性

数量性是旅游统计学研究对象的基本特点，数字是统计的语言，数据资料是统计的原料。旅游统计的基本特点就是从"数量"上反映和研究旅游经济现象，包括数量多少、现象之间的数量关系、质与量相互转变的数量界限以及这三方面的现状和发展变化过程。一切客观事物都有质与量两个方面，事物的质与量总是密切联系、共同规定着事物的性质。没有无量的质，也没有无质的量。一定的质规定着一定的量，一定的量也表现为一定的质。在认识的角度上，质和量是可以区分的，可以在一定质的情况下，单独地研究数量方面，通过认识事物的量进而认识事物的质。因此，事物的数量是我们认识客观现实的重要方面，通过分析研究旅游统计数据资料，研究和掌握统计规律性，就可以达到我们统计分析研究的目的。

进行统计研究，要求我们根据经济理论范畴的质的规定性，确定相关统计指标概念，搜集统计指标数值，观察其变化，进行必要的统计分析和统计预测。统计是在"定性—定量—定性"的辩证统一中认识事物规律。

（二）总体性

旅游统计学的研究对象是对旅游经济现象总体普遍存在着的事实进

行大量观察和综合分析，得出反映现象总体的数量特征和规律性。旅游统计学强调研究对象集合特征，通过对总体现象的整理归纳，消除个别的、偶然的因素影响，使总体呈现相对稳定的规律性事实。要了解旅游经济现象的总体情况以及发展变化规律，就必须研究大量的旅游经济现象，从而得出旅游经济现象的总体表现。由于种种原因，个别单位、个别事物在一定时间内发展变化会受到偶然因素的影响，只有通过大量的观察和综合的分析，才能排除偶然因素的影响，正确反映旅游经济现象的总体特征。只有通过大量现象的观察与分析，才能有效地总结出普遍性的规律。

旅游统计学研究对象的总体性，是从对个体实际表现的认识过渡到对总体数量表现的认识。这个过程可以简称为从个体到总体。例如，入境游客统计必须从了解每个入境游客的情况开始，然后经过分组、汇总、计算等工作，过渡到说明入境游客的人口总体数量方面的情况。只有从个体开始，才能对总体进行分析研究，更好地分析研究现象总体的统计规律性。

（三）具体性

旅游统计学对象是旅游经济领域中具体现象的数量方面，具有明确的现实含义。数学是研究事物的抽象空间和抽象数量的科学，而旅游统计学研究的数量是客观存在的、具体实在的数量表现。旅游统计学研究对象的这一特点，也正是旅游统计工作必须遵循的基本原则。正因为旅游统计的数量是客观存在的、具体实在的数量表现，它才能独立与客观世界，不以人们的主观意志为转移。旅游统计资料作为主观对客观的反映，必然是存在第一性、意识第二性，存在决定意识，只有如实地反映具体的已经发生的客观事实，才能为我们进行旅游统计分析研究提供可靠的基础，才能分析、探索和掌握事物的统计规律性。否则，虚假的旅游统计数据资料是不能成为统计资料的，因为它违背了旅游统计学研究对象的这一个特点。

二　旅游统计的性质

统计学研究的对象是客观现象的数量方面。早期统计所研究的问题有人口调查、出生与死亡的登记等，后来又扩大到社会经济和生物实验等方面。目前不论社会的、自然的或实验的，凡是有大量数据出现的地方，都要用到统计学。凡能以数量来表现的均可作为统计学的研究对象。

统计方法已渗透到其他科学领域，成为当前最活跃的学科之一。

统计学所研究的是总体的数量特征及其分布的规律性。总体是由许多个体组成的，个体在数量特征上受必然和偶然两种因素的支配，必然因素反映了该总体的特征，但由于受偶然因素的影响又是有差异的，如何通过这些个体的差异来描述或推断总体的特征就产生了统计学。

统计学的发展有一个过程，早期的国势学派和政治算术学派虽然也利用一些统计方法来记述和分析现实问题，但这时还没有形成独立的统计学。随着统计方法的应用日益广泛，其内容也不断发展和充实，尤其是概率论的发展为统计方法提供了理论基础，使统计的方法相对独立地形成了自己的科学体系，即统计学。其内容包括如何去搜集资料，如何对搜集的资料加以整理、概括和表示，以及如何对取得的数据进行分析和推断等一系列方法。这些方法和原理构成了统计学的基本内容。目前统计方法已成为科学研究和各种管理的重要工具，它是一门年轻而引人入胜的科学，并且还在不断地发展。

旅游统计学属于方法论科学，还是属于实质性科学？这个问题是与研究对象相联系的。一般认为，旅游统计学属于认识旅游经济总体现象数量方面的方法论科学，是从认识方法的角度指导统计实际活动，并不对客观认识对象作出实质性结论。

旅游统计学从研究领域来讲，属于社会科学；从研究对总体数量方面的认识方法来讲，它属于认识方法科学，是作为认识社会重要工具的方法科学。这样就决定了它的两方面基本特征，一个方面是社会性，另一个方面是与社会性结合的数量方法性。上述的观点通常称为方法论派。

对于旅游统计学的性质，还有两种主要看法是：

第一，认为数理统计学是唯一的统计学。这类看法认为旅游统计学的研究对象是随机现象，是以概率论为基础的应用数学，是一门通用的数学方法论科学；认为不存在独立的社会经济统计学。这种观点通常称为数理统计学派。

第二，认为社会经济统计学是唯一的科学，旅游统计学是社会经济统计学的一种形式。这类看法认为旅游统计学是社会经济统计学的一种形式，统计学的研究对象是社会经济现象的数量方面，是研究社会发展规律在一定时间、地点条件下数量表现的独立的社会科学，是一门实质性科学；认为可以应用数理统计学方法，但数理统计学属于数学而不是统计学。这种观点通常称为社会经济统计学派或规律派。

本书认为旅游统计学是一门方法论的科学。如上述内容所示，在统计学界对旅游统计学的性质有实质性科学和方法论科学之争。我们认为旅游统计学是实用性很强的方法论科学，就统计工作来说，它总是研究实际问题的，旅游统计的方法也是从现实问题中产生的。明确旅游统计学的研究对象和性质具有重要的意义，对于统计学理论发展和统计实际工作都有重大影响。

三　旅游统计的方法

旅游统计学的特定研究对象决定了统计学的研究方法，而科学的统计方法则是完成统计任务的基本手段。在统计研究整个过程的不同阶段中，可以运用各种不同的专门方法，如大量观察法、统计分组法、综合指标法、时间序列法、指数法、抽样法等。其中，统计分组法和综合指标法是建立在大量观察法的基础上，运用于统计学全过程的两个基本方法，统计分组法又为综合指标法提供了分析的前提。

（一）大量观察法

大量观察法是统计学所特有的方法。旅游统计要认识旅游经济现象发展的特征和规律性，必须从总体上进行观察，即对研究总体的全部或足够多数单位进行调查并进行综合分析，这种方法称为大量观察法。这是由统计研究对象的大量性和复杂性决定的。大量复杂的旅游经济现象是在诸多因素的综合作用下形成的，各单位的特征及其数量表现有很大的差别，不能任意抽取个别或少数单位进行观察。必须在对被研究对象的全面分析的基础上，确定调查对象的范围，观察全部或足够多数的调查单位，借以对客观现象的规律性有所了解。运用大量观察法对同类旅游经济现象进行调查和综合分析，使次要的、偶然的因素作用相互抵消，从而排除其影响，以研究主要的共同起作用的因素所呈现的规律性。统计调查中的许多方法，如旅游统计报表、普查、旅游抽样调查、旅游重点调查等，都是对大量单位进行观察研究，来了解旅游经济现象及其发展情况的。

（二）统计分组法

根据统计研究的任务和事物的内在特点，将被研究的旅游经济现象划分为性质不同的几个部分，统称为统计分组法。分组法是统计整理阶段的专门方法，也是贯穿统计研究全过程的方法。通过对总体各个不同组成部分及其相互关系的分析，可以补充、丰富和深化对总体的认识。

（三）综合指标法

旅游统计研究要客观反映旅游相关的经济现象的数量特征，首先要借助于统计指标。综合分析法，是指对大量观察所获得的资料，运用各种综合指标的方法，以反映总体一般的数量特征，并对综合指标进行分解和对比分析，以研究总体的差异和数量关系。对大量原始数据进行整理汇总，计算各种综合指标，以显示出现象在具体时间、地点以及各种因素共同作用下所表现的规模、水平、集中趋势和差异程度等，概括地描述总体的综合特征和变动趋势。常用的综合指标有，总量指标、相对指标、平均指标、变异指标、动态指标等。

（四）模型推断法

模型推断法就是在统计综合指标分析的基础上，借助于数学模型为手段，对旅游经济现象总体的数量特征进行归纳、推断和预测。所谓数学模型，就是根据旅游经济现象的内在、外在因素变量及其相互关系，进行抽象和假设，构造一个或一组反映旅游经济现象数量关系的数学方程式。利用数学模型可以提示旅游经济现象总体存在的内部关系，分析变量间的相互关系，进行统计推断和预测。

四 旅游统计的作用

随着社会主义市场经济体制的逐步建立和完善，统计职能将越来越重要。旅游统计已由单纯的统计信息搜集整理职能转变为信息、咨询、监督三大职能。旅游统计部门已成为旅游产业经济信息的主体部门，成为国家旅游相关产业重要的咨询和监督机构。

（一）信息职能

是指系统地搜集、整理、贮存和提供大量的以数量描述为基本特征的社会经济信息资源。

（二）咨询职能

是利用已掌握的丰富的信息资源，运用科学方法进行综合分析，为科学决策和管理提供情况和咨询建议。

（三）监督职能

是利用统计信息，对社会经济的运行状态进行定量检查、监测和预警，揭示社会经济运行中出现的偏差，提出矫正意见，预警可能出现的问题，提出对策，以促使社会经济持续、健康的发展。

信息、咨询、监督三大职能是相互作用、相辅相成的，共同构成了统计的整体功能。其中，信息功能是最基本的，咨询、监督功能是统计信息功能的延续。发挥统计整体功能是我国长期统计工作，特别是改革开放以来统计实践经验的总结，是国家科学管理和宏观调控的客观需要。

（四）旅游统计的作用

根据国家旅游统计法的规定和旅游统计的特点，旅游统计的基本任务是：根据党和国家政策与要求，准确、及时、全面、系统地搜集、整理旅游经济现象的资料并进行分析和预测，为制定旅游方针和政策、加强旅游监督检查与管理、发展旅游经济和加速现代化建设服务。

旅游统计的具体作用主要体现在信息、咨询、监督三大功能上。具体表现为：

第一，为党和政府各级领导机构决策和宏观调控提供资料。我国是一个地大物博、人口众多、旅游资源丰富的国家。随着经济的高速发展，旅游业逐步发展成为了国民经济的支柱产业和关联性极强的先导产业。为了使旅游业快速、健康、规模化发展，必须同国民经济其他部门相互配合、相互平衡、协调发展。因此，提供准确、及时、全面、系统的旅游统计信息，会使国家制定旅游决策与宏观调控计划更符合旅游发展的客观规律。

第二，为旅游相关企业、事业单位经营管理提供依据，推动旅游业发展。旅游统计既是制定政策的依据，也是各级旅游部门加强科学管理的重要工具。搞好旅游统计工作是可以有助于旅游业相关企业、事业单位加强管理，为制定计划、措施，进行科学管理提供依据，推动旅游业的规模化、有序化发展。

第三，为旅游学科的科学研究提供资料。理论来源于实践，实践是检验真理的唯一标准。通过大量的旅游经济现象，可以找出内在的联系与规律，抽象出反映事物本质的原则、定理，总结出旅游经济理论。旅游统计能及时提供准确、全面、丰富地反映旅游经济现象的资料，用这些资料进行整理分析研究，了解行业内部的关系与规律，归纳出切合实际的结论，再上升到科学理论，充实已有的旅游统计理论，再用这些理论进一步指导统计工作实践，从而完成从"实践到理论，再由理论指导实践"的发展。

第四，为旅游业的国际交流发展提供资料。旅游业是朝阳产业和绿色产业，关联度高、带动作用大、吸纳就业多、资源消耗少。加快发展旅游业是转变发展方式、实现经济社会可持续发展的重要途径。中国蕴藏着巨大旅游需求，而中国旅游业正进入快速发展的黄金时期。采取更加有力的措施，推动旅游业实现又好又快发展，培育充满活力的市场主体，建立公平竞争、开放统一的大市场，就要依靠旅游统计的科学分析，准确、全面、丰富地了解旅游行业内部的关系与规律，归纳出切合实际的结论，从而扩大旅游业对外开放，推进国际旅游交流与合作，共同促进全球旅游业的持续繁荣。通过旅游统计的调查分析，进一步加快国内外旅游市场一体化进程，进一步与国际市场、国际规则、国际水平接轨，保障旅游行业的国际交流发展。

五　旅游统计的基本环节

旅游统计是一项具有广泛群众性和高度集中性的工作，也是进行调查研究、认识事物本质及规律的工作。一项统计任务，通常需要许多部门、地区和单位密切协作、互相配合来共同完成。一次统计活动的完整过程有以下几个主要环节，即统计设计、统计调查、统计整理、统计分析和统计运用；也有将其分为统计设计、统计调查、统计整理和统计分析四个环节。其中最基本的是统计调查、统计整理和统计分析三个环节。

（一）统计调查

根据统计的目的任务设计调查提纲与指标体系，用科学的方法及时、全面地搜集被研究对象准确、可靠的资料，以获得丰富的感性认识。统计调查这一环节既是认识客观事物的起点，也为下一步的统计整理与统计分析打下基础。

（二）统计整理

对统计调查得来的资料进行审核、分组，计算组值和统计数值，编制统计表，通过对资料的科学加工与汇总，使之条理化、系统化、规范化、科学化，成为能说明经济现象总体数量特征的综合资料。统计整理这一环节是统计研究的中心环节。

（三）统计分析

对统计整理的资料进一步深化，计算各种分析指标，运用各种统计分析方法，揭示被研究对象的发展变化趋势和规律性，作出科学的结论。统计分析这一环节是理性认识阶段，是统计研究的决定性环节。

这三个环节是相互独立、相互联系、相互交叉进行的，缺一不可。

第一个环节是基础，第二个环节是中心，第三个环节是结果。

第三节　旅游统计的基本概念

一　统计总体与总体单位

统计总体简称"总体"，是指符合某一统计研究目的和要求的，客观存在的、在同一性质基础上结合起来的许多个别单位的整体。总体可以分为有限总体和无限总体。总体所包含的单位数是有限的，称为有限总体，如人口数、企业数、商店数量等。总体所包含的单位数是无限的，就称为无限总体，如连续生产的某种产品的生产数量，大海里的渔业资源等。在旅游经济现象中，统计总体大多是有限的，如旅游人数统计、旅游企业统计、旅游外汇收入统计等都是有限总体。

对有限总体可以进行全面调查，也可以进行非全面调查，但对无限总体只能抽取一部分单位进行非全面调查，据以推断总体。

构成总体的这些个别单位成为"总体单位"，简称"单位"或"个体"。原始资料最初是从各个总体单位取得的，所以总体单位是各项统计资料最原始的承担着。

总体与总体单位是具有相对性的，随着研究目的、研究范围、研究任务的改变而变化。同一事物或者单位可以是总体，也可以是总体单位。例如，要了解全国酒店的员工工资收入情况，那么全国全部的酒店是总体，各个酒店是总体单位。如果旨在了解某个酒店员工的工资收入情况，则该酒店就成为了总体，每位员工的工资就是总体单位了。

总体和总体范围的确定取决于统计研究的目的要求。形成统计总体的必要条件是同质性、大量性和差异性。

（一）同质性

它是指总体中的各个单位按某一统计研究目的要求必须具有某种共同的属性或标志数值。例如，国有星级酒店总体中每个酒店企业共同标志属性是国家所有。同质性是总体的根本特征，只有个体单位是同质的，统计才能通过对个体特征的观察研究，归纳和揭示出总体的综合特征和规律性。

同质性的概念也是相对的，它是根据一定的研究目的而确定的，目的不同，同质性的意义也就不同。

（二）大量性

它是指总体中包括的总体单位有足够的数量。总体是由许多个体在某一相同性质基础上结合起来的整体，个别或者很少几个单位不能构成总体。个别单位的数量表现可能是各种各样的，只对少数单位进行观察，其结果难以反映总体的一般特征。总体的大量性，可使个别单位某些偶然因素的影响（表现在数量上的偏高、偏低的差异）相互抵消，从而显示出总体的本质和规律性。

（三）差异性

总体各单位除了有共同的一面，在其他方面还存在着差异。差异是普遍存在的，是统计存在的前提条件。总体各单位之间存在差异性的特点，是由于各种因素错综复杂作用的结果，所以必须采取统计方法加以研究，才能标明总体的数量特征。

以上三个特征是形成统计总体的必要条件，三者缺一不可。有了具备三个特征的总体，才能进行一系列的统计计算和分析研究。

二　统计标志

（一）标志和标志表现

统计标志简称"标志"，是指统计总计单位属性或特征的名称。从不同角度考察，每个总体单位可以有许多特征。例如，在酒店职工总体中，每个职工可以有性别、年龄、民族、工种等特征，这些都是职工的标志。

标志表现是指标志特征在各单位的具体体现。例如，酒店职工的性别是"女"，年龄是"22 岁"，民族为"汉族"等，这里的"女""22 岁""汉族"就是性别、年龄、民族的具体体现，即标志表现。标志具体表现有文字和数字两种形式。

（二）标志的分类

标志按变异情况的不同，可分为不变标志和变异标志。在某一研究目的的条件下的总体中，当一个标志在各个单位的具体表现都相同时，这个标志称为不变标志；当一个标志在各个单位的具体表现有可能不同时，这个标志称为可变标志或变异标志。不变标志是构成统计总体的基础，因为必须至少有一个与研究目的相对应的不变标志将各总体单位连结在一起，才能使它具有"同质性"，从而构成一个总体。变异标志是统计研究的主要内容，因为，如果标志在各总体单位之间的表现都相同，那就没有进行统计分析研究的必要了。

标志按其性质的不同，可分为品质标志和数量标志。品质标志表示事物的质的特性，不能用数值来表示，只能用文字表示其属性，如调查某一旅行社职员的情况，该企业的每一个职工就是总体单位，性别、民族、学历等调查项目是说明总体单位特征的名称，就是品质标志。而具体的某个员工，如白某、性别男、民族汉族、学历大学本科等，就是在品质标志名称下的属性。而数量标志表示事物的量的特性，是用数值表示的，如员工的年龄、工资、工龄等调查项目即为数量标志。具体而言，如：白某年龄 34 岁，月工资 4500 元，这是数量标志的具体表现，统计上成为标志值（或变量值）。

三　统计指标

（一）统计指标概念及其构成要素

统计指标综合反映统计总体数量特征的概念和数值，简称为指标，它是统计认识的工具与手段。一个完整的统计指标包括指标名称和指标数值两个部分，它体现了事物质的规定性和量的规定性两个方面的特点。如统计调查得知某市 2011 年国庆黄金周 7 天共接待游客 1.34 亿人次，这就是指标，是说明总体数量特征的，它反映了指标数值在一定的时间、地点和条件下达到的规模和水平。在通常情况下，反映某种现象的统计指标只有一个，而它的指标数值可以有若干个。指标需要有数值来表示，而数值离开了指标也就没有意义了。

（二）统计指标的特点

统计指标一般有三个特点：第一，统计指标都能用数字表示；第二，统计指标是说明总体综合特征的；第三，统计指标是反映一定社会经济范畴的数量。

（三）统计指标的种类

统计指标的分类标准有两种，分别是按其反映的数量特点和按指标数值的表现形式。

按其反映的数量特点不同，指标可以分为数量指标和质量指标。反映总体总规模、总水平和工作总量的统计指标成为数量指标，如固定资产投资总额、职工总数、国内生产总值、旅游企业总数等。数量指标又称为总量指标，用绝对数表示。反映现象相对水平和工作质量的统计指标称为质量指标，如职工平均工资、人口密度、失业率等。质量指标是总量指标的派生指标，用相对数或平均数表示，以反映现象之间的内在联系和对比关系。

统计指标数值的表现形式不同，分为总量指标、相对指标和平均指标。数量指标就是总量指标。质量指标的数值表现形式又可分为两种。其中，人口密度、失业率等，都是以相对数形式表示出来，这类指标称为相对指标；而职工平均工资、粮食的单位面积产量等，则是以平均数形式表现出来的，这类指标称为平均指标。

（四）统计指标体系

单个指标只能说明某种现象，要全面说明现象的数量关系，需要用一套指标，即指标体系。指标体系是指全面说明社会经济现象数量关系具有内在联系的一系列指标所构成的整体。通过指标体系可以完整地反映社会经济现象发展过程的因果、依存和平衡关系。

四 标志与指标的区别和联系

在实际工作中，经常出现把指标和标志混淆的现象，必须看到两者既有密切联系，又有明显区别。区别点主要有以下四点。

第一，标志是说明总体单位特征的，而指标是说明总体特征的。

第二，有的标志可以用数值表示，如数量标志。有的标志不能用数值表示，如品质标志。而所有的指标都能用数值表示。

第三，标志中的数量标志不一定经过汇总，可直接取得。而指标数值是经过一定的汇总取得的。

第四，标志一般不具备时间、地点等条件，但作为一个完整的统计指标，一定要具有时间、地点、范围等条件。

标志与指标的联系有以下两点。

第一，有许多统计指标的数值是从总体单位的数量标志汇总而来的，既可以是总体单位标志量的总和，也可以是总体单位数的综合。例如某城市的旅游收入指标是由该地区的每一个旅行社、旅游酒店、旅游交通、旅游景区等的收入汇总而来的；而该地区旅游从业人员人数指标是由该地区各旅游企业的职工人数汇总而来的。

第二，随着研究目的的变化，两者存在着一定的变换关系，即研究目的不同时，其条件、范围发生了变化，指标与标致的关系也随之发生变化，如原来的总体变成了总体单位，那么相应的指标也就变成了标志。例如，在研究某酒店员工情况时，该酒店的全体员工就是总体，该酒店的工资总额为统计指标。而在研究该酒店所属的地区所有职工的工资情况时，该酒店就变成了总体单位，而该酒店的工资总额就成为了数量标志，具体的工资总额数值成为了标志值。

五 旅游统计指标与旅游统计指标体系

（一）旅游统计指标

旅游统计指标是指在旅游统计工作实践中标明旅游经济现象在一定时间、地点条件下的规模、水平、速度、比例关系等。它是反映统计总体数量特征的概念和具体数值。旅游统计指标是由指标名称、指标数值所构成的。指标名称是指标质的规定，反映一定的旅游经济范畴；指标数值是指标量的规定，它是根据指标的内容所计算出来的具体数值。

（二）旅游统计指标体系

为了全面反映旅游经济现象的情况，正确说明旅游经济现象出现的问题，就需要运用一组旅游统计指标加以反映。单个旅游统计指标只能说明总体现象的一个侧面，若干个相互联系的旅游统计指标组成一个整体就称为旅游统计指标体系。换言之，旅游经济是相互联系、相互制约的诸种旅游经济现象相结合的有机整体。全面反映旅游经济现象的众多的统计指标形成的一个有机体系，就是旅游统计指标体系。旅游统计就是运用这一套完整的科学的旅游统计指标体系进行调查、整理和分析研究旅游经济现象中统计总体的数量特征及其相互关系的。

旅游统计指标体系的组成，取决于旅游产品生产过程的特点。主要由下列几个部分组成。

第一，旅游人数的相关统计。主要包括：旅游人数指标、旅游人数的构成统计指标、旅游人数变动统计指标和旅游者平均天数、旅游者安全统计指标等。

第二，旅游资源的相关统计。主要包括：旅游 5A 级、4A 级、3A 级景区的数量指标、星级酒店数量指标、旅游餐饮饭店数量指标等。

第三，旅游劳动的相关统计。主要包括：旅游劳动强度指标（年工作日、周工作时间等）、劳动回报指标（平均年薪水平、平均年薪增长率等）、劳动力变动指标（员工数增减、平均离职率、平均新进率等）等一系列指标。

第四，旅游财务的相关统计。酒店企业财务收入指标、旅游目的地旅游收入指标等。

六 变异与变量

统计中的标志和指标是可变的，其表现的形式也不同。如性别的标志表现为男、女；年龄标志的表现为 20 岁、30 岁、50 岁等；某一旅游目的地旅游人数的多少与旅游经济收入的高低表现不同，这种标志上的差异称为"变异"，也就是常说的"变化"。这种变异是普遍存在的，这也是统计存在的前提条件，没有了变异，也就没有统计的必要。

在变异种，有品质变异，也有数量变异。一般把数量上的变异称为"变量"。变量的数值表现即是变量值。变量与变量值是两个不同的概念，与数学上的函数与函数值一样。例如，游客的工资收入中，"工资收入"是个变量，而工资数"2000 元""2650 元""4890 元""6580 元"等都是工资收入变量的变量值。如果我们求这四个的平均工资，不能说是求四个变量的平均值，而是求工资四个变量值的平均值。

变量按变量值的连续性可以分为连续变量与离线变量（又称为不连续变量）。有连续数值变化的变量，即可以用小数值表示的变量，称为连续变量。连续变量的数值是连接不断的，相邻的两个数值之间可作无限分割，如身高、体重、年龄等。以整数值变化的变量，称为离线变量。离散变量的各变量值之间是以整数位断开的，如旅游专业学生人数、旅游企业数量、旅游接待游客数量等，都只能按整数计算。

变量按性质可分为确定性变量和随机变量两种。如果某一变量值能够被另外一个或几个变量的值按照一定的规律唯一确定，则该变量成为确定性变量。例如旅游纪念品的价格与销售量确定，则销售额就是唯一的。随机变量的数值变动受许多因素影响，其中有些因素是确定的，有些因素是带有偶然性的，变量值的大小存在波动性，没有一定的方向与趋势，不易被测定。

第四节 旅游统计与旅游卫星账户

旅游卫星账户是当前联合国和世界旅游组织等国际机构所积极推广的一种测度旅游业经济影响的方法体系。旅游卫星账户作为一种新型、权威、有效的衡量工具应运而生，成为世界旅游组织和联合国统计委员会推选的国际标准，并成为各国政府部门制定旅游经济发展政策的有力工具。

一　旅游卫星账户的作用

20 世纪 90 年代中期，旅游卫星账户核算方法一经出现就受到了世界有关经济学家和统计学界的推崇。2000 年 3 月联合国统计委员会正式批准了世界旅游组织提交的《旅游附属账户：建议的方法框架》（简称"框架"），使旅游业成为第一个拥有获得联合国首肯的国际性标准来测量和计量的产业。旅游卫星账户（TSA，Tourism Satellite Account）又称为旅游附属账户，是一种宏观统计计量方法。它是以国民经济核算为统计基础，按照国际统一的国民账户的概念和分类标准，在国民经济核算总账户下所单独设立的一个子系统。通过编制这一账户可以把由于旅游消费而引发的国民经济各行业中的直接和间接的旅游产出，从相关行业中分离出来单独进行核算，从而达到在国际统一的统计框架下对旅游经济进行全面测量和分析比较的目的。旅游卫星账户区别于传统的旅游统计体系，为各旅游发展国家提供了一个国际统一标准的计量方法，不仅大大提高了旅游统计数据的可信度和区域间的可比性，还能够准确全面地测度旅游经济在整个国民经济中的地位和作用，实现国际间的可比和对旅游业经济影响的量化分析。世界贸易组织（WTO）和经济合作与发展组织（OECD）就旅游业对社会经济重要性做了大量的研究工作，着力解决了如何描述旅游经济以及如何测度旅游对经济的影响等难题，这对后来卫星账户的设立起了重要的作用。WTO、OECD、欧共体统计局（Eurostat）和联合国统计司合作进行编制"旅游卫星账户：推荐方法框架（Tourism Satellite Account：Recommended Methodological Framework（TSA：RMF)"。统计委员会同意此框架，于 2000 年 3 月批准采纳。旅游卫星账户为政策制定者提供了对旅游部门的概览，以及与其他经济部门的比较。"框架"遵守国民核算原则，设置了一系列全球标准和定义来测量旅游对 GDP、就业、资本投资、税收等等的贡献，以及旅游业在国家收支平衡中的重要作用。

二　国外旅游卫星账户建立情况

2001 年 5 月，由加拿大旅游委员会、世界旅游组织（WTO）、世界旅游理事会（WTTC）和世界经合组织（OECD）主办，在温哥华举行了"旅游卫星账户（TSA）——为良好决策提供可靠数据"的国际会议。温哥华会议确认了 TSA 作为一种国际标准，用以测量一个经济体系之内旅游对其他产业和其他经济体系产生的直接经济影响，承认以往开发和实施 TSA 的努力遵循了多样化的方法；承认各国可以根据各国自己的情况，在 TSA 标准之内对分类进行调整。加拿大、澳大利亚、西班牙、法国、新西兰、瑞士、美国等国相继进行了旅游卫星账户编制的实践。他们以"框架"为基础，并根据本国的实际情况进行了相应的调整和补充。许多发达国家通过旅游卫星账户的成功编制，为制定旅游业发展政策和规划提供了决策依据。在对旅游卫星账户的界限与分析中，许多国家从中受益。

三 我国旅游卫星账户建设情况

由于 TSA 是由一些逻辑严密、协调一致的账户表式组成，所以在其建立的过程中存在着许多困难。但是随着中国经济的不断发展，创建中国旅游卫星账户大致具备以下优势。一是国际 TSA 理论和实践的丰富经验。国际成功的 TSA 理论与实践，显示了旅游统计与旅游核算国际化和科学化的最高水平。TSA 为进行旅游经济宏观经济分析和决策提供了有力的工具。建立以国际化标准为基点的旅游统计与核算体系，不仅是政府制定宏观经济政策、有效规划和管理旅游业服务的重要手段，更是跻身国际旅游产业的重要前提。二是中国政府的高度重视。中国多次参与世界旅游组织会议之后，国家旅游局在中国部分省市进行了研究编制旅游卫星账户的试点工作。在此基础上，国家旅游局和国家统计局研究商定，于 2006 年正式开展了"中国国家级旅游卫星账户"研究编制工作。三是中国旅游统计国际化初见成效。国民经济核算是统计体系的框架和参照点。TSA 提供了建立科学的旅游统计体系的规范。在 TSA 框架下选取指标、定义概念和构建指标体系，统计过程应覆盖更宽的信息范围，提供具有国际可比性、高可信度和一致性的数据。1991 年 6 月，世界旅游组织颁布了《关于旅游统计的建议草案》，并以《世界旅游组织和联合国关于旅游统计的建议草案》形式作为一种国际标准在世界范围内推广。

2002 年 9 月江苏省旅游卫星账户编制试点工作组完成了《江苏旅游卫星账户体系构建》，较系统地提出了江苏区域旅游卫星账户的构想。2006 年国家旅游局和国家统计局联合组成工作组，正式启动国家级旅游卫星账户研究编制工作。2007 年 3 月 1 日"中国国家级旅游卫星账户"项目工作组召开的汇报鉴定会，由国家统计局和国家旅游局有关专家组成的研究小组，经过长期的研究工作，以联合国统计委员会批准的《旅游附属账户：建议的方法框架》为基本原则，利用 2004 年全国第一次经济普查和国民经济核算的相关资料，初步编制完成"中国国家级旅游卫星账户"的部分账户表。

第五节　常用旅游统计类别

一　旅游者统计

旅游已经融入到人们的生活之中，而作为社会经济活动，旅游活动的基本要素有三个：旅游者、旅游对象和旅游业。对旅游主体——旅游者的统计研究意义重大，对旅游者统计可以反映其旅游业的发展水平。而对旅游者的统计主要有以下几种。

（一）旅游者人数及其构成

旅游者人数是旅游统计最基本、最重要的资料。是指一定时期内到达某一国家、某一旅游城市、某一旅游企业（景区景点）接待的旅游者人数总和。旅游者人数属于综合指标中的总量指标，一般表现为时期指标。

一个国家或地区旅游者人数会受到各类影响而发生波动，影响旅游者人数波动的因素主要有三个方面：第一，旅游者方面的因素。这主要是旅游需求方面的影响因素，如旅游者自身可支配的时间、收入等客观条件、旅游者的旅游动机、旅游心理等主观条件。第二，旅游目的地方面的影响因素。主要是旅游价格、旅游资源、旅游设施、旅游服务质量等。第三，其他方面的影响因素。如旅游地安全性、货币汇率、当地政府对旅游的态度等。

（二）旅游者人数统计指标

我国在统计旅游者人数时，主要按照国籍划分，即：国际旅游者人数和国内旅游者人数。国内旅游者人数包括本国人的国内旅游人数及本国人的出境旅游人数。

在常见的旅游者人数派生指标中，有日最高人数和日最低人数、日平均人数、旅游密度、旅游市场占有率等。日最高人数和最低人数分别反映了报告期内旅游者人数达到的最高水平、最低水平。通常日最高人数和日最低人数都是以年来确定，即表明一年内旅游者人数波动的高峰与低谷。日平均人数是指报告期内平均每天接待的旅游者人数，反映的是报告期内旅游者人数的一般水平。旅游密度是指报告期内一国（或一地区）接待入境旅游者人数与该国（或该地区）居民人口总数的比率，表明对外旅游在该国（或该地区）发展的普遍程度。旅游市场占有率是指报告期内一国接待入境旅游者人数（或其中某一个国家的旅游者人数）与世界各国出国旅游人数（或者其中某国的出国旅游人数）的比率，表明该国在国际旅游市场上所占的份额。

（三）旅游者停留时间统计

某一国家或者地区旅游活动的规模可以通过两方面内容来体现，一是旅游者人数，另外一个就是旅游者停留的时间。也就是说发展旅游时不仅要从数量上增加旅游人数，更要吸引旅游者驻足，使其停留的时间延长。旅游者停留时间的长短，可以反映出一个国家或地区旅游活动规模的大小。在统计时，常用过夜人天数、平均停留时间等指标来测量。旅游者停留时间通常是以旅游者在一国或一地的过夜天数来表示的，反映的是旅游者在饭店、旅游管理设备的使用情况。在实际工作中以"过夜人天数"作为旅游者停留时间总量的计量单位。平均停留天数是研究旅游者停留时间的重要指标，可以进行不同的分类、分组，常见的可以按照国籍、性别、年龄、身份、职业、收入水平等分组，还可以按照旅游方式、旅游目的、接待方式等进行分组。

二　旅游资源统计

旅游资源是构成旅游业发展的基础，是自然界和人类社会凡能对旅游者产生吸引力，可以为旅游业开发利用，并可产生经济效益、社会效益和环境效益的各种事物和因素。旅游资源是构成旅游的基本要素之一，没有旅游资源，就不能吸引旅游者，也就不能产生旅游业。

2017 年由原国家旅游局规划财务司、中国科学院地理科学与资源研究所起草，原国家旅游局颁布实施的《旅游资源分类、调查与评价》，是目前我国在旅游资源分类方面所依据的国家标准，主管部门为文化和旅游部（文化）。其分类原则为：依据旅游资源的性状，即现存状况、形态、特性、特征划分。分类对象是稳定的、客观存在的实体旅游资源，以及不稳定的、客观存在的事物和现象。分类结构为"主类""亚类""基本类型"3 个层次。分类内容来看，共有地文景观、水域风光、生物景观、天气与气候景观、遗址遗迹、建筑与设施、旅游商品和人文活动八个主类。在主类之下又设计了 31 个亚类和 155 个基本类型。

三　旅游收入统计

无论是在中国还是全世界范围，旅游业的迅速发展都带来了巨大的财富。旅游收入在国民生产总值中占越来越重要的地位，并成为世界许多国家主要的税收来源，因此对旅游收入的统计也就显得愈加必要和重要了。

一般来说旅游收入统计包含了旅游企业收入统计、旅游外汇收入统计和旅游收支统计等。旅游企业收入主要是企业的营业收入、营业成本、营业费用、营业税金及附加、经营利润、管理费用、财务费用、营业利润、投资收益等。旅游外汇收入包含了旅游营业外汇收入、旅游营业外汇净收入、企业外汇收入、地区旅游外汇收入、外汇总额等。旅游收支是指有关部门为非本国或本地居民来本国或本地旅游提供服务，如对旅游者提供餐宿、提供交通运输等收入的费用；本国或本地居民出境或到外地旅游、开会、参加活动及探亲等对外支付的费用。当涉及外国人、境外人员入境旅游以及本国居民出境旅游时，即为国际旅游收支，以美元为计算单位的旅游外汇净收入。当这一收入为正值（＋）时为旅游外汇顺差，负值（－）为旅游外汇逆差。与此对应的在一个国家内，不同地区间的旅游收支为国内旅游收支，是以本国货币为计算单位的，如我国就是以人民币元为计算单位。旅游收支是正数为顺差，说明旅游净收入，反之旅游收支是负数为逆差，说明旅游净支出。

案例 1-1

2021 年第七次全国人口普查公报①（第二号）

——全国人口情况

国家统计局

国务院第七次全国人口普查领导小组办公室

2021 年 5 月 11 日

根据第七次全国人口普查结果，现将 2020 年 11 月 1 日零时我国人口的基本情况公布如下：

———————————

① 本公报数据均为初步汇总数据。

一　总人口

全国总人口①为 1443497378 人，其中：

普查登记的大陆 31 个省、自治区、直辖市和现役军人的人口共 1411778724 人；

香港特别行政区人口②为 7474200 人；

澳门特别行政区人口③为 683218 人；

台湾地区人口④为 23561236 人。

二　人口增长

全国人口⑤与 2010 年第六次全国人口普查的 1339724852 人相比，增加 72053872 人，增长 5.38%，年平均增长率为 0.53%。

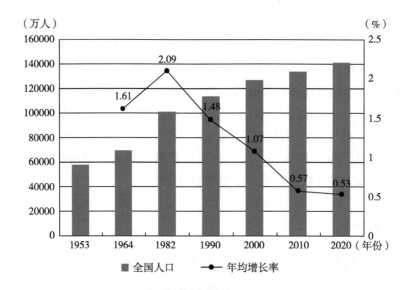

图 1-1　历次人口普查全国人口及年均增长率

---

①　全国总人口包括大陆 31 个省、自治区、直辖市和现役军人的人口、香港特别行政区人口、澳门特别行政区人口和台湾地区人口。

②　香港特别行政区的人口数为香港特别行政区政府提供的 2020 年底的数据。

③　澳门特别行政区的人口数为澳门特别行政区政府提供的 2020 年底的数据。

④　台湾地区的人口数为台湾地区有关主管部门公布的 2020 年底的户籍登记人口数据。

⑤　全国人口是指大陆 31 个省、自治区、直辖市和现役军人的人口，不包括居住在 31 个省、自治区、直辖市的港澳台居民和外籍人员。

三　户别人口

全国共有家庭户①494157423户，集体户28531842户，家庭户人口为1292809300人，集体户人口为118969424人。平均每个家庭户的人口为2.62人，比2010年第六次全国人口普查的3.10人减少0.48人。

四　民族人口

全国人口中，汉族人口为1286311334人，占91.11%；各少数民族人口为125467390人，占8.89%。与2010年第六次全国人口普查相比，汉族人口增加60378693人，增长4.93%；各少数民族人口增加11675179人，增长10.26%。

思考题

1. 简述统计的含义及其相互关系。

2. 简述旅游统计研究对象和特点。

3. 简述旅游统计学的性质。

4. 试述旅游统计的研究方法和基本环节。

5. 要调查了解某一地区居民的旅游消费水平情况。试指出总体、总体单位是什么？试举若干品质标志、数量标志、数量指标、质量指标。

6. 试述常用旅游统计的类别。

---

① 家庭户是指以家庭成员关系为主、居住一处共同生活的人组成的户。

第二章　旅游统计调查与整理

第一节　旅游统计调查方案

在实际研究中，我们想要了解旅游者对导游服务质量的满意度，对旅游接待设施的偏好，对旅游价格的接受程度等问题，这些问题的答案都来自于对旅游市场的深入调查。那么，在组织旅游统计调查之前，必须先制定出一个调查方案，指导调查工作的展开，使整个调查计划得以顺利的实施和完成。调查方案设计的好坏直接影响调查数据质量的高低。

在旅游统计调查的准备阶段，研究者在初步探索后，必须确定具体的调查内容，阐述调查的意义和作用，提出自己的设想、调查项目、测量指标，以及调查问卷等。方案设计的作用首先在于调查方法是研究者对调查项目总体设想的概括和详细说明；其次，方案设计的作用还在于向有关方面申报调查项目和申请调查经费。调查经过立项后，由相关部门提供经费，并根据申报书对调查项目进行监督，研究者有义务向这些部门汇报调查的进展情况。最后，方案的设计便于对整个旅游调查过程进行监督、管理和控制。一般来说，规模较大的旅游统计调查设计的研究对象比较复杂，参与调查的人员也比较多，经费的使用和安排要有详细计划，项目实施要有具体的步骤和程序。方案不仅包含对总体构想的说明，还要包括具体的工作计划。

调查方案设计要遵循系统性、规划性、可行性和灵活性的原则。系统性是指在方案设计过程中应该以系统论的思想为指导，调查设计时应首先确定总体要达到的目标，然后分析具体每个阶段需要达到的分项目标。因此统计调查方案又要有规划性。即在设计调查方案时，要详细阐述每个阶段的任务、方法和目标，并要注意每个阶段的联系和衔接以及研究时间的总体安排。方案设计应该具有可行性，即在方案设计时，应充分注意到方案的可操作性和方案实施的具体条件，要具体分析调查的主客观条件等。最后设计方案时应该留有余地，或者说具有一定的灵活性，因为人的认知能力是有限的，任何表面看似圆满的方案，在实施过程中总会碰到新问题，因此在设计方案时留有一定的余地，保持一定的灵活性可以使调查适应周围环境或条件的变化。

一个完整、周密的调查方案包括调查目的、调查对象和调查单位、调查内容、调查时间以及调查地点。

一 调查目的

要进行调查，首先要确定调查目的。调查目的是指为什么要进行调查，调查要解决什么问题等。调查目的决定了调查工作的内容、范围、方法和组织问题。调查目的应当简洁明了，重点明确，突出 1—2 个中心问题，避免面面俱到。通过调查目的，我们可以确定应当向谁调查、调查什么以及怎样调查等。

二 调查对象和调查单位

明确了调查任务和目的后，就可以进一步确定调查对象和调查单位。调查对象是根据调查目的确定的调查总体或范围，是由性质相同的调查单位组成的。在确定调查对象时，为了避免在调查工作中出现重复或遗漏的现象，我们要明确总体界限，划清调查范围。例如，调查目的是了解某地区旅游企业的经营状况，则调查对象就是该地区的所有旅游企业；调查目的是了解旅游企业设备的规格、性能等情况，则调查对象就是该地区所有旅游企业的设备。

调查单位是构成调查对象的每一个基本单位，是进行调查数据收集和数据分析的基本单位。比如，在对我国旅游高等教育的发展状况进行调查研究时，全国开设旅游学系的所有高等院校就是调查对象，而这些院校中的每一所院校就是一个调查单位。

调查对象和调查单位要解决向谁调查的问题。在实际调查中，有时要选择调查对象的全部单位，有时只需要选择调查对象的部分单位。前者称为全面调查，如普查。最常见的就是人口普查，其调查对象为每一个单位。我国人口普查规定："人口普查的对象具有中华人民共和国国籍并在中华人民共和国境内常住的人（指自然人）。"后者称为非全面调查，如抽样调查、重点调查和典型调查。其调查对象为部分调查单位。抽样调查方式多应用于市场调查中。首先通过调查对象确定抽样框，再从抽样框中选取样本单位，选出来的样本单位就是最终的抽样单位。典型调查的样本选取也相类似。而重点调查则是要事先确定所要调查的重点是什么。

由于社会现象之间彼此相互联系又有交错，确定调查对象是一个比较复杂的过程，在确定调查对象时，要把与之相似的现象区分开来，确定哪些是应调查对象，哪些不是。例如，在调查旅游企业的经营状况时，必须把旅游企业与工业、农业或其他事业单位区分开。在实际工作中，还需要了解到调查单位与填报单位是不同的概念，切记不能将两者混淆。调查单位是调查项目的承担着，填报单位是负责向上级报告调查内容的单位。二者有时一致，有时不一致。例如，在调查旅游企业的经营状况时，每一个旅游企业既是调查单位又是填报单位；而在调查旅游企业设备时，每台设备就是调查单位，旅游企业的职员就是填报单位。当调查单位向调查机构提供自身资料时，调查单位才与填报单位一致，否则就不一致。

三　调查内容

调查内容就是指调查的具体项目，即向调查对象提什么问题或是调查对象需要回答什么问题。调查内容是由调查目的、调查对象和调查单位所决定的。

首先，我们要拟定调查项目。调查项目，即调查时所要登记的调查单位的特征，是需要向调查单位调查的内容，又叫作"标志"。调查项目主要包括需要向调查单位了解的品质标志，例如，在调查旅游者的基本信息时，性别和国籍就是品质标志，而年龄和旅游花费就是数量标志项目。根据调查目的和被研究现象自身的特点，我们可以确定选择品质标志还是数量标志以及选择哪几个标志。在进行统计研究时，要避免面面俱到，对可有可无的标志应予以删除，只需选择与调查目的直接相关的标志进行调查。这样可以集中调查力量，提高调查质量，节省时间、人力、物力。调查项目的拟定应遵循需要与可能的原则，列出的项目应是明确、具体，能够得到确切答案的项目。另外，调查项目之间最好相互联系，以便核对答案的准确性。

然后，我们要起草调查提纲。调查提纲的内容包括掌握基本的统计数字以及对情况的基本了解。确定调查项目后，对项目进行科学的分类和排列，构成调查提纲。在起草调查提纲时，提出的问题应尽可能简单明了，前后次序应合乎逻辑，这样得到的答案才是明确的。

调查内容通常以表格的形式体现出来，用于记录调查数据，我们称之为调查表。调查表由表头、表体和表外附加三部分组成。表头即调查表的名称，用来说明调查的对象、内容、被调查单位的名称等等；表体是调查表的主要组成部分，体现调查的主要内容，主要由问题和答案组成；表外附加是由问卷编号、填表日期、填表说明和填表人信息等内容组成。例如，1990 年全国人口普查的调查内容就由姓名、性别、年龄、民族、文化程度、职业、行业、婚姻状况等 21 个调查项目组成。问题是问卷的核心。问题的提出应当具有合理性。提出的问题应是特定研究课题以及其理论假设所必须了解的问题，同时要确定每个问题搜集资料后用何种方法分析。并且，提问的形式和措施要恰当，这样有利于被调查者与主办单位的合作。此外，问题的提问方式应是科学的，即标准是单一的，一个问题只包括一个调查指标，只询问一件事情；标准也应是中性的，即问题不具有诱导性和倾向性。

四　调查时间、调查地点

调查时间指的是调查资料所属的时点或时期。从资料的性质来看，有的资料反映现象在某一时点上的状态，统计调查必须规定统一的时点。对普查来说，这一时点为标准时间。有的资料反映现象在一段时期内发展过程的结果，统计调查则要明确资料所属时期的起讫，所登记的资料指该时期第一天到最后一天的累计数字。

调查地点指的是登记资料的地点，通常，调查单位的所在地与调查地点是一致的。例如，在景区对旅游者进行调查，调查地点就是景区。也存在不一致的情况，比如，要调查旅行社接待旅游者的情况，可以到旅游者所在的旅游景点或入住酒店进行调查，也可以直接让旅行社提供调查资料。

旅游市场有适合自己特点的调查时间和地点。旅游市场统计时间有时较短，如旅游者到达或离开某一旅游目的地的时间，我们可以搜集一些人数资料；有些时间较长，我们可以在旅游者的住宿地、游览地等处进行调查。此外，旅游者在乘坐交通工具时，有足够的空余时间回答问卷。因此，旅行社一般会委托导游人员在游客完成游览行程，坐在回程车站或机场的大巴上时，填写《游客意见征询卡》，通常此时，表格填写质量和回收率比较高。我们通常将调查地点设在海关、酒店、交通枢纽地、游客购物场所和与旅游有关的部门进行调查。

第二节　旅游统计调查种类

统计调查是获得社会经济数据和直接统计数据的主要来源。统计报表是得到数据的一种方式，除此之外，我们还可以通过其他部门或机构为特定目的进行的专门调查得到数据。非全面调查包括普查、重点调查、典型调查和抽样调查。

一　普查

普查，即为特定的目的而专门组织的全面调查。为了掌握有关国情、国家综合实力的基本统计数据，了解社会、经济、文化发展的基本全貌，从而制定出有关的政策，世界各国都会定期进行普查，我国也不例外。我国进行的普查主要包括人口普查、工业普查、第三产业普查和农业普查等等。

（一）普查的特点

第一，周期性。普查涉及的范围广、指标多、时间性强，需要大量人力、物力、财力的支持。因此，普查不宜经常进行，两次普查之间间隔的时间较长。但是普查的间隔性是有一定规律的，间隔期的长度与本国的国情和被调查现象的特点有关。例如，我国的人口普查从 1953 年到 2014 年，共进行了 6 次。在以末尾数是"0"的年份进行人口普查，末尾数是"3"的年份进行第三产业普查，末尾数是"5"的年份进行工业普查，末尾数是"7"的年份进行农业普查等等。

第二，一次性。普查主要用于调查在一定时点上的社会现象的总量。为了避免调查过程中出现重复调查或遗漏调查的情况，普查会规定统一的标准调查时间。普查的标准时间是指登记调查单位时所依据的统一调查时点，即一瞬间。普查的标准时间最好确定在被调查对象的变动最小时。

第三，全面性。普查是由相关机构或部门组织的全面性调查，所得数据准确、规范化程度高，这些数据可以用来全面、系统地掌握国家在社会、经济、人文等方面的基本统计资料。这些数据可以为抽象调查或其他类型的调查提供依据。

第四，使用范围窄。普查不仅是一项技术性很强的专业性工作，也是一项具有广泛性的群众工作，只能调查一些最基本和特定的现象。例如，人口普查、工业普查、房屋普查、工业设备普查等等。

（二）普查的组织方式

第一，建立专门的普查机构，配备一定的普查人员，对调查单位进行直接的登记，如人口普查等。

第二，根据调查单位的原始记录和已有的核算资料，制定调查表，并由被调查单位填报，如物资库存普查等。这种方式比第一种简便，适用于调查内容比较单一，涉及范围较小的情况，特别是为了满足因为某种紧迫需要而进行的"快速普查"。这类"快速普查"由登记单位将填报的表格直接报送到最高一级机构集中进行汇总，跳过了中间一些环节。

（三）普查的组织原则

由于普查是一种耗费大量人力、物力、财力的统计方式，要集体领导、统一指挥，因此，需要遵循以下原则。

第一，统一规定调查资料所属的标准时点。遵循这一原则可以避免调查时重复和遗漏现象的发生。例如，在进行人口普查时，如果没有规定一个统一的标准时点，就会因为人口的出生、死亡、迁出和迁入而得不到准确的数字。

第二，正确选择普查时期。普查时期就是普查登记进行的时间范围，是普查标准时点确定的基础。普查时期应当选择在被调查对象变动最小的时期或是普查工作最方便进行的时期。

第三，普查范围内的各调查单位或调查点尽可能保证调查的同步性，并在尽可能短的时间内完成调查。如果调查时间过长，就会影响到调查数据的准确性和时效性。

二　重点调查（key-point investigation）

重点调查是通过对全体调查对象中的一部分重点单位进行调查，从而获得统计数据的一种非全面调查方法。重点调查可以是一次性的，即所谓的专门调查，也可以是经常性的，如重点统计报告就是经常性的重点调查。

在重点调查中，重点单位只占全体调查对象的一小部分，而调查的标志量却占总体的大部分，那么对这部分重点单位进行调查所取得的统计数据能够反映社会经济现象发展变化的基本趋势，对它们进行调查就能够反映全部现象的基本情况。例如，要了解全国钢铁生产的增长情况，只要对全国为数不多的大型钢铁企业的生产情况进行调查，就可以掌握我国钢铁生产的基本情况了。

重点单位是指在调查总体中具有重要性的、能够代表总体的情况。特征和主要发展变化趋势的那些样本单位。这些单位要具有代表性，能够反映调查对象总体的基本情况。和抽样调查不同的是，重点调查取得的数据只能反映总体的基本发展趋势，不能用以推断总体，因而也只是一种补充性的调查方法。目前主要是在一些企业集团的调查中运用。

重点调查的重点单位，通常是指在调查总体中具有举足轻重的、能够代表总体的情况、特征和主要发展变化趋势的那些样本单位。这些单位可能数目不多，但有代表性，能够反映调查对象总体的基本情况。选择重点单位时一般我们需要注意一下两点原则。

第一，根据调查任务的要求和调查对象的基本情况确定。为了确保所选的重点单位具有代表性，一般来讲，我们在选取重点单位时，其数量应尽可能少，而其标志值在总体中所占的比重应尽可能大。例如，我们想要了解全国旅游外联、城市接待、创汇等主要旅游经济指标，只需要对全国的 60 个主要旅游城市进行重点调查，就可以基本掌握全国的大体情况。

第二，选取那些管理比较健全、业务力量较强、统计工作基础较好的单位作为重点单位。

三　典型调查（Typical investigation）

典型调查是指有意识地选取少数具有代表性的典型单位进行深入细致的调查研究，借以认识同类事物的发展变化规律及本质的一种非全面调查。

典型调查要建立在对调查对象进行初步分析的基础上，因此需要搜集大量的第一手资料，对所调查的典型的各个方面作系统、细致的解剖，从中得出用以指导工作的结论和办法。在选择典型单位时，我们应当根据调查的目的，在对事物和现象总体情况作初步了解后，从事物的总体和相互联系中进行综合分析、对比研究，选出典型单位。我们通常将典型分为三种：先进典型、中间典型和后进典型。典型的分类依据是其研究目的。如果是为了近似地估算总体的数值，我们可以把总体分成若干类型，依据每一类型在总体中所占比例的大小，选出典型进行调查；如果是为了了解总体的一般数量，我们可以选择中间典型单位作为调查单位；如果是为了研究事件的经验、教训，我们可以选出先进典型和后进典型单位进行调查、比较。

（一）典型调查的特征

第一，典型调查主要是定性调查。典型调查主要是由调查者深入基层，获取第一手的调查资料。这样，调查者可以对事物作具体深入的分析，从而对事物发展的规律得到全面而又系统的了解，并对其进行深入剖析，从而通过事物的表面现象总结出深层规律。

第二，典型调查是调查者根据自己的判断，选出少数具有代表性的单位进行调查。在对具有代表性的典型进行选择时，调查者自身的判断能力和和对调查单位的了解情况起了决定性作用。

第三，典型调查的方式是面对面的直接调查。它主要依靠调查者深入基层与调查对象直接接触与剖析，因此，对现象的内部机制和变化过程往往了解得比较清楚、资料比较全面、系统。

第四，典型调查节省人力、财力和时间。典型调查的调查对象少，调查时间快，灵活机动，可以提高调查的时效性。调查内容系统周密，了解问题深，使用调查工具不多，运用起来灵活方便，可以节省很大的人力、财力。

（二）典型调查的作用

第一，研究处于萌芽状态、尚未被充分研究的新生事物或某种社会问题。通过对典型单位深入细致的调查，便于发现和分析社会生活中的新事物，并及时发现其体现的新情况、新问题，探测事物发展变化的趋势，形成科学的预见。

第二，分析不同类型的事物，研究他们之间的差别和相互关系。例如，通过调查可以区别先进事物与落后事物，分别总结他们的经验教训，进一步进行对策研究，促进事物的转化与发展。

第三，在总体内部差别不大，或分类后各类型内部差别不大的情况下，典型单位的代表性很显著，典型调查的资料可以验证和补充全面统计数字的合理性，推论和测算有关现象的总体。

（三）典型调查中应注意的几个问题

第一，正确地选择典型。根据调查的目的，对事物和现象总体情况初步了解基础上，综合分析，对比研究，从事物的总体上和相互联系中分析，有关现象及其发展趋势，选出典型。典型可分为三种：先进典型、中间典型和后进典型。当我们的研究目的是探索事物发展的一般规律或了解一般情况时，应选择中间典型；当我们的研究目的是要总结推广先进经验，就应选取先进典型；当研究目的是为了帮助后进单位总结经验时，就应选择后进典型。

第二，注意点与面的结合。典型虽然是同类事物中具有代表性的部分或单位，但毕竟是普遍中的特殊，一般中的个别。因此，对于典型的情况及调查结论，要注意哪些属于特殊情况，哪些可以代表一般情况。要慎重对待调查结论，对于其适用范围要作出说明，特别是对于要推广的典型经验，必须考察、分析是否具备条件，条件是否成熟，切忌"一刀切"。

第三，必须将定性分析与定量分析结合起来。进行典型调查时，不仅要通过定性分析，找出事物的本质和发展规律，而且要借助定量分析，从量上对调查对象的各个方面进行分析，以提高分析的科学性和准确性。

四　抽样调查（sample survey）

抽样调查是从全部调查研究对象中，按照随机原则，抽选一部分单位进行调查，并根据对全部调查研究对象的调查推断总体的一种非全面调查方法。显然，抽样调查虽然是非全面调查，但它的目的却在于取得反映总体情况的信息资料，因而，也可起到全面调查的作用。例如，在确定某种产品的合格率时，就可以从总体中随机抽取一部分产品进行检验，计算出合格率和不合格率分别是多少，从而推断出总体的合格率和不合格率，也可以计算出总体合格产品和不合格产品的数量。

根据抽选样本的方法，抽样调查可以分为概率抽样和非概率抽样两类。概率抽样是按照概率论和数理统计的原理从调查研究的总体中，根据随机原则来抽选样本，并从数量上对总体的某些特征作出估计推断，对推断出可能出现的误差可以从概率意义上加以控制。在我国，习惯上将概率抽样称为抽样调查。

抽样调查与其他非全面调查不同，它从研究对象的总体中抽取一部分个体作为样本进行调查，据此推断有关总体的数字特征。

抽样调查数据之所以能用来代表和推算总体，主要是因为抽样调查本身具有其他非全面调查所不具备的特点。

第一，由于抽样调查是按照随机原则抽取调查样本，总体中的每个单位被抽取的机会是均等的，这就保证了调查样本是在总体中均匀分布的，代表性强，不易出现倾向性误差。

第二，抽取总体的一部分进行深入的调查研究，从而从数据上对整体作推断，而不是用随意挑选的个别单位代表总体。

第三，调查结果准确度高。根据调查样本的数量和总体间各单位之间的差异程度，经过科学的计算，确定抽样误差，从而确定调查样本数量。

第四，抽样调查的误差，是在调查前就可以根据调查样本数量和总体中各单位之间的差异程度进行计算，并控制在允许范围以内，调查结果的准确程度较高。

基于以上特点，抽样调查被认为是非全面调查方法中用来推算和代表总体的最完善、最有科学根据的调查方法。

五　抽样方式的综合运用

普查、重点调查、典型调查和抽样调查各有其优点与局限性，在具体运用时，要根据实际情况，合理地选择调查方式。

普查是为了满足某种专门需要组织的一种一时性调查，普查所提供的资料对于经济、社会发展计划的长期编制和重大政策的决定和措施的实施都有重要的作用。普查具有周期性，间隔时间较长，如果需要年度资料，我们就可以用普查已取得的资料和简单的非全面调查相结合，将得到的资料用科学的方法估计推算出需要的数据。如果将普查所取得的资料与抽样调查相结合，可以验证普查的准确性。

统计部门通常用统计报表搜集统计资料。统计报表与非全面调查相结合，可以取得不同的效果。如，统计报表与典型调查结合，可以弥补定期报表的不足；统计报表与重点调查结合运用，可以补充报表中未得到的资料。由于重点单位的管理水平较高，可以实行全面且详细的统计报表；普通单位可以实行比较简单的统计报表。

重点调查是对总体中重点单位的某种数量特征进行调查的非全面调查。重点调查适用于调查对象比较集中的情况，其特点显著，代表性强。

在所有的非全面调查中，抽样调查的科学依据最充分，在大多数情况下，抽样调查得到的结果可能比全面调查得到的结果更为准确。

在进行实际调查时，我们应当具体问题具体分析，针对不同的调查对象、调查目的和要求，灵活运用各种调查方法，从而搜集到丰富而准确的数据资料。

多种方法结合使用，可以达到几种效果：第一，最大限度减少调查无回应的现象；第二，通过多种方法所获得的资料具有可比性；第三，综合所有调查方法得到的结果，可以得到一个合理有效的结论，减少结论出错的可能性。

多种方法结合可以扬长避短，发挥各种方法的优点，提高数据的准确性、真实性和客观性，更好地实现调研目的。

第三节　旅游统计资料整理

一　统计资料整理的概述

上一节主要讲的是数据的收集，但是，收集的原始数据是杂乱无章的，难以直接应用，通常需要经过整理才能进行分析研究。所谓统计整理，就是根据统计研究任务的要求，对统计调查所搜集到的原始资料进行科学的加工整理，使之条理化、系统化，把反映总体单位的大量原始资料，转化为反映总体的基本统计指标的过程。

统计调查所取得的原始资料是反映总体各个单位的资料，是不系统、分散的，反映的问题是表面的，还可能带有一定的片面性。统计所需要的是反映总体特征的统计指标，都是以数字表示的，因此需要进行统计整理。

二　旅游统计资料分组的概念与要求

统计分组是指根据统计研究的需要和研究现象总体的内在特点，把原始数据按某一标志划分为若干性质不同但又有联系的几个组别。总体的变异性是统计分组的客观依据。统计分组的目的是把总体中具有不同性质的单位分开，而把性质相同的单位组合在一起。统计分组是在总体内进行的定性分类，它把总体划分为一个个性质不同的范围更小的总体。

一般进行分组时在技术上有三个基本要求。

第一，唯一性。要求每一次分组时只能以一个分组标识作为分组的依据，不能同时按照两个或两个以上的标志作为分组的依据。

第二，周延性。要求分组后，各组单位数之和等于总体单位数。

第三，互斥性。要求组与组之间相互排斥，存在差异性。

三　旅游统计资料分组的作用

统计分组是统计研究的重要步骤，主要有以下几个作用。

第一，总结前期调查工作，为后期进行各项统计分析工作作准备，起到了承上启下的作用。

第二，区分事物的质，反映总体内部的构成状况，揭示现象的依存关系。

第三，发现事物发展变化的脉络及其发展变化规律。

四　旅游统计资料分组的选择

分组标志是指在进行统计分组时，作为划分总体单位为各个性质不同的组的标准或者依据的标志。正确选择分组标志是使统计分组作用得以发挥的关键，是使统计研究获得正确结论的前提。

分组标志的选择主要有三个原则。

（一）目的性原则

按照统计研究的目的与任务选择分组标志。对于同一个总体，由于统计研究的目的任务不同，统计分组可以选择不同的分组标志进行分组。统计分组标志的选择具有相对性。

（二）关键性原则

选择能够说明总体本质的关键的重要标志作为分组标志，才能得出触及问题实质的重要分组。对于同一个研究目的，可能有多个分组标志。有的标志是能够反映总体的本质特征，是有决定意义的关键分组标志；有的标志则是非本质的、无足轻重的标志。例如，要研究工业企业规模，反映企业规模可用很多标志分组（如职工人数、固定资产、产值、生产能力等），需要根据不同的部门、不同的生产特点及生产条件来决定。对于生产技术比较先进、技术装备比较高的机械冶金企业，用固定资产、生产能力等标志比较合适。

（三）结合性原则

分组标志应该结合研究总体所处的具体历史条件或者社会经济发展的条件进行选择。能够反映本质特征的关键分组标志具有条件性、地区性和历史。显然，某一个标志在一定的时间、地点和条件下，就研究目的而言是关键的重要分组标志，但时过境迁可能就市区重要性，成为非关键标志。例如，在工业发展初期，以工人数量作为分组标志反映了工业企业发展规模是比较合适的，工人的数量与工业企业规模成正比关系；

但在计算机信息时代的今天，再以工人数量来衡量工业企业的规模就是不合适的了。分组标志的选择不能一成不变，应该考虑总体所处的一定时间、地点、条件，才能选择具有现实意义的分组标志。

旅游统计资料分组的依据是分组标志。是否正确选择分组标志，在很大程度上决定了分组工作是否能充分发挥作用，是否能使统计研究获得正确的结论。从旅游现象中来看，研究者无论从哪个角度研究旅游者，其最终目的都是了解旅游者的消费能力。比如，年龄、性别、收入状况等因素都有可能在不同程度上影响旅游者的消费能力，我们就可以用上述因素分组。如果收入状况最能够影响旅游者的消费能力的话，我们就可以将收入状况作为分组标志，但是由于不同地区收入水平不同，划分的结果也不同。统计分组根据分组标志的性质，分为按品质标志分组和按数量标志分组。

品质标志是说明事物的性质或属性特征的，它反映的是总体单位在性质上的差异，不能用数值来表现。数量标志是直接反映事物的数量特征的，它反映的是事物在数量上的差异。如人口的年龄、企业的产值等。统计分组方法就是指这两种标志的具体分组方法。

五　旅游统计资料分组的种类

旅游统计资料分组通常按照以下两种方式进行分类。

（一）按标志性质分类 $\begin{cases} 品质标志分组 \\ 数量标志分组 \end{cases}$

按品质标志分组是指用品质标志将总体分为若干组来表示。这些组在组限上、性质上都很明显，易于划分。在统计工作中，对于比较复杂的分组则由上级统计机关或各业务主管部门统一编制标准的分类目录供大家使用。

按数量标志分组即选择反映社会经济现象数量差异的数量标志作为分组标志，例如，职工按工资收入多少分组，工业企业按产值分组、按计划完成程度分组等。

（二）按标志的个数分类 $\begin{cases} 简单分组 \\ 复合分组 \end{cases}$

按标志的个数多少可分为简单分组和复合分组。

简单分组又称单一分组，是指按照一个标志进行分组。如人口性别分组、人口年龄分组、工业企业按所有制或规模的大小分组等。简单分组只能说明比较简单的现象或问题，比如只能反映现象在某一标志上的差异情况，而不能反映此现象在其他标志方面的差异。

复合分组是指对同一个总体在同一张分组表上，把两个或两个以上标志层叠起来进行的分组。比如，工业企业按经营组织形式和规模大小同时进行分组。

六　分配数列（品质标志分配数列、变量数列、变量数列的种类）

在统计分组的基础上，把总体的所有单位按组归并排列，形成总体中各个单位在各组间的分布，称为分配数列，也称分布数列或次数分布。分配数列是统计研究的重要步骤，也是统计分组的一种重要形式，它反映了总体的结构分布状况和分布特征。分配数列根据分组标志的性质不同，分为品质标志分配数列和变量标志分配数列。

（一）品质标志分组法

品质标志分组一般较简单，由各组名称和次数组成。分组标志一旦确定，组数、组名、组与组之间的界限也就确定。有些复杂的品质标志分组可根据统一规定的划分标准和分类目录进行。

（二）变量标志分配数列（变量数列）

数量标志分配数列，又叫作变量数列，是指所选择的分组标志是可数的数量标志。按照数量标志分组时，可以分为单项式和组距式两种。

如果变量值的变动幅度小，就可以把每一个变量值作为一组，称单项式分组。单项式分组方法通常只适用于离散变量。如居民家庭按人口数分组，均可采用单项式分组。

如果变量值的变动幅度很大，变量值的个数很多，就把全部变量值依次划分为若干个区间，并将这一区间的变量值作为一组，这样的分组称为组距式分组。

连续变量由于不能一一列举其变量值，只能采用组距式的分组方式，且相邻的组限必须重叠。如对旅游者收入水平进行分组如以总产值、商品销售额、劳动生产率、工资等为标志进行分组，就只能是相邻组限重叠的组距式分组。在相邻组组限重叠的组距式分组中，若某单位的标志值正好等于相邻两组的上下限的数值时，一般把此值归并到作为下限的那一组（适用于连续变量和离散变量）。另外，还需要注意的是，如果采用的是升序排列，则组间以及各组内部都应遵循升序排列；反之亦然。

组距式分组的假定条件是：变量在各组内的分布都是均匀的（即各

组标志值呈线性变化）。

组距数列在编制时，涉及的问题比较多，不仅要正确地选择分组标志，也要看分组界限的确定是否合理。在编制过程中，要正确处理以下三个具体问题。

1. 组距和组数

在组距数列中，我们用变量变动的一定范围代表一个组，每个组的最大值为组的上限，最小值为组的下限，那么，上限和下限之间的距离称为组距。

组数的确定与组距有密切的联系，通常情况下，组距大则组数少，组距小则组数多，即两者呈负相关。在具体确定组距时，应当使组距能够体现组内资料的同质性以及组与组之间的差异性。

例如，某班级 15 名学生的英语测试成绩为：72，83，65，63，75，91，96，98，57，100，86，89，76，68，94。

将上述资料按照大小顺序排列如下：57，63，65，68，72，75，76，83，86，89，91，94，96，98，100。

根据上述测验成绩，知道全距为 = 100-57 = 43，即总体中的最大值与最小值之差。根据考试成绩的差异，以 60 分为界限，分为不及格、及格、中等、良好和优秀五个类型，并将每组的组距定为 10 分，则编制出如下组距数列。

表 2-1　　　　　　　　　　　某班学生英语测试成绩

等级	分数	人数
不及格	50—60	1
及格	60—70	3
中等	70—80	3
良好	80—90	3
优秀	90—100	5
	合计	15

2. 组限和组中值

在确定组距和组数之后，我们还要确定组限。组限就是组距两端的数值。组距的上下限都齐全的叫作闭口组，上下限中缺一个的叫作开口组。

在确定组限时，应当使同质的单位在同一组内，以下是两种常用的组限表示方法。

按连续变量分组。由于相邻两组的上下限通常是同一个数值，即每一组的上限同时是下一组的下限，为了避免计算混乱，我们遵循"上组限不在内"的原则，也就是说把到达上限值的单位数计入下一组内。如在上述例子中，如果有同学得 70 分，我们就将他计入 70—80 分这一组内。这样可以使计算方法统一。

按离散变量分组。由于相邻两组的上下限通常是两个不同的整数，相邻两组的上下限不重合。例如，企业按照职工的工资水平可以分为以下各组：2000 元以下，2001—3000 元，3001—4000 元，4001—5000 元，5000 元以上，这是一般的分组方法。我们也可以用"上限不在内"的原则写为重叠式组限，那么上述分组也可以写为：2000 元以下，2000—3000 元，3000—4000 元，4000 元—5000 元，5000 元以上。

上限与下限的中间数值称为组中值，代表各组标志值的一般水平，组中值通常可以通过上下限进行简单的计算，其计算公式如下：

$$组中值 = \frac{上限 + 下限}{2}$$

对于开口组来说组中值的计算略有不同：

$$缺上限的开口组的组中值 = 下限 + \frac{相邻组组距}{2}$$

$$缺下限的开口组的组中值 = 下限 - \frac{相邻组组距}{2}$$

组中值并不是各组标志值的平均数，但是，各组标志数的平均数在统计分组后很难计算出来，就常以组中值近似代替。组中值仅存在于组距式分组数列中，单项式分组中不存在组中值。

使用组中值代表一组数据时有假定条件，即假定各组标志值的变化是均匀的或在组中值两侧呈对称分布。

3. 全距取整

通常情况下，分组都是比较整齐的，各组的组限只能都是 5、10 或其倍数的，较为整齐的数。但是，这是我们在对被调查总体变量值进行加工的结果，原始变量值并不一定是整齐的。我们看到的整齐的分组结果是经过了全距取整的过程。所谓全距取整，就是对原有的总体变量取值范围进行扩大、缩小或同时进行扩大和缩小的处理。这样，我们就可以较为容易地分出整齐的组。但是，具体要采用哪种方式取整，要根据具体资料的情况而定。

第四节　旅游统计表对统计资料的整理与显示

一　统计表的概念和构成

在对数据完成分组后，我们需要将统计数据通过某种方式显示出来，使读者可以清晰地看出统计结果，而统计表和统计图就是显示统计数据的两种常用方式。其中，统计表就是将统计调查所得来的原始资料，经过整理，把这些数据有条理地排列起来所形成的表格。它是由纵横交叉线条所绘制的表格来表现统计资料的一种形式，也是表现数字资料整理结果的最常用的一种形式。从广义上讲，统计工作中的各个阶段中用到的一切表格都成为统计表，如调查表、汇总表、统计分析表、时间数列表等等。

由于得到的统计数据，大多杂乱无章，既不便于阅读，也不便于理解和分析，因此我们可以将其整理在一张统计表内，这就会使这些数据变得一目了然，易于阅读和分析。

统计表一般由表头、行标题、列标题和数字资料四个主要部分组，必要时可以在统计表的下方加上表外附加。表头应放在表的上方，它所说明的是统计表的主要内容。行标题和列标题通常安排在统计表的第一列和第一行，它所表示的主要是所研究问题的类别名称和指标名称，通常也被称为"类"。表外附加通常放在统计表的下方，主要包括资料来源、指标的注释、必要的说明等内容。

表 2-2　　　　　　　　　2006 年宁夏旅游业各项指标完成情况

项目	2006 年	2005 年	增长（%）
接待海外旅游者（人次）	8665	8162	6.2
其中：外国人（人次）	7847	6641	18.2

续表

项目	2006 年	2005 年	增长（%）
国际旅游外汇收入（万美元）	243.4	230	5.6
接待国内旅游者（万人次）	593	500	18.5
国内旅游收入（亿元）	25.5	17.56	45.1
旅游业总收入（亿元）	25.67	17.74	44.7
占第三产业增加值（%）	9.17	7.1	2.07
相当于全区 GDP（%）	3.63	2.96	0.67
出境旅游人数（人次）	18002	-	-

数据来源：自治区旅游局。

二　统计表的种类

统计表的形式繁简不一，通常按项目的多少，分为单式统计表和复式统计表两种。只对某一个项目的数据进行统计的表格，叫作单式统计表，也叫作简单统计表。统计项目在两个或两个以上的统计表格，叫作复式统计表。

统计表按照总体分组情况的不同，分为简单表、简单分组表和复合表三类。

（1）简单表：表格只有一个中心意思，即二维以下的表格。简单表通常是对调查的原始资料进行初步整理时所采用的形式。

（2）简单分组表：即仅按一个标志进行分组的表。利用分组表可以揭示不同类型现象的特征，说明现象内部的结构，也可以分析现象之间的相互关系等。

（3）复合表：表格有多个中心意思，即三维以上的表格。三种表中，复合表能更加深刻更加详细地反映出客观现象。但是在使用复合表时，应当根据具体情况进行分组，分组并不是越细就是越好，有时分组太细反而不利于研究现象特征，因为在复合表中进行一次分组，组数就会成倍地增加。

三　统计表的设计规则

在设计统计表时，由于使用者的目的和统计数据特点的不同，设计出的统计表在形式和结构上会有较大的差异，但设计出的统计表都应符合"科学、实用、简练、美观"的要求。具体来说，就是应当遵循以下基本规则。

（1）统计表一般为横长方形，上下两端封闭且为粗线，左右两端开口。

（2）统计表栏目多时要编号，一般主词部分按甲、乙、丙；宾词部分按（1）（2）等次序编号。

（3）统计表总标题应简明扼要，符合表的内容。

（4）主词与宾词位置可互换。各栏排列次序应以时间先后、数量大小、空间位置等自然顺序编排。

（5）计量单位一般写在表的右上方或总栏标题下方。

（6）表内资料需要说明解释部分，如：注解、资料来源等，写在表的下方。

（7）填写数字资料不留空格，即在空格处划上斜线。统计表经审核后，制表人和填报单位应签名并盖章，以示负责。

第五节 旅游统计图对统计资料的整理与显示

统计图能显示社会经济现象在数量方面的规模、水平、构成、相互关系、发展变化趋势和分布的情况。

与统计表和文字报告相比，统计图有其显著优点：简明具体、通俗易懂，使人一目了然，给人以清晰而深刻的印象。由于统计图具有明晰、直观、富有美感的优点，而被广泛应用于旅游市场调查报告中。统计图不仅可以起到宣传、鼓动作用，也能起到管理、统计分析的作用，因此，我们通常用统计图来帮助理解报告的内容。

二 按图形形式分类的统计图

统计图主要包括柱状图、折线图、条形图、散点图和面积图等等。

（一）柱状图

柱状图通常用来显示某一项目在某几个特定的时间段内的数据变化特征，也用于比较几个项目在某几个特定的时间段内的差异。柱状统计图比较清晰、直观，能同时对比各个项目在某特定时间内的差异。但是，对于单个项目来说，因为各个时间段的变化时不连续的，不能反映出项目变化的明显差异和变化规律。

柱状图的子类包括，簇状柱状图、堆积柱状图、百分堆积柱状图、立体簇状柱状图、立体堆积柱状图和立体百分堆积柱状图等。

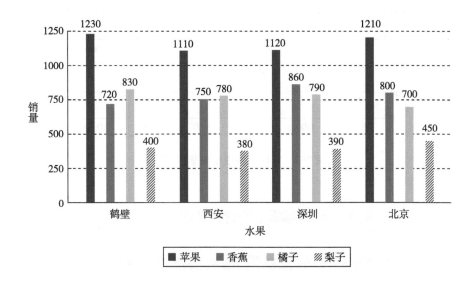

图 2-1 不同地区水果销量的柱状图

（二）折线图

折线图显示了相同间隔内数据的连续变化情况。折线图易于显示数据变化趋势以及变化幅度，可以直观地反映这种变化以及各组之间的差别。

折线图的子类包括，堆积折线图、百分堆积折线图、数据点折线图、堆积数据点折线图和百分堆积数据点折线图等。

（三）条形图

条形统计图是用一个单位长度表示一定的数量，根据数量的多少画成长短不同的直条，然后把这些直条按一定的顺序排列起来。条形统计图主要用于表示离散型数据资料，即计数数据。从条形统计图中很容易看出各种数量的多少，便于比较。

条形图的子类包括，簇状条形图、堆积条形图、百分比堆积条形图等。

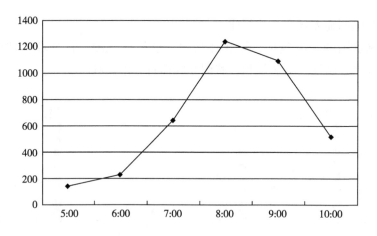

图 2-2　市区某路段车流量折线图

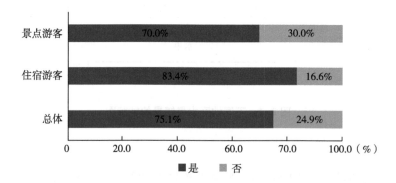

图 2-3　游客是否在当地住宿的条形图

（四）散点图

散点图，是指在回归分析中，数据点在直角坐系平面上的分布图。散点图将序列显示为一组点。值由点在图表中的位置表示。类别由图表中的不同标记表示。散点图通常用于比较跨类别的聚合数据。散点图通常用于显示和比较数值，例如科学数据、统计数据和工程数据。

散点图的子类包括，仅带数据标记的散点图、带平滑线和数据标记的散点图、带平滑线的散点图、带直线和数据标记的散点图和带直线的散点图等。

（五）面积图

面积图又称区域图，强调数量随时间而变化的程度，也可用于引起人们对总值趋势的注意。堆积面积图还可以显示部分与整体的关系。

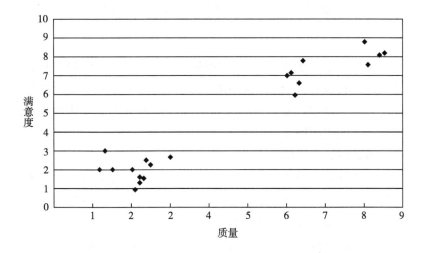

图 2-4 智能手机质量和用户满意度散点图

面积图的子类包括，堆积面积图、百分比堆积面积图、三维簇状面积图、三维堆积面积图和三维百分比堆积面积图等。

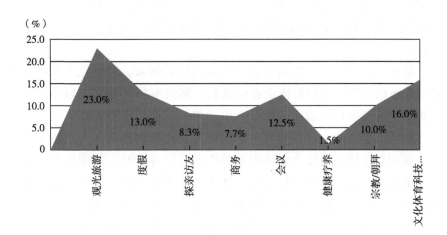

图 2-5 游客出游偏好的面积图

第六节　旅游统计资料分析

统计分析，是指在相关科学理论的指导下，利用统计调查并整理所掌握的大量资料及相关资料，运用统计的方法，对客观存在的社会经济现象及与之相关联的现象，进行分析研究，探求其发展变化的规律，为社会经济活动的实际决策提供依据。

一　旅游统计分析的特点

第一，统计分析是从调查、整理所掌握的大量数据出发，对客观经济现象的变动进行分析研究的。因而，资料的搜集、整理与统计分析方法的运用，均要服从研究对象的性质。

第二，统计分析虽然是从数据入手，但在分析过程中始终是定量分析与定性分析相结合的。定量分析是指采用统计的方法，分析研究事物的数量表现、数量关系及决定事物本质的数量界限。这种分析的特点是具体生动。定性分析是指对客观事物进行逻辑推理的分析研究，以寻求事物的本质与规律。在统计分析中，把这两种分析有机地结合起来，用定量证明定性，用定性统帅定量模式，对事物的分析既有理论原则，又有量化特点的有说服力的实证，使对策建议具有科学性、可操作性或可行性。

第三，统计分析是把相关的指标数值联系起来，对研究现象进行全面、系统的分析。唯物辩证法告诉我们，客观事物都是相互联系、相互制约的，任何事物鼓励起来都是不可知的，只有把事物放在联系的总体中才能认识事物的本质，而每一个相对独立的事物都是作为系统而存在的。因而对任何一项社会经济现象的变动进行分析时，不能仅局限在一两个指标上，而应进行系统分析。从整体上考虑问题，对事物的内在联系、相互关系和发展规律进行综合分析，找出解决问题的最佳方案。

第四，统计分析是在一定的理论原则指导下进行的，因此要求统计分析要以马克思主义为指导，并要找出相应的科学技术知识及在各个时期的方针政策，方能保证分析的质量，提高分析的水平。

第五，统计分析的过程是认识上质变的过程，即由感性认识能动地过渡到理性认识的飞跃。

第六，统计分析具有具体性的特征。统计分析所说明的现象是在一定时间、地点、条件下的具体情况和具体事物的本质及其发展规律。因此，随着时间的推移和为了满足改造客观世界的需要，统计分析需要连续不断地进行，并且将对其不断提出新的更高的要求。

二　旅游统计分析的种类

统计资料的分析大致可归纳为两类。

（一）专题性分析

专题性分析时指对某一专门问题进行的分析研究，主要包括对某项政策、计划执行情况的分析等。

（二）综合性分析

综合性分析是指某个总体将各方面关联的指标和情况联系起来进行整体的、全局的分析研究，主要指对企业、部门、地区或整个国民经济等总体所进行的分析研究。一般来讲，综合性分析常是在专题分析的基础上进行的。

三　旅游统计分析的内容

（一）对所研究旅游现象的现状和发展作出判断和评价

通过各种指标的比较来判定所研究旅游现象的总体或问题的好与坏、优与劣、发展的快与慢等，这是分析的基础工作。只用一个指标评价总体某一个方面的状况，成为单项指标评价。例如，旅游经济的收入多少，旅游接待人数的数量等等。从全局上对总体作出总的评价，成为综合指标的评价，如对一个旅游景区的经营状况的评价，对旅游目的地经济发展的全面评价等等。

对于考察和研究各类政策是否合理、计划执行的好坏、执行中出现的新问题和新情况时，作出对总体现状和发展的判断评价是十分必要的。同时对于进行宏观经济的研究和开展综合平衡统计工作也是必要的。做好判断评价工作的关键，就是要正确确立评价的指标和评价的标准。

（二）总结概括旅游经济现象发展的一些经验数据

要注意从历史的、系统的、全面的统计资料分析中，总结概括出社会经济现象发展的一些经验数据，即在事务的发展上或事务的相互关系上多次重复出现的一般数据和具有规律性的数据。这些数据大都是某些带有战略性、全局性的比例关系，和能够反映现象质的数量界限等。这些经验数据是编制长期规划、研究宏观经济、进行综合平衡的重要参考。

（三）根据历史和现状的统计资料，预测未来旅游经济的发展

统计主要是进行指标的预测，它是进行长期规划所需要的。

四　旅游统计分析的步骤

第一步，确定任务，拟定分析方案。

第二步，集中资料，明确事实，揭示出主要问题。

第三步，对比分析，查找原因。

第四步，作出结论，提出建议，这是统计分析的结果。

五　旅游统计分析的原则

统计分析时对社会经济问题进行的分析研究工作，应该反映客观实际。因此要求我们必须综合应用各种科学知识进行统计分析。统计分析需要遵循以下的主要原则。

（一）全面发展的原则

要按照唯物辩证法的原理，坚持全面、发展的观点来看待事物的变化，从事物的相互联系中，从事物的发展变化中去观察、分析问题。

（二）理论指导的原则

要具有丰富的业务理论知识和对具体经济关系相当了解。

（三）周密细致的原则

要深入实际、深入生活，对所研究的问题做周密细致的调查研究，了解事物的真相及其详细情况。

六　旅游统计分析的基本方法

统计分析必须应用科学的统计方法。统计分析中常用的统计分析方法有：分组法、对比分析法、平均分析法、动态分析法、指数分析法、平衡分析法和相关分析法。下面简单介绍一下统计分析的基本方法，频数分析、假设检验、独立性检验、方差分析、相关分析和回归分析。

（一）频数分析

频数分析的目的是掌握变量的数据分布特征。在实际研究中，我们需要了解一个变量或者多个变量在不同情况下的数据分布特征，这样就能够进一步分析某些变量之间的联系与差异。频数分析分为交叉列联表的频数分析、比率的分析和区间估计。

（二）假设检验

假设检验，即对未知参数提出假设，根据样本信息，判断假设是否成立，从而决定接受或拒绝这个假设。进行假设检验时，我们首先假设

未知参数等于某个值，或者假设两个变量的均值或方差相等，这样的假设叫作零假设，用 H_0 表示。如果我们假设未知参数、均值或方差不等于某一个值，这样的假设叫作备择假设，用 H_1 表示。假设检验的目的就是要判断零假设是否成立，从而决定接受或拒绝这个零假设。

（三）独立性检验

独立性检验属于假设检验的范畴，是交叉列联分析的重要方法，可以根据次数资料判断两类因子彼此相关或相互独立的假设检验，还可以用来推断总体的分布与期望分布是否存在显著差异。其假设为，H_0：行变量与列变量相互独立，即没有关联；

H_1：行变量与列变量不相互独立，即有关联。

（四）方差分析

方差分析，又称差异数分析，是用于两个及两个以上样本均数差别的显著性检验。由于各种因素的影响，研究所得的数据呈现波动状，造成波动的原因可分成两类，一是不可控的随机因素，另一是研究中施加的对结果形成影响的可控因素。方差分析是从观测变量的方差入手，研究诸多控制变量中哪些变量是对观测变量有显著影响的变量，包括单因素方差分析和协方差分析。

（五）相关分析

相关关系，就是不确定关系，也就是说两个变量之间的关系不能用确定的数学表达式来描述。相关分析是研究现象之间是否存在某种依存关系，并对具体有依存关系的现象探讨其相关方向以及相关程度，是研究随机变量之间的相关关系的一种统计方法。它包括简单相关分析和偏相关分析。

（六）回归分析

回归分析是确定两种或两种以上变量间相互依赖的定量关系的一种统计分析方法。运用十分广泛，回归分析按照涉及的自变量的多少，可分为一元回归分析和多元回归分析；按照自变量和因变量之间的关系类型，可分为线性回归分析和非线性回归分析。如果在回归分析中，只包括一个自变量和一个因变量，且二者的关系可用一条直线近似表示，这种回归分析称为一元线性回归分析。如果回归分析中包括两个或两个以上的自变量，且因变量和自变量之间是线性关系，则称为多元线性回归分析。

课后练习题

一　单项选择题

1. 统计分组是统计资料整理中常用的统计方法，它能够区分（　　）。【答案】D

    A. 总体中性质相同的单位　　　　　B. 总体标志

    C. 一总体与它总体　　　　　　　　D. 总体中性质相异的单位

2. 统计分组的关键在于确定（　　）。【答案】D

    A. 组中值　　　　　　　　　　　　B. 组距

    C. 组数　　　　　　　　　　　　　D. 分组标志和分组界限

3. 按照反映事物属性差异的品质标志进行分组称为按品质标志分组。下述分组中属于这一类的是（　　）。【答案】B

    A. 人口按年龄分组　　　　　　　　B. 在校学生按性别分组

    C. 职工按工资水平分组　　　　　　D. 企业按职工人数规模分组

4. 按数量标志分组的关键是确定（　　）。【答案】D

    A. 变量值的大小　B. 组数　　　　C. 组中值　　　　D. 组距

5. 全国总人口按年龄分为 5 组，这种分组方法属于（　　）。【答案】A

    A. 简单分组　　　　　　　　　　　B. 复合分组

    C. 按品质标志分组　　　　　　　　D. 以上都不对

6. 对某校学生先按年级分组，在此基础上再按年龄分组，这种分组方法是（　　）。【答案】B

    A. 简单分组　　　　B. 复合分组　　　C. 再分组　　　　D. 平行分组

7. 组距数列中的上限一般是指（　　）。【答案】A

    A. 本组变量的最大值　　　　　　　B. 本组变量的最小值

    C. 总体内变量的最大值　　　　　　D. 总体内变量的最小值

8. 组距和组数是组距数列中的一对基本要素，当变量的全距一定时，组距和组数（　　）。【答案】D

    A. 没有关系　　　B. 关系不确定　　C. 有正向关系　　D. 有反向关系

9. 等距数列和异距数列是组距数列的两种形式，其中等距数列是指（　　）。【答案】C

    A. 各组次数相等的数列　　　　　　B. 各组次数不等的数列

C. 各组组距相等的数列　　　　　D. 各组组距不等的数列

10. 用离散变量作分组标志时，相邻组的上下限应（　）【答案】B

A. 重合　　　　B. 间断　　　　C. 不相等　　　　D. 相等

二　判断题

1. 统计整理仅指对原始资料的整理。（　）【答案】×

2. 统计分组是统计整理的第一步。（　）【答案】√

3. 分组标志是将统计总体区分为不同性质的组的依据。（　）【答案】√

4. 根据数量标志下的各变量值，很容易就能判断出现象性质上的差异。（　）【答案】×

5. 各组次数占总体次数的比值通常称为频数。（　）【答案】×

6. 用组中值可近似地表示一组中各个体变量值的一般水平。（　）【答案】√

7. 用统计表表示次数分布，各组频率相加之和应等于 100%。（　）【答案】√

8. 统计表是表达统计整理结果的唯一形式。（　）【答案】×

9. 统计分组实际上是通过分组保持组内统计资料的同质性和组间统计资料的差异性。（　）【答案】√

10. 复合分组就是选择两个或两个以上的分组标志对同一总体进行的并列分组。（　）【答案】×

三　综合应用题

某旅游纪念品企业工人日产量资料如下：

日产量分组（件）	工人数
50—60	6
60—70	12
70—80	12
80—90	14
90—100	15
100—110	18
110—120	22
120—130	8

日产量分组（件）	工人数
合计	107

（1）上述数列属于（　　）。【答案】AD

A. 变量数列　　　　B. 品质数列　　　　C. 不等距数列　　D. 等距数列

（2）上列数列中的变量是（　　）。【答案】A

A. 日产量　　　　　　　　　　B. 工人数

C. 日产量的具体数值　　　　　D. 工人数的具体数值

（3）上述数列中工人数是（　　）。【答案】B

A. 变量　　　　　　B. 频数　　　　　　C. 变量值　　　　　D. 分组标志

（4）各组的频率分别为（　　）。【答案】C

A. 61　21　21　41　51　82　28

B. 55　65　75　85　95　105　115　125

C. 6%　11%　11%　3%　14%　17%　21%　7%

D. 60　70　80　90　100　110　120　130

四　简答题

1. 统计调查有哪些主要的组织形式？

2. 统计分组的作用是什么？

3. 如何编制组距式变量数列？

第三章　旅游统计指标与应用

统计指标是综合反映统计总体数量特征的概念和数值。即统计指标包含了两方面的内容：指标的名称与指标的数值。指标的名称反映了总体某一方面的质的规定性，是对总体本质特征的一种概括，而指标数值是总体量的规定性在一定时间、地点、条件下的具体表现。

综合指标法是指运用各种综合指标对社会经济现象的数量方面进行概括、分析以说明总体特征的方法。综合指标由总量指标（又叫绝对指标）、相对指标、平均指标和变异指标构成。总量指标用绝对数来表示，相对指标用相对数来表示，平均指标用平均数表示。其中，相对指标和绝对指标都是以绝对指标为基础的。

第一节　旅游总量指标

一　总量指标的概念和作用

总量指标是用来反映社会经济现象在一定时间、地点、条件下的总规模、总水平或工作总量的统计指标。它是一种最基本的统计指标，用绝对数表示，也可表现为绝对差数，因此总量指标也称为绝对指标或绝对数。如"财政部 23 日公布的 2013 年财政收支情况显示，2013 年 1 月至 12 月，全国公共财政收入 12.91 万亿元，比上年增加 1.19 万亿元，中央财政收入 6.02 万亿元，比上年增加 3999 亿元；地方财政收入（本级）6.90 万亿元，比上年增加 7891 亿元，在支出方面，2013 年 1 月至 12 月全国公共财政支出约 13.97 万亿元"。

总量指标是对社会经济现象总体认识的起点，也是编制计划、实现经济管理的重要依据。此外，其他一切统计指标的计算都以总量指标为基础。

总量指标在社会经济统计中具有以下重要作用。

（一）总量指标是认识社会经济现象的起点

总量指标可以反映一个国家的基本国情和综合国力。人们要想了解一个国家或一个地区的国民经济和社会发展状况，首先就要准确地掌握客观现象在一定时间、地点条件下的发展规模或水平，然后才能更深入地认识社会。例如，我们掌握了一个国家的人口总数、国民收入、粮食产量的总量指标，就能对这个国家的经济情况有个基本的了解；又如，我们掌握了一家酒店的职工人数、工资水平等总量指标，就可以对这家酒店的规模、经营状况有一个概括的了解。

（二）总量指标是实行社会经济管理的依据之一

一个国家或地区为更有效地指导经济建设，保持国民经济协调发展，就必须了解和分析各部门之间的经济关系。它虽然可以用相对数、平均数来反映，但归根结底还是需要掌握各部门在各个不同时间的总量指标。

（三）总量指标是计算相对指标和平均指标的基础

总量指标是统计整理汇总后，首先得到的能说明具体社会经济总量的综合性数字，是最基本的统计指标。相对指标和平均指标一般都是由两个有联系的总量指标相对比而计算出来的，它们是总量指标的派生指标。总量指标计算是否科学、合理、准确，将会直接影响相对指标和平均指标的准确性。

二　总量指标的种类

（一）总体单位总量和总体标志总量

按照总量指标所反映的内容不同，可以划分为总体单位总量和总体标志总量。

总体单位总量，又叫作总体单位数，是反映总体或总体各组单位的总量指标。它是总体内所有单位的合计数，主要用来说明总体本身规模的大小。总体标志总量是反映总体或总体各组标志值总和的总量指标。它是总体各单位某一标志值的总和，主要用来说明总体各单位某一标志值总量的大小。如针对某地区居民的旅游消费情况进行调查研究，则该地区居住的人口数是总体单位总量；而居民旅游消费的总数是总体标志总量。如调查了解全国旅游企业的经营状况，全国旅游企业数就是总体单位总量，全国旅游企业的职工人数、工资总额和利税总额等，都是总体标志总量。

表 3-1　2013 年某地区纺织、化工、机械三行业企业生产基本情况汇总

行业名称	企业数（个）	职工人数（人）	固定资产增加额（万元）	工业增加值（万元）
纺织	300	8000	1000	200
化工	250	5000	2000	500
机械	450	7000	2000	300
合计	1000	20000	5000	1000

　　总体单位总量和总体标志总量不是固定不变的，随着研究目的和被研究对象的变化而变化。一个总量指标常常在一种情况下为总体标志总量，在另一种情况下则表现为总体单位总量。如将上例的调查目的改为调查了解全国旅游企业职工的工资水平，那么，全国旅游企业的职工人数就不再是总体标志总量，而成了总体单位总量。明确总体单位总量和总体标志总量之间的差别，对计算和区分相对指标和平均指标具有重要的意义。

　　（二）时期指标和时点指标

　　按照总量指标所反映的时间状况不同，可以划分为时期指标和时点指标。

　　在经济统计学中，时期指标和时点指标往往用流量和存量来表示。时期指标是反映现象在一定时期内发展过程的总量指标。如人口出生数、商品销售额、产品产量、产品产值等。时点指标是反映现象在某一时点（瞬间）上所处状况的总量指标。如年末人口数、职工人数、房价以及旅游企业数等。

　　时期指标和时点指标有其各自的特点。

　　第一，时期指标无重复计算，各指标数值可以相加，反映现象在某一段时期内发展过程的总量，如年产值是月产值的累计数，表示年内各月产值的总和；而时点指标有重复计算，除在空间上或计算过程中可相加外，一般相加无实际意义，如月末人口数之和不等于年末人口数。

　　第二，时期指标数值的大小与时期长短有直接关系。在一般情况下，时期越长数值越大，如年产值必定大于年内某月产值，但有些现象如利润等若出现负数，则可能出现时期越长数值越小的情况；时点指标数值与时点间隔长短没有直接关系，如年末设备台数并不一定比年内某月月末设备台数多。

　　第三，时期指标的数值一般通过连续登记取得，采用经常性调查；

时点指标的数值则通过一次性登记取得的，一般采用一时性调查。时期指标与时点指标最根本的区别，还在于各自反映的现象在时间规定性上的不同。

弄清时期指标与时点指标的区别，对于计算总量指标动态数列的序时平均数是很重要的。

三　总量指标的计量单位

总量指标按其指标数值采用的计量单位不同，分为实物指标、价值指标和劳动量指标。

（一）实物指标

实物指标是以实物单位计量的总量指标。用于反映各同类实物的总量，但不能用于不同类别的总量的汇总。实物单位还有不同的表现形式，可以根据事物的性质和研究任务分别采用相应的单位。

1. 实物的自然单位

如鞋以"双"为单位；桌子以"张"为单位；拖拉机以"台"为单位等。

2. 度衡单位

度量衡单位是以已经确定出的标准来计量实物的重量、长度、面积、容积等的单位。如：吨、公里、米等。

3. 标准实物单位

标准实物单位是按照统一的折算标准来计量事物数量的一种实物单位。它主要用于计量存在差异的工业产品和农产品，为了准确地反映其总量，需要把各产品按照一定的标准折合成标准品再相加。如把含氮量不同的化肥都折合成含氮100%的标准化肥；把各种能源都折合成热量值为7000千卡/公斤的标准煤等。以实物单位计量的总量指标，叫作实物指标。

4. 复合计量单位

复合单位是两个单位的乘积。如货物周转量用"吨公里"计量；电的度数用"千瓦时"计量等。

5. 双重单位

双重单位是用两种或两种以上的单位结合起来进行计量。如起重机的计量单位是"台/吨"；货轮用"艘/马力/吨位"计量。

（二）价值指标

价值指标是以货币单位计量的总量指标。货币单位是由社会必要劳动时间所确定的商品的价值单位，如元、千元、万元等。价值指标按价格的固定程度分为不变价价值指标和现价价值指标，上例中就是现价价值指标。价值指标具有综合和概括的能力，可以综合表现各种具有不同使用价值的产品或商品的总量。

（三）劳动量指标

劳动量指标是以劳动单位计量的总量指标。劳动单位是用劳动时间表示的计量单位，是一种复合单位，通常用工时、工日表示。劳动量可以相加，加总的结果就是劳动消耗总量。它可用于分析劳动资源和劳动时间的利用情况，为核算企业工人工资和计算劳动生产率提供依据。同时，也是基层企业编制和检查生产作业计划的重要依据。

四　总量指标的计算和应用

总量指标的计算是一个理论与实际相结合的问题，不是简单加总的问题，在运算时需要注意现象是否同类，只有同类的实物总量指标才能相加，只有同类现象才能计算总量。并且，还需要明确每项总量指标的含义。在计算之前，要明确每个指标的经济范畴，然后才能正确地计算出这些总量指标。此外，在统计汇总时，要保证计量单位的一致性。总量指标主要有以下两种计算方法。

（一）直接计算法

它是对研究对象用直接的计数、点数和测量等方法，登记各单位的具体数值加以汇总，得到总量指标。如统计报表或普查中的总量资料，基本上都是用直接计算法计算出来的。

（二）间接推算法

它是采用社会经济现象之间的平衡关系、因果关系、比例关系或利用非全面调查资料进行推算总量的方法。如利用样本资料推断某种农产品的产量，利用平衡关系推算某种商品的库存量等。

第二节　旅游相对指标

一　相对指标的概念和作用

相对指标又称统计相对数。它是两个有联系的现象数值的比率，用以反映现象的发展程度、结构、强度、普遍程度或比例关系。在统计分析中运用相对指标，可使我们能够更清楚地认识现象之间的关系，可以使不能直接对比的现象找到可以对比的基础。相对指标就是应用对比的方法，来反映社会经济现象中某些相关事物间数量联系程度的综合指标，其表现形式为相对数。相对指标可以反映现象之间的相互联系程度，说明总体现象的质量、经济效益和经济实力情况，利用相对指标可使原来不能直接对比的数量关系变为可比，有利于对所研究的事物进行比较分析。

因为相对指标是运用对比的方法揭示现象之间的联系程度，用以反映现象之间的差异程度。所以，计算相对指标时分子分母指标是否具有可比性，是计算结果能否正确反映现象之间数量关系的重要条件。

分子分母指标的可比性主要包括：指标内容是否相适应、总体范围是否一致、计算方法是否相同、计量单位是否统一。

相对指标主要有以下作用。

第一，能具体表明社会经济现象之间的比例关系。总量指标是反映现象总的规模、水平和情况，它发展的快慢很难直接看出来，利用相对指标可以把相关指标联系起来进行比较分析，从而可以把问题的实质和全貌反映出来。

第二，为不能直接进行对比的事物提供共同比较的基础。若要考察不同类型的企业生产经营的状况，由于条件、产品不同，一般不能用总量指标进行直接的对比，如果将相应的相对指标作为对比依据，就能进行比较，从而正确评价企业的经营管理状况。

第三，相对指标便于记忆、易于保密。在某些情况下，相对指标比总量指标更加能够说明问题，给人留下深刻的印象，从而便于记忆。在社会研究中，有些总量指标是不能公布于众的，但是，我们可以用相对指标来公布其发展状况。

二 相对指标的计量形式

相对指标的表现形式通常为有名数和无名数两种，相对指标的表现形式就是它的计量单位。计量通常以复名数、百分数（%）、千分数（‰）、倍数表示。

三 相对指标的种类及计算

相对指标按其作用不同可划分为六种：结构相对指标、比例相对指标、强度相对指标、动态相对指标、比较相对指标和计划相对指标。如图所示：

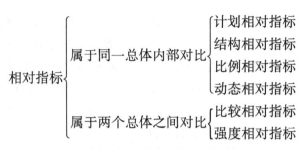

现将各种相对指标的计算方法和作用予以介绍。

（一）结构相对指标

结构相对指标又称结构相对数，是指总体的某一部分与总体数值相对比求得的比重或比率指标。结构相对指标通常根据总量指标来计算，分子和分母可以是总体单位总量，也可以是总体标志总量。它可以表明总体单位数的结构或总体标志值的结构，结果用百分数或成数表，各组的比重和等于100%或1。其计算公式为：

$$结构相对指标 = \frac{总体部分数值}{总体全部数值} \times 100\%$$

结构相对数是统计分析中常用的指标，它有以下作用：

第一，可以反映总体内部结构的特征；

第二，通过不同时期相对数的变动，可以看出事物的变化过程及其发展趋势；

第三，能够反映对人力、物力、财力利用程度及生产经营效果的好坏；

第四，结构相对数在平均数计算中的应用：用于分析加权算术平均数指标的大小及其变动的原因。

（二）比较相对指标

比较相对指标又称比较相对数或同类相对数，是指同类指标在不同空间（不同国家、不同地区）进行静态对比形成的相对指标，也是反映总体中各组成部分之间数量联系程度和比例关系的相对指标。计算比较相对指标时，分子、分母指标的含义、口径、计算范围和计量单位必须保持一致，其数值通常用百分数或倍数表示。其计算公式为：

$$比较相对指标 = \frac{某条件下的某类指标数值}{另一条件下的同类指标数值} \times 100\%$$

（三）比例相对指标

比例相对指标是指总体中不同部分数量对比的相对指标，用来分析总体范围内各个局部、各个分组之间的比例关系和协调平衡状况。比例相对指标是在同一总体内部、统一指标不同部分之间的对比，结果通常用百分数表示。比例相对指标对于国民经济宏观调控具有重要的意义，利用比例相对指标可以分析国民经济中各种比例的关系。其公式如下：

$$比例相对指标 = \frac{总体中某部分数值}{总体中另一部分数值} \times 100\%$$

在实际应用中，要区分比例相对指标和比较相对指标。

第一，子项与母项的内容不同。比例相对指标是在同一总体内，不同组成部分的指标数值的对比；比较相对指标是在同一时间同类指标在空间上的对比。

第二，说明的问题不同。比例相对指标说明总体内部的比例关系；比较相对指标说明现象发展的不均衡程度。

此外，结构相对指标、比较相对指标和比例相对指标有其各自不同的特点。

第一，结构相对指标以总体为比较标准，计算各组总量占总体总量的比重，来反映总体内部组成的综合情况的综合指标。

第二，比例相对指标是总体不同部分数量对比的相对数，用来分析总体范围内各个局部之间比例关系和协调平衡状况。

第三，比较相对指标是不同单位的同类指标对比而确定的相对数，用来说明同类现象在同一时期内各单位发展的不平衡程度。

（四）强度相对指标

强度相对指标又称强度相对数，是指有一定联系的两种性质不同的总量指标相比较形成的相对指标，也是用来表明现象的强度、密度和普遍程度的综合指标，通常以复名数、百分数（％）、千分数（‰）表示。其计算公式为：

$$强度相对指标 = \frac{某一总量指标数值}{另一有联系而性质不同的总量指标数值}$$

有些强度相对指标以有名数表示，如平均每人粮食产量"千克/人"，人均产值、人均 GDP 等，而有些强度相对指标是以无名数来表示，如商品流通费用率（商品流通费用额/商品销售额×100%）。

强度相对指标的分子分母位置可以互换，因而有正指标、逆指标之分。正指标一般指标数值大小与现象的发展程度或密度、普遍程度成正比例。如：单位废水排放量可产生的工业产值＝工业产值/废水排放量（正指标），这种指标越大越好。而逆指标一般指标数值大小与现象的发展程度或密度、普遍程度成反比例。如：单位工业产值产生废水排放量＝废水排放量/工业产值（逆指标），指标值越小越好。

强度相对指标有以下作用：

第一，说明一个国家、地区、部门的经济实力或为社会服务的能力。

第二，反映和考核社会经济效益。例如，流通费用率、资金利润率等都是两个不同现象的数量对比的强度相对指标，这些经济指标的数值大小反映着企业管理工作的好坏。

第三，为编制计划和长远规划提供参考依据。

（五）动态相对指标

动态相对指标又称"动态相对数"或"时间相对指标"，就是将同一现象在不同时期的两个数值进行动态对比而得出的相对数，借以表明现象在时间上发展变动的程度。通常以百分数（％）或倍数表示，也称为发展速度。发展速度减 1 或 100％为增长速度指标，计算结果大于 100％为增长多少百分数或百分点，小于 100％为下降多少百分数或百分点。其计算公式如下：

$$动态相对指标 = \frac{报告期指标数值}{基期指标数值} \times 100\%$$

通常，作为比较标准的时期称为基期，与基期对比的时期称为报告期。例如，2001 年我国国内生产总值为 95533 亿元，2000 年为 89404 亿元，如果 2000 年选作基期，亦即将 2000 年国内生产总值作为 100，则 2001 的国内生产总值与 2000 年的国内生产总值对比，得出动态相对数为 106.9％，它说明在 2000 年基础上 2001 年国内生产总值的发展速度。

（六）计划完成程度指标

计划完成程度指标又称计划完成百分数，是用来检查、监督计划执行情况的相对指标。它以现象在某一段时间内的实际完成数与计划数对比，来观察计划完成程度，通常用百分数（％）表示。在许多旅游企业中，受季节因素影响大，计划执行得不均衡。所以，在报告期实际完成数据，除了和当期的计划作对比，也可以和全年的计划作对比。其计算公式如下：

$$计划完成程度相对指标=\frac{报告期实际完成数}{同期计划数}\times100\%$$

$$计划完成程度相对指标=\frac{累计至报告期实际完成数}{全期计划数}\times100\%$$

四　相对指标的区别

在掌握了几种常用的相对指标的概念、作用及计算后，要注意区分不同的相对指标。

结构相对指标是以总体总量为比较标准，计算各组总量占总体总量的比重，来反映总体内部组成情况的综合指标。如：各工种的工人占全部工人的比重。比例相对指标是总体不同部分数量对比的相对数，用以分析总体范围内各个局部之间比例关系和协调平衡状况，如轻重工业比例。

比例相对指标和比较相对指标的区别是：

第一，子项与母项的内容不同，比例相对指标是同一总体内，不同组成部分的指标数值的对比；比较相对指标是同一时间同类指标在空间上的对比。

第二，说明问题不同，比例相对指标说明总体内部的比例关系；比较相对指标说明现象发展的不均衡程度。比较相对指标是不同单位的同类指标对比而确定的相对数，用以说明同类现象在同一时期内各单位发展的不平衡程度。如：甲地职工平均收入是乙地职工平均收入的 1.3 倍。

强度相对指标与其他相对指标的主要区别是：

第一，其他各种相对指标都属于同一总体内的数量进行对比，而强度相对指标除此之外，也可以是两种性质不同的但又有联系的属于不同总体的总量指标之间的对比。

第二，计算结果表现形式不同。其他相对指标用无名数表示，而强度相对指标主要是用有名数表示。

第三，当计算强度相对指标的分子、分母的位置互换后，会产生正指标和逆指标，而其他相对指标不存在正、逆指标之分。

五　相对指标计算和运用的原则

上述六种相对指标从不同的角度出发，运用不同的对比方法，对两个同类指标数值进行静态的或动态的比较，对总体各部分之间的关系进行数量分析，对两个不同总体之间的联系程度和比例作比较，是统计中常用的基本数量分析方法之一。要使相对指标在统计分析中起到应有的作用，在计算和应用相对指标时应该遵循以下的原则。

（一）可比性原则

相对指标是两个有关的指标数值之比，对比结果的正确性，直接按取决于两个指标数值的可比性。如果违反可比性这一基本原则计算相对指标，就会失去其实际意义，导致不正确的结论。

对比指标的可比性，是指对比的指标在含义、内容、范围、时间、空间和计算方法等口径方面是否协调一致，相互适应。如果各个时期的统计数字因行政区划、组织机构、隶属关系的变更，或因统计制度方法的改变不能直接对比的，就应以报告期的口径为准，调整基期的数字。许多用金额表示的价值指标，由于价格的变动，各期的数字进行对比，不能反映实际的发展变化程度，一般要按不变价格换算，以消除价格变动的影响。

（二）定性分析与定量分析相结合原则

计算对比指标数值的方法是简便易行的，但要正确地计算和运用相对数，还要注重定性分析与定量分析相结合的原则。因为事物之间的对比分析，必须是同类型的指标，只有通过统计分组，才能确定被研究现象的同质总体，便于同类现象之间的对比分析。这说明要在确定事物性质的基础上，再进行数量上的比较或分析，而统计分组在一定意义上也是一种统计的定性分类或分析。即使是同一种相对指标在不同地区或不同时间进行比较时，也必须先对现象的性质进行分析，判断是否具有可比性。同时，通过定性分析，可以确定两个指标数值的对比是否合理。

例如，将不识字人口数与全部人口数对比来计算文盲率，显然是不合理的，因为其中包括未达学龄的人数和不到接受初中文化教育年龄的人数在内，不能如实反映文盲人数在相应的人口数中所占的比重。通常计算文盲率的公式为：

$$文盲率 = \frac{15\ 岁以上不识字人口数}{15\ 岁以上全部人口数} \times 100\%$$

（三）相对指标和总量指标结合运用原则

绝大多数的相对量指标都是两个有关的总量指标数值之比，用抽象化的比值来表明事物之间对比关系的程度，而不能反映事物在绝对量方面的差别。因此在一般情况下，相对指标离开了据以形成对比关系的总量指标，就不能深入地说明问题。

（四）各种相对指标综合应用原则

各种相对指标的具体作用不同，都是从不同的侧面来说明所研究的问题。为了全面而深入地说明现象及其发展过程的规律性，应该根据统计研究的目的，综合应用各种相对指标。例如，为了研究工业生产情况，既要利用生产计划的完成情况指标，又要计算生产发展的动态相对数和强度相对数。又如，分析生产计划的执行情况，有必要全面分析总产值计划、品种计划、劳动生产率计划和成本计划等完成情况。

此外，把几种相对指标结合起来运用，可以比较、分析现象变动中的相互关系，更好地阐明现象之间的发展变化情况。由此可见，综合运用结构相对数、比较相对数、动态相对数等多种相对指标，有助于我们剖析事物变动中的相互关系及其后果。

第三节　旅游平均指标

一　平均指标的概念和作用

平均指标，即用以反映社会经济现象总体各单位某一数量标志，在一定时间、地点条件下所达到的一般水平。简言之，平均指标是说明同质总体内某一数量标志在一定历史条件下一般水平的综合指标。

平均指标具有以下特点：可以反映总体单位变量分布的集中趋势，平均指标本身就是一种其中趋势的体现；可以比较同类现象在不同单位的发展水平，常用来说明生产水平、经济效益或服务工作质量的差距；通过不同种类平均指标之间的对比，还可以分析现象之间的依存关系。

平均指标的作用主要包括三方面：平均指标可用于同类现象在不同空间条件下的对比，例如，用劳动生产率、单位产品成本等平均数对比，由于消除了企业规模大小的影响，就可以反映不同规模企业的工作成绩和质量；平均指标可用于统一总体指标在不同时间的对比，例如，由于各个月的日数不同，会影响工业总产量的多少，使各月之间不能进行对比，如果计算出日平均产量，就可以进行对比；平均指标可以作为论断事物的一种数量标准或参考，例如，对某企业职工工资水平高低的了解，通常是以他们的平均工资水平为基准的。

二　平均指标的种类与计算

平均指标主要是算术平均数，如简单算术平均数、加权算术平均数和调和算术平均数，还包括位置平均数，如众数、中位数。算术平均数又叫作数值平均数，它是根据总体所有标志值计算的；位置平均数是由标志值所处的位置确定的，所以以此为名。

（一）简单算术平均数

如果掌握了总体单位数和总体单位的标志值，我们可以使两者相除，在这一条件下计算出的平均数是准确的，这种计算平均数的方法称为简单算术平均数。计算公式如下：

$$\overline{X} = \frac{1}{n} \sum x$$

其中，$\sum x$ 代表总体单位数量标志值之和，n 标示总体单位数。

（二）加权算术平均数

如果掌握了经过分组整理变成单项数列或组距数列的资料时，我们可以采用加权算数平均数的方法计算平均数。计算公式如下：

$$\overline{X} = \frac{\sum xf}{\sum f}$$

其中，f 表示标志值出现的次数，即权数；xf 代表总体单位总数。

为了提高计算结果的精确度，在组距式数列计算加权算术平均数的过程中，有些数据需要取整，例如人、人次等等。遇到这种情况时，可以先保留小数，在最后算出总体平均数结果时再进行四舍五入。

（三）调和算术平均数

调和算术平均数，又称倒数平均数，是指各个变量值倒数的算术平均数的倒数。在不知道标志值出现的次数（即权数），而掌握各个单位标志值和各组标志总量时使用。计算公式如下：

$$\overline{X} = \frac{n}{\sum \dfrac{1}{x}}$$

在分析社会经济现象时，我们可以运用加权算术平均数和调和算术平均数来计算需要的相对指标的平均数，如平均利润率、平均合格率、平均计划完成程度等。当已知相对指标的分母资料时，将其作为权数，采用加权算术平均数的计算公式；当已知相对指标的分子资料时，将其作为权数，采用加权调和平均数的计算公式。

（四）众数

众数是指总体中出现次数最多的标志值，代表的是总体单位的一般水平。众数不受极端值的影响，能反映出数据的集体趋势，也可以表明社会经济现象的集中趋势。比如说，我国男性所穿鞋号以 42、43 号为主，即全国男性鞋号的众数为 42、43，所以鞋业公司以此为依据进货。计算公式如下：

$$M_0 = L + \frac{\Delta_1}{\Delta_1 + \Delta_2} \times i$$

$$M_0 = U - \frac{\Delta_2}{\Delta_1 + \Delta_2} \times i$$

式中，M_0 为众数，L 为众数所在组的下限，U 为众数所在组的上限，i 为众数所在组的组距，Δ_1 为众数所在组次数与比其小的那组组次数之差，Δ_2 为众数所在组次数与比其大的那组次数之差。

（五）中位数

将一组数据按照顺序从大到小排列之后，处于中间位置的标志值即为中位数。中位数是根据其在总体中所占的中间位置来确定的，不是根据总体标志值计算而来的，不受极端值影响。当总体中存在极端值时，中位数较平均数跟适合描述数据的集中趋势。在缺乏计量工具的情况下，中位数可以近似地替代算术平均数。比如估计一个班学生的身高时，在无法测量时，可以让大家按高低排队，我们就可以把队伍中间的人的身高作为这个班级学生的代表值。其计算公式如下：

$$M_0 = L + \frac{\frac{\sum f}{2} - s_{m-1}}{f_m} \times i$$

$$M_0 = U - \frac{\frac{\sum f}{2} - s_{m+1}}{f_m} \times i$$

式中，f 表示标志值单位数，f_m 表示中位数所在组的次数，s_{m-1} 表示比中位数小的那些组的累计次数，s_{m+1} 表示比中位数大的那些组的累计次数。

三　平均指标的应用原则

（一）平均指标应用的前提，社会经济现象是否同质

只有在同质总体中，总体各单位才具有共同的特性，从而才能计算它们的平均数来反映现象的一般水平。

（二）在分组条件下，有必要用组平均数补充说明总体平均数

许多平均指标的计算，是在科学分组的基础上进行的。我们应该重视影响总平均数的各个有关因素的作用，通过计算组平均数对总平均数作补充说明，可以揭示现象内部结构组成的影响，从而克服认识上的片面性。

（三）用分配数列补充说明平均数

平均数只能说明现象的共性，也就是一般水平，它掩盖了总体中各单位的差异以及其分配的情况。在利用平均数对社会经济现象进行分析时，结合原来的分配数列，分析平均数在原数列中所处的位置，可以比较深入地说明问题。

第四节　旅游指标标志变异程度的测量

一　标志变异指标的概念和作用

变异指标又称标志变动度，它综合反映总体各个单位标志值的差异程度或离散程度。以平均指标为基础，结合运用变异指标是统计分析的一个重要方法。

标志变异指标通常用来比较平均数的代表性，并衡量其代表性的大小。标志变异指标反映的是总体单位各指标值的离中趋势。如果标志变异程度大，说明平均数的代表性差；反之，说明平均数的代表性强。由于标志变异指标能够测定现象变动的均衡性和稳定性，它在表明社会经济活动均衡性的方面具有重大意义，比如可以测定产品质量的稳定性、计划执行的均衡性等等。变异指标反映现象总体总单位变量分布的离中趋势，说明平均指标的代表性程度，测定现象变动的均匀性或稳定性程度。

二　测量标志变异指标的方法（全距、平均差、标准差、标志变动系数）

测量标志变异指标的方法有全距、平均差、标准差、标志变动系数，

现分述如下。

（一）全距

全距，即总体中最大值与最小值的差。我们常用全距来判断总体中标志值变异程度的大小。比如，1 号旅游团有 50 名游客，每个人都是 35 岁，那么平均年龄就是 35 岁，全距是 0，说明没有变异。2 号旅游团也有 50 名游客，其中 45 个人是 35 岁，5 个人是 30 岁，平均年龄约等于 35 岁，但全距是 5，出现了变异。

全距计算方便，易于理解。但是全距这个指标比较粗略，它只考虑到数列两端的数值差异，而无法确定中间数值的差异情况，也不受次数分配的影响，所以它不能完全反应总体各单位标志的变异程度。

（二）平均差

平均差，即总体各单位标志值与平均数的距离的算术平均数。我们通常用平均差来反映总体中各单位标志值的变动程度；平均差越大，表示标志值的变异程度越大。比如，1 号旅游团有 50 名游客，1 名游客 35 岁，1 名游客 30 岁，其他游客年龄都是 33 岁。2 号旅游团也有 50 名游客，10 名游客 35 岁，10 名游客 30 岁，其他游客年龄都是 33 岁。从全距的角度看还是 5，但是从平均差的角度看，每一名游客都与平均年龄有差距，所有差距的平均数就是平均差。显然，1 号旅游团的平均差小于 2 号旅游团的平均差。由于有的标志值处于平均数之下，因此我们在计算距离时使用的是绝对值。计算公式如下：

$$A.D. = \frac{\sum |x - \bar{x}|}{n} （未分组资料）$$

$$A.D. = \frac{\sum |x - \bar{x}| f}{\sum f} （分组资料）$$

平均差是根据全部变量值计算出来的，它对整个变量值的离散趋势有比较充分的代表性。但是平均差不适合于代数方法的验算，因为它采用取离差绝对值的方法来消除正负离差抵消。

（三）标准差

标准差，是各单位标志值与其算术平均数的离差平方的算术平均数的平方根，又叫作"均方差"。标准差是测量标志变异程度的最常用也是最重要的指标。标准差越大，说明总体标志值越分散，平均数的代表性越小；反之，则说明总体标志值越紧凑，平均数的代表性越大。计算公式如下：

$$\sigma = \sqrt{\frac{\sum (x - \overline{x})^2}{n}} \text{（未分组资料）}$$

$$\sigma = \sqrt{\frac{\sum (x - \overline{x})^2 f}{\sum f}} \text{（分组资料）}$$

（四）标志变动系数

标志变动系数，即标志变异指标与算术平均数之比的相对变异指标。标志变动系数可以反映不同水平数列之间的标志变异程度。标志变动系数越小，说明总体标志值的差异程度越低，分布越均匀，所以平均数的代表性也就越强；反之，则说明总体标志值的离散程度越大，平均数的代表性越小。计算公式如下：

$$V_0 = \frac{\sigma}{\overline{x}} \times 100\%$$

当两个现象的总体水平相同时，我们可以比较两者的全距、平均差、标准差的大小来判断；如果变异指标小，则具有代表性。当对比的两个总体水平不同时，就用标志变动系数来判断，一般采用标准差系数。

思考题

1. 简述总量指标的作用与分类。
2. 什么是相对指标？相对指标的种类有哪些？
3. 平均指标种类有哪些？有何作用？
4. 什么是标志变异指标？测量标志变异指标的方法有哪些？

第四章　旅游抽样调查

第一节　旅游抽样调查的概念与理论依据

抽样调查为科学研究方法中重要技术之一，是根据部分实际资料推算全部总体数量特征的一种统计分析方法。它是按照随机的原则从全部研究对象中抽取一部分单位进行观察，并运用数理统计的原理，在实际观察数值的基础上，对全部研究对象作出数量上的估计，以达到对总体的认识。

旅游是一种综合性的社会经济文化现象，涉及文化、经济、政治和社会的许多方面，动态性强。采用抽样调查方法，有可能用更少的人力、时间、费用达到对总体的认识；可以使我们能够解决许多无法进行全面调查的统计分析任务；可以对时间序列的总体，根据一定顺序的抽查，以便对生产过程进行监控和检查；还可以对于某种总体的假设进行检验，来判断这种假设的真伪。如在一些国家的饭店、机构、过境处（海关等）备请旅游者填写的表格，向旅游者征询意见或做调查，从这些调查资料的分析研究中，可掌握旅游者的动机、兴趣、路线选择要求等，从而了解客源市场的现状，预测发展变化趋势。

一　抽样调查的基本概念

抽样是一种常用的统计技术，其目的在于推断我们所关心的总体特征。抽样是国际上通行的调查方法，同时也是旅游统计、特别是针对与旅游者相关的各类统计分析和研究的主要方式和方法。

关于抽样调查的定义上大体可以区分成广义和狭义两种，广义的抽样调查包括非概率抽样与概率抽样，狭义概念仅指概率抽样。本书取狭义的理解，将抽样调查定义为是按照一定的程序和方法，从所要研究现象的总体中根据与随机原则抽取一部分单位组成样本，通过对样本的调查，获得样本资料，计算出有关的样本指标（统计量），依一整套专门的方法依据对应的总体指标（参数）作出估计和推算，并有效控制抽样误差的一种统计方法。

（一）全及总体与抽样总体

从调查统计的范围看，将所要研究的调查单位的全体称为全及总体，简称总体（N）。

被抽取的单位构成抽样总体，或样本总体，简称样本（n）。

（二）全及指标与抽样指标

根据全及总体各单位标志值计算的综合指标称为全及指标。包括总体平均数 $\bar{X}$、总体成数 P、总体标准差 σ、总体方差等 σ^2。

总体平均数：在未分组的情况下，$\bar{X} = \dfrac{\sum X_i}{N}$，其中，$X_i$ 表示总体各单位的标志值，N 表示总体容量。

在已分组的情况下，$\bar{X} = \dfrac{\sum X f_i}{\sum f_i} = \dfrac{\sum X_i f_i}{N}$，其中 f_i 是 X_i 的频数。

总体成数：$P = \dfrac{N_1}{N}$，其中 N_1 表示总体中具有某一标志的单位数目，N 表示总体容量。

总体方差和总体标准差：$\sigma = \sqrt{\dfrac{\sum (X_i - \bar{X})^2}{N}}$（未分组时），$\sigma = \sqrt{\dfrac{\sum (X_i - \bar{X})^2 f_i}{\sum f_i}}$（已分组时），$\sigma$ 称为总体标准差，σ^2 称为总体方差。

根据抽样总体各单位标志值计算的综合指标称为抽样指标。和全及指标对应的抽样指标有抽样平均数 $\bar{x}$、样本成数 p，样本标准差 S、样本方差 S^2 等。

样本平均数：记 x_1，x_2，$\cdots$，x_n 为样本，在未分组的情况下，称 $\bar{x} = \dfrac{\sum x_i}{n}$ 为样本平均数，其中 x_i 表示各样本单位的标志值，n 表示样本容量。

若 x_1，x_2，$\cdots$，x_n 已分组，且 x_i 的频数为 f_i，则 $\bar{x} = \dfrac{\sum x_i f_i}{\sum f_i} = \dfrac{\sum x_i f_i}{n}$。

样本成数：$p = \dfrac{n_1}{n}$ 为样本成数，其中 n_1 表示样本中具有某一标志的单位数目，n 表示样本容量。

样本方差和样本标准差：若 x_1，x_2，$\cdots$，x_n 未分组，则称 $s = \sqrt{\dfrac{\sum (x_i - \bar{x})^2}{n}}$ 为样本标准差。若 x_1，x_2，$\cdots$，x_n 已分组，且 x_i 的频数为 f_i，则称 $s = \sqrt{\dfrac{\sum (x_i - \bar{x})^2 f_i}{\sum f_i}}$ 为样本标准差。样本标准差 S 的平方 S^2 成为样本方差。

（三）抽样方法：重复抽样与不重复抽样

重复抽样是从总体中抽取样本时，随机抽取一个样本单位，记录该单位有关标志表现以后，把它放回到总体中去，再从总体中随机抽取第二个样本单位，记录它的有关标志表现以后，也把它放回总体中去，以此类推，一直到抽选 n 个样本单位。重复抽样时总体单位数在抽选过程中始终未减少，总体各单位被抽中的可能性前后相同。

不重复抽样是从总体中抽取第一个样本单位，记录该单位有关标志表现后，这个样本单位不再放回总体参加下一次抽选。然后，从总体 N-1 个单位中随机抽选第二个样本单位，记录了该单位有关标志表现以后，该单位也不放回总体中去，从总体 N-2 个单位中抽选第三个样本单位，以此类推直到抽选出 n 个样本单位。不重复抽样时，总体单位数在抽选过程中逐渐减少，各单位被抽中的可能性前后不断变化，不存在重复抽中的可能。

二　抽样调查的理论依据

抽样调查所依据的原理，是概率论和大数定律。也就是按照随机原则从事物总体中抽取每一个样本单位的数值，对总体的平均数来说，可能大，也可能小，而当抽样数目达到足够多时，抽样误差是遵从正态分布的。

抽样调查遵循随机原则。所谓随机原则就是在抽选调查单位的过程中，完全排除人为的主观因素的干扰，以保证使现象总体中的每一个个体都有一定的可能性被选中。换句话讲，哪些单元能够被选作调查单位纯属偶然因素的影响所致。需要说明的是：（1）随机并非"随意"。随机室友严格的科学含义的，可用概率来描述，而"随便"仍带有人为的或主管的因素，他不是一个科学的概念；（2）随机原则不等于等概率原则；（3）随机原则一般要求总体中每个单元有一个非零的概率被抽中；（4）抽样概率对总体参数的估计有影响。同时，按随机原则抽样可以保证被抽中的单元在总体中均匀分布，不致出现系统性、倾向性偏差；在随机原则下，当抽样数目达到足够多时，抽样误差是遵从正态分布，样本才具有代表性，其平均值才会接近总体平均值；按随机抽样原则，才可能实现计算和控制抽样误差的目的。

第二节　旅游抽样的方法与程序设定

一　概率抽样方法

（一）简单随机抽样

简单随机抽样又称纯随机抽样，是一种最基本的抽样方式。设总体的大小为 N，从中随机抽取容量 n 的样本，每一个单位都有同样的机会被抽中，这种抽样的方法称为简单随机抽样，所抽到的样本称为简单随机样本。

简单随机抽样的抽取可以有多种方法，抽签摸球就是最原始的办法。简单随机抽样可分为重复抽样和不重复抽样两种。

（二）分层抽样

分层抽样也称分类抽样或类型抽样，在分层抽样中，总体首先被分成若干个"层"，然后再从每一个层中随机抽取样本。每一层内的元素应呈现出同质性或相似性，层与层间的元素应表现出异质性或差异性。

例：中国主要城市接待入境旅游者构成统计中，把旅游者分为外国游客、香港同胞、澳门同胞、台湾同胞。

分层抽样的作用可以体现在以下方面。

第一，利用已知的信息提高抽样调查的精确度，或者在一定精度下减少样本的单位数以节约调查费用。但要求分层抽样之前，要对客观总体有一定的了解，需要知道各层的本单位数，是利用主观认识提高抽样效率的一种手段。

第二，分层抽样与特定研究目的有关。如果抽样调查既要了解总体的有关信息，又要了解一些子总体的信息，这种情况下就可以将子总体分层。如，按行政隶属的系统分层，按地理的区划分层等等。

（三）等距抽样

等距抽样是先将总体按某一因素排列，然后每隔一定距离选取一个样本，即从数量为 N 的总体中每隔 k 个单位就选取一个样本，若需选择 n 个样本，则 $k=N/k$，k 的值需取整。

抽样时，先在第一个间隔随机抽取一个单位，假定为 a，然后从 a 开始，每隔 k 个单位抽取入选单位：a，$a+k$，$a+2k$，$a+3k$，$\cdots$，$a+(n-1)k$，总数正好是样本容量 n。

等距抽样的作用可以体现在以下方面。

第一，简便易行。从简单随机抽样来说，在抽样之前需要对每一个单位加以编号，然后才能利用随即数字表方法抽选样本。当总体单位数量很多时，编号说抽选过程比较麻烦，而等距抽样只要确定抽样的起点和间隔，整个样本的所有单位也随之而自然确定。它可以充分利用现成的各种排列，抽样方便，便于推广。

第二，系统抽样的误差大小与总体单位的排列顺序有关。当对总体结构有一定了解时，可以利用已有的信息对总体单位进行排列后再系统抽样，可以提高抽样效率，是大规模抽样调查时一种比较常用的抽样方法。

（四）整群抽样

整体抽样首先需要把总体分为几个互不重叠的群，然后再在每一个群中随机抽取样本。一旦某些群被选入样本后，群中的每个单位都要调查。例如，调查某学校学生身高，其基本单位是学生，但抽样单位可以是班级或系，这里一个班级或系就是一个群，我们对抽中的班级或系的全部学生作为样本进行观察。

整群抽样适用于群间差异小而群内差异大的总体，这点正好与分类抽样相反。

（五）多阶段抽样

当总体很大时，直接从总体中抽取单位，在技术上就会产生困难，因此一般采用多阶段抽样。

在多阶段抽样中每一级都可以看作是一次整体抽样，每一个抽中的整体又可以看作是由若干子群所组成，从入样的整群中，再随机抽取若干子群组成子子群，然后依法继续往下抽取，直至抽中的单位满足抽样者的要求，成为基本调查单位。

二　非概率抽样方法

非概率抽样不是按照概率均的原则，而是根据人们的主观经验或其他条件来抽取样本。代表性较小、误差相当大，且无法估计；大规模正式研究中很少采用，只是在探索性研究中采用。

（一）偶遇抽样

又称为方便抽样或自然抽样。是指研究者根据现实情况，以自己方便的形式抽取偶然遇到的人作为对象，或者仅仅选择那些离得最近、最容易找到的人作为对象。

与随机抽样的根本差别在于，偶遇抽样没有保证总体中的每个成员都具有同等被抽中的概率。那些最先被碰到、最容易见到、最方便找到的对象具有比其他对象大得多的机会被抽中。

不能依赖偶遇抽样得到的样本来推论总体。

（二）判断抽样

又称为立意抽样。是指研究者根据研究目标和自己主观分析来选择和确定研究对象的方法。

首先需要确定抽样标准，标准的确定带有较大的主观性，往往与研究者的理论修养、实际经验以及对对象的熟悉程度有很大关系。其优点是充分发挥研究人员的主观能动作用，缺点是所得样本的代表性难以判断。

多用于总体规模小，所涉及的范围较窄或时间、人力等条件有限而难以进行大规模抽样的情况。

（三）雪球抽样

一种极特殊的抽样方法。当无法了解总体情况时，可以从总体中少数成员入手，对他们进行调查。向他们询问还知道那些符合条件的人；再去找那些人再询问他们知道的人。如同滚雪球一样。如果总体不大，有时用不了几次就会接近饱和状况，即后访问的人再介绍的都是已经访问过的人。

三 抽样的程序设计

（一）抽样设计的主要内容

抽样设计的任务，就是要依据调查的目的，在给定的人力、物力、经费、时间要求等条件下，设计一个精度高，能够由样本正确推断总体的良好抽样调查方案。抽样调查的主要步骤如下。

第一，明确规定调查目的及抽样目标的总体。根据研究的目的，确定要研究的对象，研究对象的集合就是总体范围。

第二，搜集和编制抽样框。抽样框是指用以代表总体，并从中抽选样本的一个框架，其具体表现形式主要有包括总体全部单位的名册、地图等。抽样框在抽样调查中处于基础地位，是抽样调查必不可少的部分，其对于推断总体具有相当大的影响。

第三，确定样本容量。确定样本容量的方法有两种，一种是理论方法，给出一定的调查精度，利用公式计算出满足条件的最小样本量；一种是在给定调查费用的情况下，按单位调查成本确定最大有效的样本量。而通常是两者结合起来，即如果满足给定调查精度的样本容量超过了经费、工作负担，在实际操作时，就必须采取折衷的办法。

第四，规定抽样方法及计量方法。样本抽选的方法有简单随机抽样、分层抽样、等距抽样、整群抽样、多阶段抽样等方法。

第五，设计调查表。调查表的问题要简单易懂，考虑被调查者的负担，注意提问的顺序，注意问卷的结构。

第六，试调查。试调查这一环节对调查表的完善至关重要。问卷设计好后，设计者本人应该亲自参加试调查，试调查可以在设计者所在地或就近地区开展。一般地，试调查都会发现一些在最初设计时被忽视的地方，比如所提的问题是不是会引起被调查者的反感、访问员是不是对所提的问题觉得难堪、一些问题是不是容易引起误解、用于记录调查数据的空间是不是足够等等。根据试调查中了解的情况再行修改完善调查表。

第七，现场调查。

（二）抽样设计效果的评价

在给定调查总体的条件下，采用什么样的组织方式才能获得优良的抽样效果，决定于评价抽样设计方案的原则。

第一，在核定费用范围内最小抽样误差的原则。

第二，以最少的费用达到要求精度的原则。

第三节　旅游抽样误差的测定

一　抽样误差的概念

抽样误差是指用样本指标去推断总体指标的估计值与总体真实指标值之间数量上的差别。

第一，抽样误差是指由于抽样的随机性而产生的那一部分代表性误差，不包括登记误差，也不包括可能发生的偏差。抽样误差是一个随机变量。

第二，随机误差有两种：实际误差和抽样平均误差。

实际误差是一个样本指标与总体指标的差别，是无法知道的误差；抽样平均误差是指所有可能出现的样本指标的标准差，即所有可能出现的样本指标和总体指标的平均离差。抽样平均误差是可以计算的，用于衡量统计量的离散程度，测度了用样本统计量估计总体参数的精确程度。

二　影响抽样平均误差的因素

（一）全及总体标志的变动程度

总体标志变动程度越大，抽样平均误差就越大；反之，总体标志变动程度越小，则抽样平均误差越小。两者成正比关系变化。

（二）抽样单位数的多少

在其他条件不变的情况下，抽取的单位数越多，后样平均误差越小；样本单位数越少，抽样平均误差越大。抽样平均差的大小和样本单位数呈相反关系变化。

（三）抽样方法的影响

在相同的样本容量条件下，调查费用大致是相同的，但不同的抽样方法的抽样误差却不同，简单随机抽样要比其他概率抽样的方法误差大一些。抽样设计中需要以抽样误差为标准，比较不同抽样方案的效果，以确定最佳的抽样方法。

三　抽样平均误差的意义

在对某一全及总体进行抽样调查时，在总体中可以抽取一个抽样总体进行综合观察，也可以连续抽取几个以至一系列的抽样总体进行综合观察，每个抽样总体都可以计算出相应的抽样指标。由于每一抽样总体所包含的具体样本单位不同，它们的综合指标也是各不相同的，因而它们与全及综合指标之间的差数也是各不相同的。所以，这些抽样误差也是一个随机变量。抽样误差是反映抽样指标对全及指标代表性程度的，就抽样调查整体来说，可以有许多个抽样总体和许多个抽样误差，我们可否任取某一次抽样所得的抽样误差，来作为衡量抽样指标对于全及指标的代表性程度呢？这显然是不恰当的。某一次抽样结果的抽样误差只是一系列抽样结果可能出现的误差数值之一，它不能概括一系列抽样可能结果所产生的所有抽样误差。这如同衡量总体单位的平均指标代表性程度一样，不能用总体单位的平均指标与总体的某一单位标志值离差大小，来说明平均指标对总体所有单位标志值的代表性程度一样。平均指标的代表性程度是用各个单位的标志值对平均指标离差平方的平均数方根——标准差来衡量的。它概括了所有单位标志值与平均指标离差的所有结果在内。那么，测定抽样指标的代表性程度的抽样误差，也可以用同样的原理求得。即把各个可能的抽样指标与全及指标之间都存在的抽样误差的所有结果都考虑进去，用平方平均数的方法便可求得标准差，即抽样平均误差。也就是说，抽样平均误差，是一系列抽样指标（平均指标或成数）的标准差。在进行抽样调查时，所得的抽样指标与全及指标产生误差，即抽样指标可能比全及指标大一些，也可能小一些，但用抽样平均误差来表示的抽样误差，它概括地反映了这些所有可能的结果，也就是平均说来会有这么大的误差。因此，抽样平均误差的意义，它既是实际可以运用于衡量抽样指标对于全及指标代表性程度的一个尺度；也是计算抽样指标与全及指标之间变异范围的一个根据；同时，在组织抽样调查中，也是确定抽样单位数多少的计算依据之一。总之，抽样平均误差对于整个抽样推断分析具有很重要的意义。

四 抽样平均误差的计算

抽样平均误差指抽样误差的平均水平，即指每个可能样本的估计值与总体指标真值之间的离差的平均数，或者更准确地说，抽样平均误差是所有样本平均数的标准差。

通常用 $\mu_{\bar{x}}$ 表示平均数的抽样平均误差，μ_p 表示成数的抽样平均误差。

（一）抽样平均数的抽样平均误差

$$\mu_{\bar{x}} = \sqrt{\dfrac{\sum\limits_{i=1}^{M} (\bar{x}_i - \bar{X})^2}{N}}$$

式中 $\bar{x}_i$ 表示第 i 个样本平均数，$\bar{x}$ 表示总体平均数，N 表示所有可能样本的数目。

此式表明：用样本平均数去估计总体平均数所产生的抽样误差。

（二）样本成数的抽样平均误差

$$\mu_{p} = \sqrt{\dfrac{\sum\limits_{i=1}^{M} (p_i - P)^2}{N}}$$

式中 p_i 表示第 i 个样本的成数，P 表示总体成数。

此式表明：用样本成数去估计总体成数所产生的抽样误差。

上述两个公式表明了抽样平均误差的意义，它们是理论计算公式。由于总体单位数很多，样本的可能数目也很多，上述公式需要求出所有可能出现的样本平均数，而在实际上抽样只收取了其中的一个样本，因此上述公式很难（或根本不可能）计算抽样平均误差。但如上所说，抽样平均误差是样本平均数的标准差，用数理统计理论可以得到下面的计算公式。

（三）抽样平均数的抽样平均误差的计算

在重复抽样条件下，$\mu = \sqrt{\dfrac{\sigma^2}{n}} = \dfrac{\sigma}{\sqrt{n}}$

在不重复抽样条件下，$\mu = \sqrt{\dfrac{\sigma^2}{n} \cdot \dfrac{N-n}{N-1}} = \dfrac{\sigma}{\sqrt{n}} \sqrt{\dfrac{N-n}{N-1}}$

式中 σ^2 为总体方差，σ 为总体标准差，N 为总体单位数即总体容量，$\dfrac{N-n}{N-1}$ 称为校正因子或修正系数。

当 N 很大时，$\dfrac{N-n}{N-1} \approx 1 - \dfrac{n}{N}$，此时不重复抽样条件下抽样平均数的计算公式可简化为 $\mu = \sqrt{\dfrac{\sigma^2}{n} \cdot \dfrac{N-n}{N}} = \dfrac{\sigma}{\sqrt{n}} \sqrt{1 - \dfrac{n}{N}}$

（四）样本成数的抽样平均误差的计算

在重复抽样条件下：

$$\mu_p = \frac{p\ (1-p)}{n}$$

在不重复抽样条件下：

$$\mu_p = \sqrt{\frac{p(1-p)}{n} \cdot \frac{N-n}{N-1}} \approx \sqrt{\frac{p(1-p)}{n} \cdot \left(1 - \frac{n}{N}\right)}$$

第四节　旅游抽样估计与样本容量的确定

一　抽样极限误差

（一）抽样极限误差的概念

即指一定概率下抽样误差的可能范围。用 $\Delta\bar{x}$、$\Delta\bar{p}$ 分别表示平均数和成数的抽样极限误差，即：在一定概率下，$|\bar{x}-X| \leq \Delta_{\bar{x}}$，$|p-P| \leq \Delta_p$

由于未知的全及指标是一个确定的量，而抽样指标会随各个可能样本的不同而变动，它是围绕着全及指标上下随机出现的变量。它与全及指标可能产生正离差，也可能产生负离差，这样，抽样指标与全及指标之间就有个误差范围的问题。抽样误差范围就是指变动的抽样指标与确定的全及指标之间离差的可能范围。它是根据概率理论，以一定的可靠程度保证抽样误差不超过某一给定的范围。统计上把这个给定的抽样误差范围叫作抽样极限误差，也称量信区间。

（二）抽样极限误差与概率度、抽样平均误差的关系

基于概率的要求，抽样极限误差通常以抽样平均误差 $\mu_{\bar{x}}$ 或 μ_p 为标准单位来衡量，抽样极限误差与抽样平均误差的比值（或倍数）t，称为抽样误差的概率度。t 是测定估计可靠程度的一个重要指标。

$t = \Delta_{\bar{x}} / \mu_{\bar{x}}$（数量）

$t = \Delta_{\bar{p}} / \mu_{\bar{p}}$（成数）

抽样极限误差随概率度和抽样平均误差的变化而变化。t 值越大，则 Δ 越大；否则相以。同理，在 k 值不变的条件下，μ 值越大，则 Δ 越大；否则相反。

抽样平均误差是通过计算取得的，而 t 值的大小是由概率保证度（置信水平）决定的。

置信水平也称为置信系数或概率保证度，表示为 $(1-\alpha)\%$。（α 为显著性水平，是总体参数未在区间内的概率。）置信水平是用来构造置信区间上下界的样本统计量覆盖总体参数的概率。也就是说，无穷次重复抽样构造的所有置信区间中，有 $(1-\alpha)\%$ 的区间包含总体参数的真值。常用的置信水平值有 99%，95%，90%；相应的 α 为 0.01，0.05，0.10。

（三）概率度与概率的关系

样本平均数越接近总体平均数，其出现的可能性越大；反之样本平均数越远离总体平均数，其出现的可能性越小。这种可能性在数学上称为概率 $F(t)$，也就是可靠性（在区间估计中，可靠性水平是事先确定的，即概率保证度或置信水平）。与概率对应的数值称为概率度，即抽样误差扩大的倍数，用字母 t 表示。

概率度 t 与概率 $F(t)$ 的对应关系是：概率 $F(t)$ 越大，则概率度 t 值越大，估计的可靠性越高，样本统计量与总体参数之间正负离差的变动范围也越大。对于 t 每取一个值，概率 $F(t)$ 有一个唯一确定的值与之对应。

几个常用的对应关系：当 $t=1$ 时，$F(t)=0.6827$

当 $t=2$ 时，$F(t)=0.9545$

当 $t=3$ 时，$F(t)=0.9973$

二 抽样估计

抽样估计，也称为参数估计，就是指利用实际调查计算的样本统计量来估计相应的总体指标的数值。由于总体指标是表明总体数量特征的参数，所以叫参数估计。

参数估计方法有点估计与区间估计两种。

（一）点估计

参数点估计的基本特点是，根据总体指标的结构形式设计样本指标（称统计量）作为总体参数的估计量，并以样本指标的实际值直接作为相应总体参数的估计值。一般地说，总体平均数的点估计是样本平均数，总体成数的点估计是样本成数。点估计的特点是直接用样本指标估计相应的总体指标，一般不考虑抽样误差和可靠程度，适用于对抽样精确程度和可靠程度要求不高的情况。

（二）区间估计

区间估计是抽样估计的主要方法，它的主要思想是根据样本指标、抽样误差和可靠程度的要求，构造一个总体指标的估计区间或范围，然后说明总日指标落在此区间的可能性大小（严格说，应是此区间包含总体指标的可能性大小）。

区间估计的方法和一般步骤为：

1. 总体平均数的区间估计

第一，计算样本平均数 $\bar{x}$；

第二，计算样本方差 S^2（当总体方差未知时）；

第三，计算抽样平均误差，$\mu_{\bar{x}} = \dfrac{S}{\sqrt{n}}$（重复抽样情况下）或 $\mu_{\bar{x}} =$

$\sqrt{\dfrac{S^2}{n}\left(1-\dfrac{n}{N}\right)}$（不重复抽样情况下）

第四，由可靠程度 $F(t)$ 确定概率度 t，计算抽样极限误差 $\Delta_{\bar{x}} = t\mu_{\bar{x}}$；

第五，确定总体平均数 $\bar{X}$ 的估计区间（或称置信区间）：$\bar{x} - \Delta_{\bar{x}} \leqslant \bar{X} \leqslant \bar{x} + \Delta_{\bar{x}}$。

2. 总体成数的区间估计

第一，计算样本成数 p；

第二，计算成数方法 $S^2 = p(1-p)$；

第三，计算抽样成数平均误差，$\mu_p = \dfrac{S}{\sqrt{n}} = \sqrt{\dfrac{p(1-p)}{n}}$（重复抽样情况

下）或 $\mu_p = \sqrt{\dfrac{S^2}{n}\left(1-\dfrac{n}{N}\right)} = \sqrt{\dfrac{p(1-p)}{n}\left(1-\dfrac{n}{N}\right)}$（不重复抽样情况下）

第四，由可靠程度 $F(t)$ 确定概率度 t，计算抽样极限误差 $\Delta_p = t\mu_p$；

第五，确定总体平均数 $\bar{P}$ 的估计区间（或称置信区间）：$p - \Delta_p \leqslant \bar{P} \leqslant p + \Delta_p$。

3. 对总量指标的推算

对总量指标的推算，实质上是根据总体平均数（或成数）的估计值，最总量指标作出估计。因为总体平均数（或成数）有点估计与区间估计之分，所以对总量指标的估计也分为点估计和区间估计。具体计算公式为：

点估计：

总体标志总量的估计值＝总体平均数的估计值 q_1 总体单位数 N

总体具有某种特征的单位总量的估计值＝总体成数的估计值 q_0 总体单位数 N

区间估计：

$(\bar{x}-\Delta_{\bar{x}})N \leqslant$ 总体标志总量 $\leqslant(\bar{x}+\Delta_{\bar{x}})N$

$(p-\Delta_p)N \leqslant$ 总体具有某种特征的单位总量 $\leqslant(p+\Delta_p)N$

三　样本容量的确定

（一）样本容量的确定

前面的分析都是在给定的样本容量和样本数据下求置信区间或置信度。但在实际应用中，应当在随机抽样前就确定所需抽取的样本容量。

抽取的样本容量过大，虽然可以提高统计推断的精度，但将增加不必要的人力、物力、费用和时间开支；如果抽取的样本容量过小，则又会使统计推断的误差过大，推断结果就达不到必要的精度要求。

确定样本容量的原则：在满足所需的置信度和允许误差条件（置信区间的 Δ 值）下，确定所需的最低样本容量。

（二）影响样本容量的因素

（1）总体方差 σ^2（总体标准差 σ）。总体标志变异程度大，要求样本容量就大些；反之，总体标志变异程度小，要求样本容量就小些。故两者成正比关系。

（2）允许的抽样极限误差 Δ 的大小。允许的抽样极限误差越大，即 F（t）越小，样本容量越小；反之，允许的抽样极限误差越大，样本容量越大。

（3）抽样估计的可靠程度 F（t）的大小。抽样估计的可靠程度要求越高，即 F（t）越大，样本容量越大；反之，抽样估计的可靠程度要求越低，即 F（t）越小，样本容量越小。

（4）抽样方法。在其他条件相同的条件下，重复抽样比不重复抽样所需要的样本容量要大。

（5）抽样的组织形式。同一对象要求有同样的精度和可靠程度，用等距抽样和类型抽样，抽样的样本容量可定的小些；若用简单随机抽样和整群抽样方式，抽样的样本容量就要定的大些。

思考题

1. 什么是抽样误差？影响抽样误差的因素有哪些？
2. 旅游抽样的方法有哪些？
3. 区间估计的步骤有哪些？

第五章　时间数列分析与旅游统计指数

第一节　时间数列的几个主要指标

一　时间数列的概念及分类

（一）时间数列的概念

时间数列亦称动态数列，是将反映某现象的统计指标在不同时间上的数值，按时间先后顺序排列而形成的一种数列。它由两个部分组成：一是现象所属的时间，二是反映该现象的同一指标在不同时间上的具体数值。

（二）时间数列的作用

第一，通过时间数列可以描述某一客观现象在不同时间上的规模和水平；

第二，反映客观现象随着时间推移发展变化的过程和趋势；

第三，用于探索某些客观现象发展变化的规律性；

第四，根据客观现象发展变化的规律性，建立数学模型，预测未来。

（三）时间数列的分类

时间数列的分类与各统计指标有密切联系。时间数列按其统计指标作用、表现形式和计算方法的不同可分为三类：绝对数时间数列、相对数时间数列和平均数时间数列。

1. 绝对数时间数列

将一系列具有同类统计指标数值的绝对数值，按时间先后排列起来所形成的的数列称为绝对数时间数列。

绝对数时间数列数值中的每一个数值，都表明某种经济现象在不同时期的规模和发展水平。绝对数时间数列按其所反映的应急现象在各个时期达到的绝对水平的指标性质的不同，可分为时期数列和时点数列。

（1）时期数列

时期数列是由时期指标构成的时间数列，时期指标具有时间量纲（如一月、一季或一年），反映事物在一段时期（过程）内的发展总量。

时期数列具有如下特点：

第一，时期数列中各项指标数值可以累加，相加后，表示事物在更长一段时期内的总量；

第二，时期数列中各项数值的大小与其时期长短有直接关系；

第三，时期数列中各项数值是通过连续登记、汇总得到的。

（2）时点数列

时点数列是由时点指标构成的时间数列，时点指标是反映事物在某一时刻（瞬间）所达到的状态。如资产和负债在某一时点上的存量，是瞬时的状态，没有时间量纲。

时点数列具有如下特点：

第一，时点数列中各相临数值不能累加，即相加后的结果无意义；

第二，时点数列中各相临数值的大小与其时点间隔长短无直接关系；

第三，时点数列中各项数值是通过一次性登记取得的。

2. 相对数数列

相对数时间序列是把在相对指标在不同时间上的数值，按时间先后顺序加以排列而形成的时间序列。它反映现象数量对比关系的发展变化过程，在相对数时间序列中，各项指标数值不能直接相加。

3. 平均数时间数列

平均数时间序列是把在平均指标在不同时间上的数值，按时间先后顺序加以排列而形成的时间序列。它反映现象一般水平的发展变化趋势，在平均数时间序列中，各项指标数值也不能直接相加。

在三种时间数列中，绝对数时间数列是基本数列，相对指标和平均指标时间数列是派生数列。

（四）编制时间数列的原则

保证时间数列中各指标数值之间的可比性是编制时间数列的基本原则。可比性的具体要求是：

第一，对时期数列来说，数值所属的时期长短应该相同，即年与年排列、月与月排列。（有时为了特殊的目的也可以编制时期不等的时间数列。)

第二，指标数值所属的总体范围、内容含义、计算方法、计算价格、计量单位等要一致。

二　时间数列的水平指标分析

(一) 发展水平

时间数列是由时间 t_i，($i = 0$，1，2，…，n) 与其所对应的统计指标数值 a_i，($i = 0$，1，2，…，n) 所构成的，各个统计指标数值 a_i 所反映的是在时期（或时点）t_i 的经济现象发展水平。发展水平通常用 a_i 表示，a_0，a_1，a_2，a_3，…，a_n 是时间数列中各个时期或时点发展水平。a_0 是最初水平，a_n 是最末水平，中间各项是中间各项时期或各时点的水平。

发展水平一般是总量水平，如某旅行社某年的外汇收入、每年末的人口数等；也可用平均指标来表示，如客房出租率、劳动生产率；或用相对数指标来表示，如某旅行社某月接待旅游者人数占全年接待旅游者总人数的比重、流动资金周转次数等。

在动态对比时作为对比基础时期的水平，叫基期水平；所要分析的时期（与基期相比较的时期）的水平，叫报告期水平或计算期水平。需要指出的是：最初水平、最末水平、报告期水平、基期水平都不是固定不变的，比如在某一事件数列中的最末水平，也许就是另一时间数列中的最初水平，目前的报告期水平也许就是将来的基期水平。

发展水平在用文字说明是，往往用"增加到"或"增加为"、"下降到"或"下降为"来表示。

(二) 平均发展水平

平均发展水平是将不同时间的发展水平加以平均而得到的平均数，因是不同时间的、动态上的平均，故又叫作序时平均数或动态平均数。

由于构成时间数列的数据时态不同，序时平均数的计算方法也不同。总量指标时间数列平均发展水平的计算是最基本的，相对指标及平均指标时间数列平均发展水平的计算，都可归结为总量指标时间数列平均发展水平的计算。

(三) 增长量

增长量是报告期水平与基期水平之差，表明现象在一定时期内增加或减少的绝对数量。

增长量=报告期水平-基期水平

增长量的数值可正可负，正数表示增加的绝对量，负数表示减少或降低的绝对量。

根据对比基期不同，增长量数列可分为逐期增长量和累计增长量两种。

逐期增长量是各期水平与前一期水平之差，表明现象逐期变动的绝对数量，其数列为：a_1-a_0，a_2-a_1，a_3-a_2，…，a_i-a_{i-1}。

累计增长量是各期水平与某一固定基期水平之差，表明现象在较长一段时间内累计变动的绝对数量。设 a_0 为最初水平（某一固定时期的水平），则累积增长量为：a_i-a_0（$i=1$，2，…，n）。

可以看出，累计增长量等于相应各期逐期增长量之和，即：

$$a_i-a_0 = (a_1-a_0)+(a_2-a_1)+(a_3-a_2)+\cdots+(a_i-a_{i-1})。$$

（四）平均增长量

平均增长量是指逐期增长量的平均数，表明现象在一段时期内平均每期增长的绝对量。其计算可采用算术平均法：

$$平均增长量 = \frac{逐期增长量之和}{逐期增长量个数} = \frac{累积增长量}{时间数列项数-1}$$

即：$\bar{a} = \dfrac{a_i-a_0}{n-1}$

三　时间数列的速度指标分析

根据时间数列可以计算的速度指标主要有发展速度、增长速度、平均发展速度和平均增长速度。

（一）发展速度

是计算期发展水平与基期发展水平之比，表示计算期水平已达到或相当于基期水平之多少。反映了某种社会经济现象在一定时期内发展的方向和速度。通常用倍数或百分数表示。

$$发展速度 = \frac{报告期水平}{基期水平} \times 100\%$$

根据对比基期不同，发展速度数列可以分为环比发展速度与定基发展速度。

环比发展速度：是各期水平与其前一期水平之比，表明现象逐期发展变化的程度。设时间数列各期的统计指标数值为 a_i，则计算公式为：$\dfrac{a_i}{a_{i-1}}$。

定基发展速度是各期水平与某一固定基期水平之比，说明现象在一段时期内总的发展变化程度，故亦称总速度。若以 a_0 为基期则计算公式为：$\dfrac{a_i}{a_0}$。

可以看出：

定基发展速度等于相应的各个环比发展速度的连乘积：$\dfrac{a_i}{a_0} = \dfrac{a_1}{a_0} \times$

$\dfrac{a_2}{a_1} \times \cdots \times \dfrac{a_{i-1}}{a_{i-2}} \times \dfrac{a_i}{a_{i-1}} = \prod\limits_{n-1}^{n} \dfrac{a_i}{a_{i-1}}$

相邻两定基发展速度之比等于相应的环比发展速度：$\dfrac{a_i}{a_{i-1}} = \dfrac{a_i}{a_0} \bigg/ \dfrac{a_{i-1}}{a_0}$

（二）增长速度

增长速度亦称增长率，是增长量与基期水平之比。说明报告期水平比基期水平增加或减少了百分之几或多少倍。说明某一现象增减变化的相对程度。

增长速度 $= \dfrac{增长量}{基期水平} = \dfrac{报告期水平-基期水平}{基期水平} = 发展速度 - 1$ 即，$S =$

$\dfrac{a_i - a_{i-1}}{a_{i-1}} = \dfrac{a_i}{a_{i-1}} - 1$

增长速度根据对比基期不同，也有环比增长速度和定期增长速度两种。

环比增长速度是逐期增长量与前一期水平之比，表明现象逐期增长的程度。公式如下：

环比增长速度 $= \dfrac{逐期增长量}{前一期水平} = \dfrac{a_i - a_{i-1}}{a_{i-1}} = \dfrac{a_i}{a_{i-1}} - 1 = $ 环比发展速度 -1

定基增长速度是报告期的累计增长量与某一固定基期水平之比，说明现象在较长时间内总的增长速度。公式如下：

定基增长速度 $= \dfrac{累计增长量}{固定基期水平} = \dfrac{a_i - a_0}{a_0} = \dfrac{a_i}{a_0} - 1 = $ 定基发展速度 -1

即：增长速度 $=$ 发展速度 -1

当计算期水平高于基期水平时，发展速度大于 1 或 100%，增长速度为正值，表示现象增长的程度，亦称增长率。

当计算期水平低于基期水平时，发展速度小于 1 或 100%，增长速度为负值，表示现象降低的程度，亦称降低率。

（三）平均发展速度与平均增长速度

平均速度是各个时期环比速度的平均数。平均速度可以分诶平均发展速度和平均增长速度。

平均发展速度：是各环比发展速度的序时平均数。说明某种社会经济现象在一段较长时期内逐期发展变化的平均速度。

平均增长速度：是平均发展速度的派生指标，它说明某种社会经济现象在一段较长时期内逐期平均增减变化的程度。

平均增长速度＝平均发展速度－1

在实际工作中，计算平均发展速度有几何平均法和方程式法两种。

1. 几何平均法

几何平均法又叫水平法。计算方法是：从最初水平出发，按平均发展速度（$\overline{X}$）逐期发展，经过 n 期以后，可以达到最末水平。

$$a_0 \cdot \underbrace{\overline{X} \cdot \overline{X} \cdot \overline{X} \cdots \cdot \overline{X}}_{n \text{个}} = a_n$$

$$a_0 \overline{X}^n = a_n$$

$$\overline{X} = \sqrt[n]{\frac{a_n}{a_0}}$$

由于各个环比发展速度连乘积等于最后一期的定基发展速度，则

$$\overline{X} = \sqrt[n]{\frac{a_1}{a_0} \times \frac{a_2}{a_1} \times \cdots \times \frac{a_{n-1}}{a_{n-2}} \times \frac{a_n}{a_{n-1}}} = \sqrt[n]{\frac{a_n}{a_0}}$$

如果已知各期环比发展速度 $x_1, x_2, \cdots, x_n$ 时，平均发展速度也可以写为：$\overline{X} = \sqrt[n]{X_1 \cdot X_2 \cdot X_3 \cdots X_n} = \sqrt[n]{\prod_{i=1}^{n} X_i}$

2. 方程式法

它的实质是要求在最初水平（a_0）的基础上，各期按平均发展速度计算所得的水平的累计总和，应等于相应的各期实际水平的总和。

$$a_1 + a_2 + a_3 + \cdots + a_n = \sum_{i=1}^{n} a_i$$

$$a_0 \overline{X} + a_0 \overline{X}^2 + a_0 \overline{X}^3 + \cdots + a_0 \overline{X}^n = \sum_{i=1}^{n} a_i$$

$$\bar{X}^n + \bar{X}^{n-1} + \cdots + \bar{X}^2 + \bar{X} = \frac{\sum\limits_{i=1}^{n} a_i}{a_0}$$

解这样的高次方程，用查表法。

第二节　序时平均数

平均发展水平是将不同时间的发展水平加以平均而得到的平均数，因是不同时间的、动态上的平均，故又叫作序时平均数或动态平均数。

由于构成时间数列的数据时态不同，序时平均数的计算方法也不同。总量指标时间数列平均发展水平的计算是最基本的，相对指标及平均指标时间数列平均发展水平的计算，都可归结为总量指标时间数列平均发展水平的计算。

一　绝对数时间数列的序时平均数

（一）时期数列的序时平均数

同一时期数列中各项指标值所属时期的长短相等，可以直接将各项指标值相加除以项数，用简单算术平均法计算序时数列平均数。

公式：

$$\bar{a} = \frac{a_1 + a_2 + \cdots + a_n}{n} = \frac{\sum a}{n}$$

式中：$\bar{a}$ 表示序时平均数；a 表示各时期的发展水平；n 表示时期数。

（二）时点数列的序时平均数

时点数列反映的是时点数。在计算序时平均数时，根据其间隔是否相等来决定是否加权。

1. 连续时点数列的序时平均数

$\bar{a} = \dfrac{a_i - a_0}{n-1} = \dfrac{\sum a}{n}$，为连续变动的连续时点数列（即未分组资料）；$\bar{a} = \dfrac{\sum af}{\sum f}$，为非连续变动的连续时点数列（即分组资料）。

2. 间断时点数列的序时平均数

如果时点数列中的各项指标数值不是按日连续登记，而是每间隔一定天数（如一个月或一个季度或一年）登记一次，称为间断时点数列。

（1）间隔相等的间断时点数列——首末折半法

$$\overline{a} = \frac{\dfrac{a_1 + a_2}{2} + \dfrac{a_2 + a_3}{2} + \cdots + \dfrac{a_{n-1} + a_n}{2}}{n-1}$$

$$= \frac{\dfrac{a_1}{2} + a_2 + a_3 + \cdots + a_{n-1} + \dfrac{a_n}{2}}{n-1}$$

式中：a：时点指标；n：时点指标的项数

（2）间隔不相等的间断时点数列

$$\overline{a} = \frac{\dfrac{a_1 + a_2}{2}f_1 + \dfrac{a_2 + a_3}{2}f_2 + \cdots + \dfrac{a_{n-1} + a_n}{2}f_{n-1}}{\sum\limits_{i=1}^{n-1} f_i}$$

二 相对指标时间数列的序时平均数

相对数时间数列是由分子和分母有联系的两个绝对时间数列对比所组成的。计算相对数时间数列序时平均数，先要分别计算分子数列和分数数列的序时平均数，然后将两个序时平均数对比即可求得，计算公式为：

$$\overline{C} = \frac{\overline{a}}{\overline{b}}$$

式中：$\overline{a}$ 是分子数列的序时平均数；

$\overline{b}$ 是分母数列的序时平均数；

$\overline{C}$ 是相对数或平均数时间数列的序时平均数。

三 平均数时间数列的序时平均数

平均数时间数列可以由一般平均数或序时平均数构成。由一般平均数组成的平均数时间数列求序时平均数，由于一般平均数时间数列的性质与相对平均数时间数列相类似，求其序时平均数的计算方法可仿照求相对时间数列的序时平均数的方法。序时平均数所组成的时间数列求序时平均数，如时期相等可用简单平均法；如时期不相等则以时期为权数，用加权平均法。

第三节　旅游时间数列预测

社会经济现象的发展变化大都有规律可循，我们不仅要研究它的过去，而且要根据过去的发展规律对现实进行调查和研究，利用统计资料，应用科学的方法来预计或推测其未来。这种对某种事物的未来发展趋势的推测称为预测。

时间序列预测法是一种历史资料延伸预测，也称历史引伸预测法。是以时间数列所能反映的社会经济现象的发展过程和规律性，进行引伸外推，预测其发展趋势的方法。

一　移动平均法

移动平均法又称滑动平均法。移动平均法是根据时间序列资料，逐项推移，依次计算包含二定项数的序时平均数，以反映长期趋势的方法。当时间序列的数值由于受周期变动和不规则变动的影响，起伏较大，不易显示出发展趋势时，可用移动平均法，消除这些因素的影响，分析预测序列的长期趋势。

（一）一次移动平均法

一次移动平均法，其方法是对所有的数据每次取一定数量周期的数据进行平均，依时间顺序逐期移动，每移动一个周期舍去前一个周期的前一个数据，增加一个新周期的前一个数据，再进行平均。这样重叠求出周期序列的平均数，从而形成新的时间数列。

计算公式为：

$$Mt^{(1)} = \frac{y_t + y_{t-1} + \cdots + y_{t-n+1}}{n}$$

式中：t 是周期序号；

$Mt^{(1)}$ 是第 t 个周期的一次移动平均数；

y_t 是第 t 个周期的实际值；

n 是计算移动平均数所选型的数据个数（一般选取 3—20 之间）。

（二）二次移动平均法

用一次移动平均法，滞后偏差将使预测偏低。如果时间数列具有明显的线性变化趋势，则不宜用一次移动平均法，因为它不能合理地进行趋势外推预测。二次移动平均法可用于时间数列具有线性趋势的情况，它不是用二次移动平均数直接进行预测，而是在二次移动平均的基础上建立线性预测模型，然后再用模型预测。

二次移动平均数是在一次移动平均数的基础上计算得到的，计算公式为：

$$M_t^{(2)} = \frac{M_t^{(1)} + M_{t-1}^{(1)} + \cdots + M_{t-n+1}^{(1)}}{n}$$

式中：$M_t^{(1)}$ 是第 t 个周期的一次移动平均数；

$M_t^{(2)}$ 是第 t 个周期的二次移动平均数；

n 是计算移动平均数所选型的数据个数。

一次移动平均数列总是落后于实际数据，出现了滞后偏差；二次移动平均数列也与一次移动平均数列形成了滞后偏差。二次移动平均预测法利用这种滞后偏差的演变规律，建立线性预测模型，预测模型为：

$$\hat{y}_{t+T} = a_t + b_t T$$

式中：t 是周期序号；

T 是目前周期 t 到预测周期的周期间隔个数，即预测超前周期数；

a_t 是线性模型的截距；

b_t 线性模型的斜率，即单位周期的变化量。

其中：$a_t = 2M_t^{(1)} - M_t^{(2)}$

$$b_t = \frac{2}{n-1}(M_t^{(1)} - M_t^{(2)})$$

（三）加权移动平均法

移动平均法的目的主要是平滑数据，消除一些随机变动，使数据趋势变得明显，从而可用于趋势预测。

加权移动平均法的特点是：在计算平均数时，不是把所有数据同等看待，而是对数据按其对预测数所起的重要程度不同，分别给予不同的权数，从而提高预测精度。

加权移动平均法预测模型为：

$$M = \sum_{i=1}^{n} c_i y_i \ (i = 1, \ 2, \ \cdots, \ n)$$

式中：c_i 是权数，$0 \leq c_i \leq 1$，$\sum_{i=1}^{n} c_i = 1$，y_i 是实际数据。

选择权数是近期大，远期小。

二　指数平滑法

指数平滑法也叫指数加权移动平均法或指数修匀，他是从加权移动平均发展而来的，也是移动平均法的改进。移动平均法的预测值实质上是以前观测值的加权和，且对不同时期的数据给予相同的加权。这往往不符合实际情况。指数平滑法则对移动平均法进行了改进和发展，其应用较为广泛。

根据平滑次数不同，指数平滑法分为：一次指数平滑法、二次指数平滑法和三次指数平滑法等。但它们的基本思想都是：预测值是以前观测值的加权和，且对不同的数据给予不同的权，新数据给较大的权，旧数据给较小的权。

（一）一次指数平滑法（单指数平滑法）

一次指数平滑法适用实际数据序列以随机变动为主的，没有明显趋势变动的预测场合，计算公式为：

$$S_t^{(1)} = \alpha y_t + \alpha(1-\alpha) y_{t-1} + \alpha(1-\alpha)^2 y_{t-2} + \cdots$$

式中：$S_t^{(1)}$ 是第 t 周期的一次指数平滑值；

y_t 是第 t 周期的实际值；

α 是平滑系数（$0<\alpha<1$）。

在公式中，实际数值 y_t，y_{t-1}，…的权数分别为 α，$\alpha(1-\alpha)$，$\alpha(1-\alpha)^2$，…，由此可见指数平滑法也是一种加权平均法，只要以权数 α，$\alpha(1-\alpha)$，$a(1-\alpha)^2$，…对实际数值 y_t，y_{t-1}，…进行加权即可预测。

上述公式也可改写为：

$$S_t^{(1)} = \alpha y_t + (1-\alpha)[\alpha y_{t-1} + \alpha(1-\alpha) y_{t-2} + \cdots]$$
$$= \alpha y_t + (1-\alpha) S_{t-1}^{(1)}$$

一次指数平滑法是以最近期的一次指数平滑值作为下一期的预测值，即：

$$\hat{y}_{t+1} = S_t^{(1)} = \alpha y_t + (1-\alpha) S_{t-1}^{(1)}$$
$$= \alpha y_t + S_{t-1}^{(1)} - \alpha S_{t-1}^{(1)}$$
$$= S_{t-1}^{(1)} + \alpha(y_t - S_{t-1}^{(1)})$$

开始计算时，要固化剂初始值 $S_0^{(1)}$。如果实际数值在 50 个以上时，初始值 $S_0^{(1)}$ 的影响将逐步被平滑而降低到最小，初始值可取 $S_0^{(1)} = y_1$。如果实际值在 20 个以内时，初始值 $S_0^{(1)}$ 的影响较大，初始值可以取最初几个实际数值的平均值，如：$S_0^{(1)} = y_1$

或 $S_0^{(1)} = \dfrac{y_1 + y_2}{2}$ 或 $S_0^{(1)} = \dfrac{y_1 + y_2 + y_3}{3}$

如果实际数据序列不具备平稳趋势时，则不能采用一次指数平滑预测法，而要采用二次或三次指数平滑预测法。

（二）二次指数平滑法

如果实际数序列有明显的线性变化趋势就不宜用一次指数平滑法，因为一次指数平滑法的预测值对线性变化趋势往往不能及时反映出来而要滞后一期，滞后偏差将使预测值偏低。因而，对有线性变化趋势的时间数列，可采用二次指数平滑法，建立预测模型，利用模型进行预测。二次指数平滑值计算公式为：

$S_t^{(2)} = \alpha S_t^{(1)} + (1 - \alpha) S_{t-1}^{(2)}$

式中：$S_t^{(2)}$ 是第 t 周期的二次指数平滑值；

$S_t^{(1)}$ 是第 t 周期的一次指数平滑值；

$S_{t-1}^{(2)}$ 是第 $t-1$ 周期的二次指数平滑值；

α 是平滑系数。

我们可以依照二次移动平均法，利用滞后偏差的规律建立线性预测模型，其模型为：

$\hat{y}_{t+T} = \alpha_t + b_t T$

式中：$\hat{y}_{t+T}$ 是第 $t+T$ 周期的预测值；

t 是周期序号；

T 是超前周期序号；

a_t 是截距；

b_t 是斜率。

其中：$a_t = 2S_t^{(1)} - S_t^{(2)}$

$b_t = \dfrac{\alpha}{1 - \alpha}(S_t^{(1)} - S_t^{(2)})$

计算出 a_t 与 b_t，再按公式则可求得预测值 $\hat{y}_{t+T}$。

二次指数平滑法所反映出来的线性趋势不是长期的平均趋势，而是近期移动趋势。

（三）三次指数平滑法

如果实际数据序列的变化不存在线性趋势，而呈现非线性增长趋势，这时一次和二次指数平滑法就不适用了，应该采用三次指数平滑法，建立非线性预测模型，利用模型进行预测。三次指数平滑计算公式为：

$$S_t^{(3)} = \alpha S_t^{(2)} + (1-\alpha) S_{t-1}^{(3)}$$

式中：$S_t^{(3)}$ 是第 t 周期的三次指数平滑值；

$S_t^{(2)}$ 是第 t 周期的二次指数平滑值；

$S_{t-1}^{(3)}$ 是第 $t-1$ 周期的三次指数平滑值；

α 是平滑系数。

三次指数平滑法建立的非线性预测模型为：

$$\hat{y}_{t+T} = a_t + b_t T + c_t T^2$$

式中：$\hat{y}_{t+T}$ 是第 $t+T$ 周期的预测值；

t 是周期序号；

T 是超前周期序号；

其中：$a_t = 3S_t^{(1)} - 3S_t^{(2)} + S_t^{(3)}$

$$b_t = \frac{\alpha}{2(1-\alpha)^2} \left[(6-5\alpha) S_t^{(1)} - 2(5-4\alpha) S_t^{(2)} + (4-3\alpha) S_t^{(3)} \right]$$

$$c_t = \frac{\alpha^2}{2(1-\alpha)^2} \left(S_t^{(1)} - 2S_t^{(2)} + S_t^{(3)} \right)$$

三　季节变动预测法

由于自然条件和社会条件的影响，经济现象在一年内随季节的转变而引起的周期性变动称之为季节性变动。

进行季节变动的分析和预测，应判断该时间序列是否呈周期性变动，一般可按三至五年的已知资料绘制历史曲线图来判断其在一年内有无周期性波动。为了研究掌握季节变动，把它从时间数列中分离出来有很多种方法，下面讲述一种常用的季节变动预测法——平均数趋势整理法，即先对历史资料各年同月或同季的数据求平均数，然后再利用所求出的平均数，消除其中的趋势成分，求出季节系数，最后建立趋势季节模型进行预测的方法。

设有一时间序列，y_1，$y_2 \cdots$，y_t，T 为序列长度。这一序列是由 N（N 大于等于 3）年的统计资料构成，它受直线趋势、季节变动和随机变动的影响。若一年季节周期的分段为 k，则 $N \times k = T$，现以月为单位，则 $k =$

12，$T = 12N$。

运用平均数趋势整理法来预测，具体步骤如下：

（一）求各年同月的平均数

以 r_i 表示各年第 i 月的同月平均数，则：

$$r_1 = \frac{1}{N}(y_1 + y_{13} + \cdots + y_{12N-11})$$

$$r_2 = \frac{1}{N}(y_2 + y_{14} + \cdots + y_{12N-10})$$

$$\cdots$$

$$r_{12} = \frac{1}{N}(y_{12} + y_{24} + \cdots + y_{12-N})$$

（二）求各年的月平均

以 $\overline{y}_{(t)}$ 表示第 t 年的月平均数，则：

$$\overline{y}_{(1)} = \frac{1}{12}(y_1 + y_2 + \cdots + y_{12})$$

$$\overline{y}_{(2)} = \frac{1}{12}(y_{13} + y_{14} + \cdots + y_{24})$$

$$\cdots$$

$$\overline{y}_{(N)} = \frac{1}{12}(y_{12N-11} + y_{12N-10} + \cdots + y_{12N})$$

（三）建立趋势预测模型

根据年的月平均数，建立年趋势直线模型：

$$\hat{T}_t = a + bt \quad (t \text{ 以年为单位})$$

用最小平方法估计参数 a，b，并取序列 $\{\overline{y}_{(t)}\}$ 的中点年为时间原点，再把此模型转变为月趋势直线模型：

$$\hat{T}_t = a_0 + b_0 t$$

$$a_0 = a + \frac{b}{24},$$

$$b_0 = \frac{b}{12}$$

a_0，b_0 分别为新原点的月趋势值和每月增量，利用此月趋势直线模型求原点年各月份的趋势值，可得到 $\hat{T}_1$，$\hat{T}_2 \cdots$，$\hat{T}_{12}$。

（四）求季节指数

先计算同月平均数与原点年该月的趋势值的比值 f_i，再消除随机干扰，经过修正后可得到季节指数 F_i：

$$f_i = \frac{r_i}{\hat{T}_i}(i=1,~2,~\cdots,~12)$$

$$F_i = f_i \times \theta(\theta~\text{为修正系数})$$

（五）求预测值

第一，用月趋势直线模型求未来月份的趋势值：$\hat{T}_t = a_0 + b_0 t$；

第二，再用趋势季节模型求其预测值：$\hat{y}_t = (a_0 + b_0 t)F_i$。

第四节　旅游统计指数

一　统计指数的概念与性质

指数的编制是从物价的变动产生的。18 世纪中期，由于金银大量流入欧洲，欧洲的物价飞涨，引起社会不安，于是产生了反映物价变动的要求，这就是物价指数产生的根源。有些指数，如消费品价格指数、生活费用价格指数，同人们的日常生活休戚相关；有些指数，如生产资料价格指数、股票价格指数等，则直接影响人们的投资活动，成为社会经济的晴雨表。

迄今为止，统计界认为，统计指数的概念有广义和狭义两种理解。广义指数是泛指社会经济现象数量变动的比较指标，即用来表明同类现象在不同空间、不同时间、实际与计划对比变动情况的相对数。狭义指数仅指反映不能直接相加的复杂社会经济现象在数量上综合变动情况的相对数。例如，要说明一个国家或一个地区商品价格综合变动情况，由于各种商品的经济用途、规格、型号、计量单位等不同，不能直接将各种商品的价格简单对比，而要解决这种复杂经济总体各要素相加问题，就要编制统计指数综合反映它们的变动情况。

正确应用指数的统计方法，必须对指数性质有深刻的了解，概括地讲，指数具有以下性质。

（一）相对性

指数是总体各变量在不同场合下对比形成的相对数，它可以度量一个变量在不同时间或不同空间的相对变化，如一种商品的价格指数或数量指数，这种指数称为个体指数；它也可用于反映一组变量的综合变动，如消费价格指数反映一组指定商品和服务的价格变动水平，这种指数称为综合指数。总体变量在不同时间上对比形成的指数称为时间性指数，在不同空间上对比形成的指数称为区域性指数。

（二）综合性

指数是反映一组变量在不同场合下的综合变动水平，这是就狭义的指数而言的，它也是指数理论和方法的核心问题。实际中所计算的主要是这种指数。没有综合性，指数就不可能发展成为一种独立的理论和方法论体系。综合性说明指数是一种特殊的相对数，它是由一组变量或项目综合对比形成的。比如，由若干种商品和服务构成的一组消费项目，通过综合后计算价格指数，以反映消费价格的综合变动水平。

（三）平均性

指数是总体水平的一个代表性数值。平均性的含义有二：一是指数进行比较的综合数量是作为个别量的一个代表，这本身就具有平均的性质；二是两个综合量对比形成的指数反映了个别量的平均变动水平，比如物价指数反映了多种商品和服务项目价格的平均变动水平。

二　统计指数的作用

（一）综合反映社会经济现象总变动方向及变动幅度

在统计实践中，经常要研究多种商品或产品的价格综合变动情况，多种商品的销售量或产品产量的总变动，多种产品的成本总变动，多种股票价格综合变动等。这类问题由于各种商品或产品的使用价值不同、各种股票价格涨跌幅度和成交量不同，所研究总体中的各个个体不能直接相加。指数法的首要任务，就是把不能直接相加总的现象过渡到可以加总对比，从而反映复杂经济现象的总变动方向及变动幅度。

（二）分析现象总变动中各因素变动的影响方向及影响程度

利用指数体系理论可以测定复杂社会经济现象总变动中，各构成因素的变动对现象总变动的影响情况，并对经济现象变化作综合评价。任何一个复杂现象都是由多个因子构成的，如：

销售额 = 价格 × 销售量

又如影响利润总额变化的各种因素有产品产量、产品销售量、产品成本、产品销售价格等。运用指数法编制商品零售价格指数和零售量指数，可分析它们的变动对商品零售总额变动的影响。编制产品产量指数、产品销售量指数、产品成本指数和产品销售价格指数等并分别对它们进行测定，根据各因素变动影响，可综合评价利润总额变动的情况。

（三）反映同类现象变动趋势

编制一系列反映同类现象变动情况的指数形成指数数列，可以反映被研究现象的变动趋势。例如，根据 1980—2002 年共 23 年的零售商品价格资料，编制 22 个环比价格指数，从而构成价格指数数列。这样，就可以揭示价格的变动趋势，研究物价变动对经济建设和人民生活水平的影响程度。此外，利用统计指数还可以进行地区经济综合评价、对比，研究计划执行情况。

三　统计指数的分类

指数的种类很多，可以按不同的标志作不同的分类。

（一）按其反映对象范围的不同，分为个体指数和总指数

个体指数——说明个别事物（例如某种商品或产品等）数量变动的相对数叫作个体指数。个体指数通常记作 K，例如：

个体产品产量指数 $K_q = \dfrac{Q_1}{Q_0}$

个体产品成本指数 $K_z = \dfrac{Z_1}{Z_0}$

个体物价指数 $K_P = \dfrac{p_1}{p_0}$

上式中：Q 代表产量，Z 代表单位产品成本，P 代表商品或产品的单价；下标 1 代表报告期，下标 0 代表基期。

可见，个体指数就是同一种现象的报告期指标数值与基期指标数值对比而得的发展速度指标。

总指数——说明度量单位不相同的多种事物数量综合变动的相对指数，例如工业总产量指数、零售物价总指数等。总指数与个体指数有一定的联系，可以用个体指数计算相应的总指数。用个体指数简单平均求得的总指数，称为简单指数；用个体指数加权平均求得的总指数，称为加权指数。

（二）按其所反映的社会经济现象特征不同，分为数量指标指数和质量指标指数。

数量指标指数——简称数量指数，主要是指反映现象的规模、水平变化的指数，例如商品销售量指数、工业产品产量指数等等。

质量指标指数——简称质量指数，是指综合反映生产经营工作质量变动情况的指数，例如物价指数、产品成本指数等等。

（三）指数按其采用基期的不同，分为定基指数和环比指数。

定基指数——将不同时期的某种指数按时间先后顺序排列，形成指数数列。在同一个指数数列中，如果各个指数都以某一个固定时期作为基期，就称为定基指数。

环比指数——如果各个指数都是以报告期的前一期作为基期，则称之为环比指数。

（四）按照常用的计算总指数的方法或形式，可以分为综合指数、平均指数和平均指标对比指数。

综合指数——是通过两个有联系的综合总量指标的对比计算。

平均指数——是按加权平均法计算的指数，分为算术平均指数、调和平均指数。

平均指标对比指数——通过两个有联系的加权算术平均指标对比来计算的总指数。

第五节　旅游综合指数、平均指标指数和平均指标对比指数

一　旅游综合指数

综合指数是总指数的一种基本形式。我们对索艳菊的经济现象进行分析，找到相同的度量因素，计算出报告期和基期的总量指标，将两个总量指标对比所得到的的指数就是综合指数，它反映的是综合测定有多因素经济现象所组成的复杂现象的总体变动方向和程度，还可用于综合测定由多种因素经济现象总变动所产生的实际效果。综合指数有数量指标综合指数和质量指标综合指数两种。

综合指数的编制：在经济联系中寻找同度量因素，而后再把它固定

不变，以反映所要研究总体的某种现象的变化情况。

同度量因素：把不能直接相加的指标过渡为可相加的因素。

综合指数的计算解决两个问题：（1）用什么因素为同度量因素是合理的；（2）把同度量因素固定在哪个时期是恰当的。

（一）数量指标综合指数

以旅游商品销售量指数为例来说明旅游数量指标综合指数计算公式的形成过程。

设 q_1 为报告期商品销售量，q_0 为基期商品销售量，p 为商品价格，$\bar{k}_q$ 为销售量指数，计算公式为：

$$\bar{k}_q = \frac{\sum q_1 p}{\sum q_0 p}$$

式中，商品价格 p 固定在不同时期，就会得到不同的销售量指数的计算公式。

1. 用基期价格作为权数，即 $p = p_0$，计算公式为：

$$\bar{k}_q = \frac{\sum q_1 p_0}{\sum q_0 p_0} \text{（拉氏数量指数）}$$

2. 用报告期价格作为权数，即 $p = p_1$，计算公式为：

$$\bar{k}_q = \frac{\sum q_1 p_1}{\sum q_0 p_1} \text{（派氏数量指数）}$$

3. 用某一特定时期价格作为权数，设特定时期价格为 $P = P_n$，计算公式为：

$$\bar{k}_q = \frac{\sum q_1 p_n}{\sum q_0 p_n}$$

这一指数可用来进行不同时期的对比分析。

（二）质量指标综合指数

质量指标综合指数是用来反映多因素经济现象的质量指标综合变动程度的指数，如商品价格指数、工资水平指数、成本指数等，现以商品价格指数为例来说明质量指标综合指数的计算。研究多种商品价格的综合变动时，根据价格与销售量的关系，在计算价格指数时要用销售量作为权数。

设 p_1 为报告期商品价格，p_0 为基期商品价格，q 为销售量，$\overline{k}_p$ 为价格指数，计算公式为：

$$\overline{k}_p = \frac{\sum p_1 q_n}{\sum p_0 q_n}$$

和数量指标综合指数类似，把权数作为销售量 q 固定在不同时期，可得到不同的计算公式。

1. 用基期销售量作为权数，即 $q = q_0$，计算公式为：

$$\overline{k}_p = \frac{\sum p_1 q_0}{\sum p_0 q_0} （拉氏价格指数）$$

2. 用报告期销售量作为权数，即 $q = q_1$，计算公式为：

$$\overline{k}_p = \frac{\sum p_1 q_1}{\sum p_0 q_1} （派氏价格指数）$$

3. 用某一特定时期销售量作为权数，设特定时期销售为 $q = q_n$，计算公式为：

$$\overline{k}_p = \frac{\sum p_1 q_n}{\sum p_0 q_n}$$

二　旅游平均指标指数

综合指数的编制需要完整的原始资料，这在实际中是有困难的，而不能直接运用综合指数公式。

以个体指数为基础，按加权平均的方法也能够编制指数。

按个体数量指数加权平均计算的指数，为平均数量指数；

按个体质量指数加权平均计算的指数，为平均质量指数。

从计算形式上看，平均指数分为：加权算术平均指数和加权调和平均指数。

（一）加权算术平均指数

加权算术平均指数是个体指数的加权算术平均数。当综合指数公式的分子未知，而知道个体指数和分母资料时，可用算术平均指数编制总指数。其一般的计算公式为：

$$\overline{x} = \frac{\sum xf}{\sum f}$$

式中，$\bar{x}$ 为加权算术平均数指数；

x 为变量；

f 为权数。

当 x 是个体指数 $\dfrac{p_1}{q_1}$ 时，计算公式为：

$$\bar{x} = \frac{\sum \dfrac{p_1}{q_0}f}{\sum f}（加权算术平均价格指数）$$

当 x 是个体物量指数 $\dfrac{q_1}{q_0}$ 时，计算公式为：

$$\bar{x} = \frac{\sum \dfrac{q_1}{q_0}f}{\sum f}（加权算术平均数物量指数）$$

根据权数 f 的不同，加权算术平均指数可分为用综合指数变形权重计算的加权算术平均指数和固定权数加权算术平均指数两种。

1. 用综合指数变形权数计算的加权算术平均指数

当权数 f 为 $q_0 p_0$ 时，加权算术平均指数是综合指数的变形，即：

$$加权算术平均价格指数：\bar{K}_p = \frac{\sum \dfrac{p_1}{p_0}q_0 p_0}{\sum p_0 q_0} = \frac{\sum p_1 q_0}{\sum p_0 q_0}$$

$$=拉氏价格指数=综合价格指数$$

$$加权算术平均物量指数：\bar{K}_q = \frac{\sum \dfrac{q_1}{q_0}p_0 q_0}{\sum p_0 q_0} = \frac{\sum q_1 p_0}{\sum q_0 p_0}$$

$$=拉氏物量指数=综合物量指数$$

2. 固定权数加权算术平均指数

当权数不是 $q_0 p_0$，而是某种固定权数 ω，则称为固定权数加权算术平均指数

$$一般计算公式为：\bar{K}_p = \frac{\sum k\omega}{\sum \omega}$$

（二）加权调和平均指数

加权调和平均指数是按加权调和平均数方法计算总指数，计算公式为：

$$加权调和平均指数 = \frac{\sum M}{\sum \dfrac{1}{k}M}$$

上式中的 k 为变量，M 为权数，当 k 是个体指数时，上式就是加权调和平均数的计算公式。

三 旅游平均指标对比指数

将两个不同时期同一经济内容的平均指标进行对比而得到一个新的指标，我们称为平均指标指数。它是通过两个有联系的加权算术平均指标对比来计算的总指数。

平均指标指数是同一经济现象两个不同时期条件下数量的平均指标值对比计算的相对数。它说明两个时期总平均水平变动的方向和程度。它不是两个总量指标对比，而是两个总量指标的平均值对比。它适应于某些情况下，不便用总量指标对比计算的经济现象的对比分析。

计算公式为：

$$\frac{\overline{x}_1}{\overline{x}_0} = \frac{\dfrac{\sum x_1 f_1}{\sum f_1}}{\dfrac{\sum x_0 f_0}{\sum f_0}}$$

其中，$\overline{x}_1$ 表示报告期某一经济量的平均指标；$\overline{x}_0$ 表示基期同一经济量的平均指标。

第六节 旅游指标体系与因素分析

一 旅游指标体系

经济现象之间是相互联系彼此制约的，这种联系反映在指数之中，由有关的指数之间的联系形成一个整体，称这个整体为指数体系。

这些相互联系的指数表现为相乘的关系，如：

销售额指数=销售量指数×销售价格指数

总产量指数=职工人数指数×劳动生产率指数

工资总额指数=职工人数指数×工资水平指数

指数体系中有两类指数：一类是反应现象的总变动的指数，如上述的商品销售额指数、总产量指数、工资总额指数。另一类是反映某一因素变动的指数，这类指数在一个指数体系中可以有多个，如上述的销售量指数和价格指数。

利用指数体系可推算体系中某一个未知指数，也是进行因素分析的依据之一。

二　因素分析

（一）两因素分析

通过总量指标指数体系将影响总量指标变动的两个因素分离出来加以计算。

总指数=数量指数×质量指数

相对数平衡式：$\dfrac{\sum p_1 q_1}{\sum p_0 q_0} = \dfrac{\sum p_0 q_1}{\sum p_0 q_0} \cdot \dfrac{\sum p_1 q_1}{\sum p_0 q_1}$

总量指数等于各因素指数的乘积。

绝对数平衡式：$\sum p_1 q_1 - p_0 q_0 = \left(\sum p_0 q_1 - \sum p_0 q_0 \right) + \left(\sum p_1 q_1 - \sum p_0 q_1 \right)$

总量的变动差额等于各因素指数变动差额之和。

（二）多因素分析

相对数形式：$\dfrac{\sum a_1 b_1 c_1}{\sum a_0 b_0 c_0} = \dfrac{\sum a_1 b_0 c_0}{\sum a_0 b_0 c_0} \times \dfrac{\sum a_1 b_1 c_0}{\sum a_1 b_0 c_0} \times \dfrac{\sum a_1 b_1 c_1}{\sum a_1 b_1 c_0}$

绝对数形式：

$\sum a_1 b_1 c_1 - a_0 b_0 c_0 = \left(\sum a_1 b_0 c_0 - \sum a_0 b_0 c_0 \right) + \left(\sum a_1 b_1 c_0 - \sum a_1 b_0 c_0 \right) + \left(\sum a_1 b_1 c_1 - \sum a_1 b_1 c_0 \right)$

思考题

1. 简述时间数列的概念与种类。

2. 时点序列与时期数列的区别是什么？

3. 什么是平均发展水平？它的计算可以分成哪几种情况？

4. 统计指数的概念是什么？具有什么性质？

5. 什么是指标体系？举例说明。

第六章　SPSS 软件概述

为了快速理解和掌握 SPSS 软件，需要首先了解 SPSS 安装的基本步骤，并且熟悉 SPSS 的基本操作环境。不过对于初学者而言，作为 Windows 操作系统下的应用软件产品，安装和使用的基本步骤与其他应用软件基本相同，没有难度。

第一节　SPSS 使用基础

一　SPSS 的安装和启动

利用软件源程序或者光盘成功安装 SPSS25.0 版本后，单击桌面快捷方式■或者开始菜单的快捷方式 IBM SPSS Statistics 25 可以成功启动该软件，此时计算机屏幕会出现如图 6-1 所示的对话框。在该对话框选择栏中，左侧从上往下依次是新建文件、最近的文件、打开按钮（6）和一个复选框（7），新建文件包括（1）-（2），最近的文件包括（3）-（5），具体是：

（1）新数据集；

（2）新建数据库查询；

（3）打开其他文件；

（4）最新文件；

（5）样本文件；

（6）打开；

（7）以后不再显示此对话框。

在统计分析中经常使用的是直接定义一个新的数据文件，选择（1）；或者是打开或编辑一个已经存在的 SPSS 数据文件，选择（4）中的具体文件；如果是其他格式的数据文件，可以选择（3）；如果以后不希望再出现这样的对话框，可以直接选中复选框（7），从而以后可以直接双击已有的 SPSS 数据文件图标，就可以打开数据文件，然后进行具体的数据预处理和分析操作。

图 6-1　SPSS 启动操作对话框

二　SPSS 数据编辑窗口

如果需要建立一个新的 SPSS 数据文件，请依次单击新数据集（1）和打开按钮（6），或者主菜单的文件→新建→数据，屏幕会显示数据编辑窗口，见图 6-2。

数据编辑窗口的主要功能是：定义 SPSS 数据的结构、录入、编辑和管理准备分析的数据集。

数据编辑窗口由窗口主菜单①、工具栏②、数据编辑区③和系统状态显示区④四部分组成。按照图 6-2 从上到下依次是：

（1）文件名：正编辑或打开的文件名字，本图显示的是无标题 1
［数据集 0］；

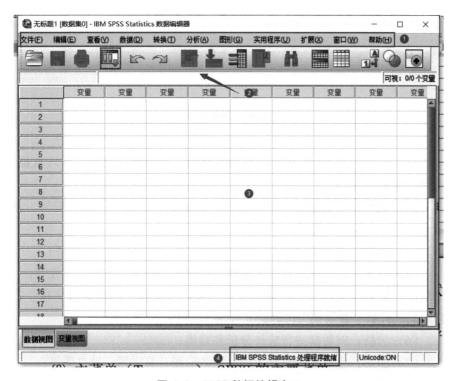

图 6-2 SPSS 数据编辑窗口

（2）主菜单①：SPSS 的主要菜单；

（3）工具条②：可以快速完成常用操作的按钮；

（4）数据录入窗口③：可以直接显示录入的数据；

（5）工作表：列变量名，行案例；

（6）滚动条（Scroll bar）；

（7）编辑切换窗口：数据视图，变量视图；

（8）状态显示条④：IBM SPSS Statistics 处理程序就绪。

第二节　SPSS 常用工具条

一　SPSS 主菜单

利用统计学软件 SPSS 来进行数据的分析工作，主要是利用图 6-2 数据编辑窗口中的主菜单①来进行的，如图 6-3 所示。

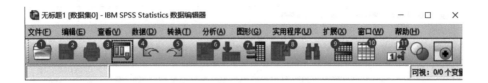

图 6-3　SPSS 主菜单

（1）文件：对 SPSS 文件进行基本管理，如新建、打开、导入数据、保存和退出等；

（2）编辑：对数据进行基本编辑，如撤销、重做、清除、剪切、复制、粘贴、查找、替换等；

（3）查看：对 SPSS 窗口外观等进行设置，如状态栏、字体等；

（4）数据：对数据进行加工整理，如排序、转置、选取、加权等；

（5）转换：对数据进行基本处理，如计算变量、创建虚拟变量、重新编码、计数、替换缺失值等；

（6）分析：对数据进行统计分析和建模；

（7）图形：生成各种统计图形，如条形图、直方图、散点图等；

（8）实用程序：SPSS 其他辅助管理，如定义变量集等；

（9）扩展：安装和兼容扩展程序插件，比如 PSM、Process 等插件，以及与 Python、R 等其他软件兼容的插件；

（10）窗口：对 SPSS 进行窗口管理，如窗口切换等；

（11）帮助：实现联机帮助。

二　SPSS 工具条

同其他常用软件一样，SPSS 也会将一些常用的功能以图形按钮的形式组织在工具栏②中，如图 6-4 所示。用户可以直接单击工具栏上的某个按钮完成对应的操作功能，使得操作更加快捷和方便。当鼠标停留在该工具条按钮时，计算机会自动提示相应的按钮功能。

图 6-4　SPSS 工具条

（1）打开数据文档：打开已有的 SPSS 文件；

（2）保存此文档：保存当前打开的数据文件；

（3）打印：打印当前数据文件；

（4）重新调用最近使用的对话框；

（5）撤销用户操作；

（6）重做用户操作；

（7）转到个案：光标重新定位到满足条件的个案；

（8）转到变量：光标重新定位到满足条件的变量列；

（9）变量：显示当前变量以及所有变量的详细信息；

（10）运行描述统计：对光标所在变量进行描述统计分析；

（11）查找：运行查找或者替换命令；

（12）拆分文件：按变量进行拆分，方便进一步分析；

（13）选择个案：选择满足一定条件的个案；

（14）值标签：切换按钮，可以切换值和对应的值标签；

（15）使用变量集合：使用自己定义的变量集合；

（16）定制工具栏：可以增加和修改新的快捷工具栏。

第三节　数据编辑

一　数据文件的编辑操作

统计分析工作针对的原材料就是数据，而一个编辑良好的数据文件就是一个好的开始。数据文件根据特征的不同分为两种，一种是简单的原始数据文件，如同我们所熟知的 EXCEL 表单数据文件，另外一种就是有属性的数据文件，这种数据文件需要首先对数据的变量进行定义，然后才可以录入数据。SPSS 所打开和保存的数据就是这种有属性的数据文件。

第一节中图 6-2 数据编辑中的切换窗口所显示的有两类，分别是数据视图和变量视图，对于 SPSS 数据文件来说，首先要选择变量视图进行变量属性的定义，然后才能够在数据视图中进行相应数据的录入和编辑工作。

我们可以通过选择进入图 6-5 的变量视图，易见变量需要定义的属性包括：

（1）变量名称；

（2）变量类型；

（3）宽度；

（4）小数位数；

（5）变量标签；

（6）值标签；

（7）缺失值；

（8）列宽度；

（9）对齐方式；

（10）测量方式；

（11）角色。

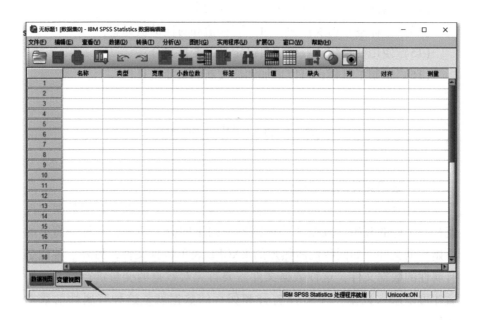

图 6-5　变量视图

当对数据文件的变量属性定义完毕后，请单击变量窗口左下角的数据试图可以进入数据编辑视图（见图 6-6），接下来我们的工作就是逐行逐列地在单元格里进行数据的录入和编辑工作。请注意，在编辑过程中，记得随时保存，保存可以点击快捷工具条的②，也可以选择快捷 Ctrl+S，保存的 SPSS 数据文件的扩展名为 . SAV。

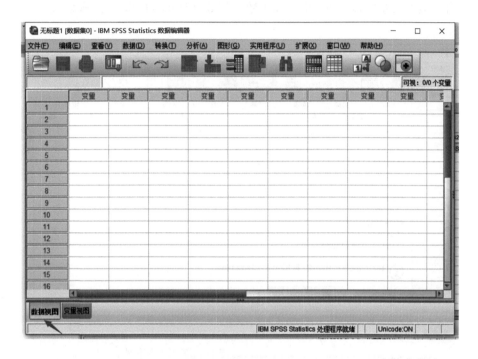

图 6-6　数据编辑视图

二　变量名称（Name）设置

变量名称是变量参与数据分析的唯一标识，定义变量属性时首先应该给出每个变量的变量名称，否则系统默认为 VAR00001、VAR00002 等。为变量命名应遵循以下原则：首字符必须为英文字母或者汉字，后面可以是任意字母、数字、常规符号和汉字，建议用英文（汉语拼音）加数字，比如 x、y、z、x1、x2 等；SPSS 变量名称不能与系统的保留字相同，包括 ALL、NOT、OR、TO、WITH 等；变量名称是唯一的，且不区分大小写。

三　变量类型（Type）设置

我们首先进行图 6-5 中变量类型 Type 的选择，单击所对应的单元格，会出现变量选择的对话框，如图 6-7 所示。可供选择的分别有数字（Numeric）、逗号型数字（Comma）、圆点型数字（Dot）、科学计数法

（Scientific notation）、日期型（Date）、美元符号型（Dollar）、定制货币型（Custom currency）、字符串型（String）和受限数字（Restricted）等，还有对应的变量宽度（Width）和小数点位数（Decimal Places）等设置。

图 6-7　变量类型定义窗口

四　测量方式（Measure）选择

统计学依据数据的测度方式将数据划分为三大类，即标度型数据（Scale）、有序型数据（Ordinal）和名义型数据（Nominal）。标度型数据通常指有单位的，可以比较大小的数据，比如身高、体重、收入等；有序型数据通常指有大小和高低之分，但数据之间是不等距的，比如学历、职称等；名义型数据通常指既没有高低之分，也不能比大小的数据，比如民族、职业和性别等。

一定请注意，我们通常在定义 SPSS 数据文件时，不管是什么测度方式的数据，最好以数值的形式来设定，这样方便软件进行数据处理。比如职称分为低、中和高，一般我们把这三类设定为数值 1、2 和 3。

在图 6-5 变量视图的最右边，点击测量相应的单元格，会出现下拉按钮，如图 6-8 所示，我们可根据变量的属性，进行相应的选择。

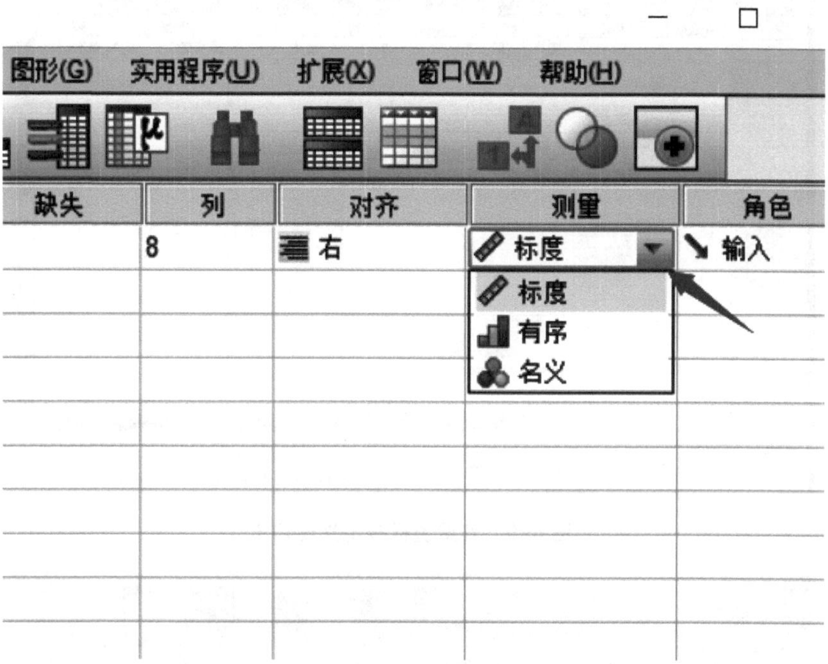

图 6-8　变量测度方式选择框

五　变量值（Values）定义

如果我们需要对名义和有序这样的定性变量进行量化时，只要单击值标签（Values）所对应的单元格进行赋值。比如对于变量"性别"，这是一个名义变量：男性和女性，为了量化处理，我们可以赋值"男性 = 1"；"女性 = 2"，具体的软件操作过程如下。

①首先单击该变量对应的值单元格，出现 ⬚，继续单击该图标，出现图 6-9 所示的窗口 1，②直接在该对话框输入值：1；③标签：男性，④再单击添加，就完成了第一个赋值。如果继续增加赋值，按照同样的方式输入值：2；标签：女性，再单击添加。当然如果在编辑的过程出现了误操作，还可以更改（change）和除去（remove），如果编辑完毕，请单击确定（ok）键，从而完成了变量值标签的定义工作，如图 6-10 所示。

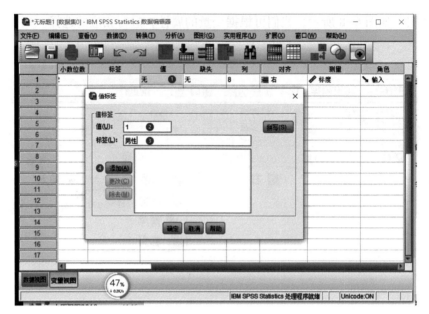

图 6-9　变量值标签定义窗口 1

图 6-10　变量值标签定义窗口 2

第七章　SPSS 基本统计分析

一般而言，对数据的分析通常都是从基本统计分析开始的。通过基本统计分析，能够使分析者掌握数据的基本统计特征，并把握数据的总体分本形态。基本统计分析的结论对今后进一步的数据建模，也将会起到较好的指导和参考作用。

基本统计分析往往通过两种方式获得结论。第一，数值计算，即计算常见的基本统计量的值，通过数值来准确地反映数据的基本统计特征；第二，图形绘制，即绘制常见的统计图形，通过图形直观上来把握数据的总体特征。通常，数值计算和图形绘制是混合使用的，如果运用得当，则相得益彰。

第一节　基本统计量

数据的基本统计量主要包括三类，描述集中趋势（Central tendency）的统计量、描述离散趋势（Dispersion tendency）的统计量和描述分布形态（Distribution）的统计量。

一　集中趋势（Central tendency）统计量

集中趋势是指一组数据向其中心值靠拢的倾向。计算刻画集中趋势的描述统计量常见的有：平均数（Mean）、中位数（Median）和众数（Mode）等。

平均数，也加均值，是最常用的代表值或中心值，符号（$\bar{X}$, M, μ），其计算公式是：

$$\bar{X} = \frac{X_1 + X_2 + \cdots + X_N}{N} = \frac{\sum X_i}{N}$$

其中 X_i 表示变量取值，N 表示数据总个数，被称为样本容量。

中位数，指一组数据按照由小到大排序后，处于中间位置的数据值。符号 Me，其计算公式是：

当 $N=$ 奇数，$Me=X_{\frac{N+1}{2}}$；当 $N=$ 偶数，$Me=\dfrac{X_{\frac{N}{2}}+X_{\frac{N}{2}+1}}{2}$。

众数，指一组数据中出现次数最多的数据值，符号是 Mo。

二 离散趋势（Dispersion tendency）统计量

离散趋势是一组数据远离中心的分散趋势和倾向性。计算和刻画数据离散的统计量常见的有：标准差（Standard deviation）、方差（Variance）、极差（Range）和标准误差（Standard error）等。

标准差是衡量数据离散最常用的统计量，符号是 $S.D$，或 Std. 其计算公式是：

$$S.D=\sqrt{\dfrac{\sum\limits_{i=1}^{N}(X_i-\bar{X})^2}{N-1}}$$

方差是标准差的平方，符号是 Var，计算公式是 $Var=S.D^2$。

极差（$Range$），也称全距，是该数据文件中最大值和最小值的离差，计算公式是：$Range=Max-Min$。

标准误差是衡量平均数的离散程度，符号是 $S.E$，计算公式是：

$$S.E=\dfrac{S.D}{\sqrt{N}}。$$

三 分布形态（Distribution）统计量

除了常规的集中和分散统计量外，还有有关数据分布形态的度量。数据的分布形态主要指数据分布是否对称、偏斜程度如何和分布陡缓程度等。

刻画分布形态的描述统计量主要有两个。

偏度（Skewness），描述变量取值分布形态对称性的统计量。当分布对称时候，取值为 0；当分布不对称的时候，取值不为零。偏度值大于 0，表示正偏或者右偏，直方图中有一条长尾拖在右边；偏度值小于 0，表示负偏或者左偏，直方图中有一条长尾拖在左边。

峰度（Kurtosis），描述变量取值分布形态陡缓程度的统计量。当数据分布与标准正态分布的陡缓程度相同时，峰度值为 3；取值大于 3，表示数据的分布比标准正态分布更陡峭，为尖峰分布；取值小于 3，表示数据的分布比标准正态分布更平缓，为平峰分布。

第二节 频数分布和图表绘制

一 频数分布（Frequency distribution）

一般而言，基本统计分析往往从频数分析开始。我们可以通过频数分析能够了解变量取值的大概状况，对把握数据的分布特征非常有用。

频数分析的第一个基本任务是编制频数分布表。

频数（Frequency），指变量值落在某个区间（或某个类别）中的次数。

频率（Relative frequency），也称作相对频数，指各频数在总样本数之中的比例，其计算公式是：频率＝频数/N。

二 图表（charts）绘制

频数分析的第二个基本任务是绘制统计图。统计图是一种最为直接的数据刻画方式，能够非常直观和清晰地展示变量的取值状况。

常用的统计分析图包括条形图（Bar charts）、饼形图（Pie charts）和直方图（Histogram）等。

第三节 频数分析操作

频数分析也是数据处理和分析中最简单、最常用的基本展示，对于定性型数据（有序和名义数据）而言，通过频数分析可以很容易地把握数据的基本特征。

本节将通过一个温泉旅游问卷调查的应用案例，说明在 SPSS 之中应如何进行频数分析的操作和如何根据软件输出进行相应的解释等问题。

1. 请问您的性别是？

①男 ②女

2. 请问您的年龄是？

①20 岁以下 ②21 岁-30 岁 ③31 岁-40 岁 ④41 岁-50 岁 ⑤51 岁以上

3. 请问您的职业是？

①专业技术类　②管理类　③行政　④销售服务　⑤生产　⑥学生
⑦家庭主妇　⑧其他

数据文件"教材数据 . SAV"。

一　频数分析

对数据文件进行频数分析，首先单击主菜单的分析（A）工具条，在下拉菜单中选择描述统计（E）选项条下的频率（F），单击完成工具条的选择。

分析→描述统计→频率→统计量→下一步→确定

据集1] - IBM SPSS Statistics 数据编辑器

图 7-1　Frequencies Charts 频数分析窗口

二 频数分析工具条

单击图 7-1 频数分析窗口中的频率得到图 7-2 所示的变量选择对话框 1。

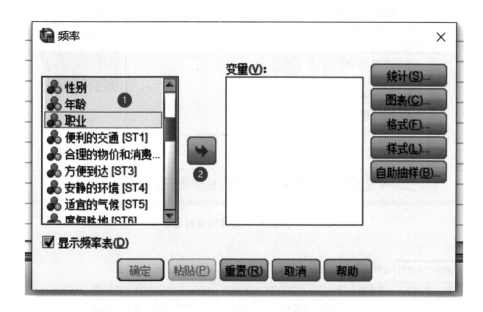

图 7-2 频数分析变量选择对话框 1

①原始变量列视图，显示数据文件中所有已定义好的变量，我们可以把需要进行频数分析的变量逐一选中，如果需要多选，可以同时按住 ctrl+变量名，选中后所对应的变量名颜色会反色显示，本例选中的变量是"性别""年龄"和"职业"；

②把已选中的变量，通过单击向右箭头进入变量（V）窗口中；

③变量窗口显示的就是我们需要进行频数分析的所有变量，如图 7-3 所示，显示的是完成后的变量选择窗口；

④单击确定键，可以得到一个新的输出结果文件输出 1［文档 1］，通过结果文件的浏览可以得到频数分析的各种结果。

三 频数分析结果输出

通过菜单工具条和对话框的选择操作，可以得到一个新的输出结果文件输出 1［文档 1］，如图 7-4 所示。

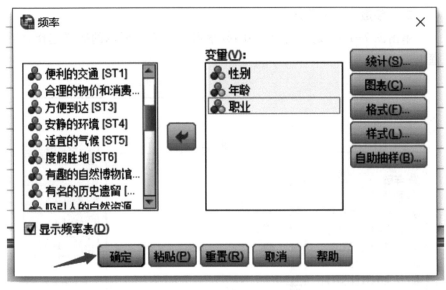

图 7-3　频数分析变量选择对话框 2

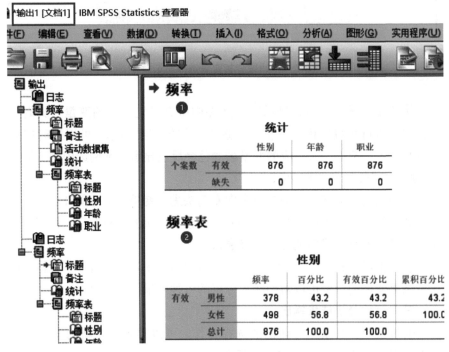

图 7-4　频数分析结果窗口

第四节　频数分析结果解释

图 7-4 所示频数分析的结果窗口显示的第一个表格是统计量，包括的变量是性别、年龄和职业；样本容量或者是样本个案数 N，其中显示三个变量的有效个案数都是 876 个案例；缺失的个案数都是 0，也就是说，没有缺失值案例。

第二个表格是频率表（Frequency Table），其中第一个是针对性别的频数分析表。表中显示了性别中男性频数（frequency）为 378 个，所占的百分比（percent）是 43.2%，有效百分比（valid percent）是 43.2%，累积百分比（cumulative percent）是 43.2%；女性频数为 498 个，所占百分比是 56.8%，有效百分比是 56.8%，累积百分比是 100%。第二个和第三个分别是年龄和职业的频率表（分析同性别，此处未显示）。

第五节　变量值查找

一般在进行数据分析之前，通常都要进行数据的预处理，因为面对大量的数据，往往会有误操作，从而导致输入的数据出现错误，这时就需要我们进行数据定位，找到录入或者编辑有误的数据，然后进行相应的修改或者删除。

比如上一章的图 6-10 中，我们对于性别分别进行了赋值"男性＝1"和"女性＝2"，如果在录入数据的时候，因为手误把"2"录错成"3"了，那样在以后的数据处理和分析的时候，就会导致很大的偏误，所以有必要找到录入错误的数据。我们需要做的就是先定位，然后进行相应的修改或者删除。

首先，需要移动光标到变量"性别"所在的列上，然后在主菜单的工具条上找到编辑（E）→查找（F），单击出现图 7-5 所示的对话框，在对话框中输入"3"，然后点击查找下一个（F），逐个找到录入错误的数值，从而进行相应的修改和删除。

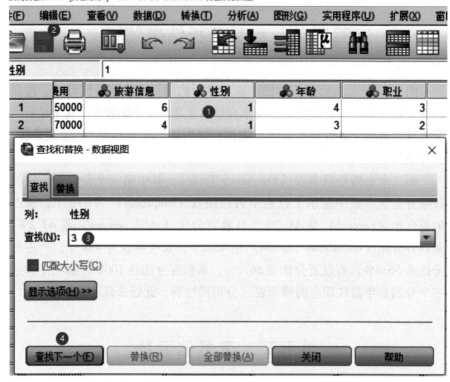

图 7-5　变量值查找对话框

第六节　频数分析报告表

一　频数分析表的汇总和整理

在图 7-4 的结果窗口中，我们可以观察到所分析的性别、年龄和职业等变量的频数分析表，不过在统计学中为了直观和清晰，往往在分析的最后对这些有用的表格进行重新汇总和整理，我们从中保留最重要的统计量，而这个表格就是市场分析（Market Analysis）中最后的分析报告表。

二　频数分析表的解释

我们可以从表 7-1 中很直观地解读出有关数据各种有用的特征和信息。

表 7-1　　　　　　　　**频数分析汇总表（n=876）**

	变量	频数	频率（%）
性别	男性	378	43.2
	女性	498	56.8
年龄	20 岁以下	2	0.2
	21-30	84	9.6
	31-40	94	10.7
	41-50	260	29.7
	51 岁以上	436	49.8
职业	专业技术类	24	2.7
	管理类	52	5.9
	行政	80	9.1
	销售服务	46	5.3
	生产	92	10.5
	学生	70	8.0
	家庭主妇	368	42.0
	其他	144	16.4

比如，针对性别，在此次的问卷调查中，所搜集到的有效数据中，女性的比例占到 56.8%，略多于男性比例。

在年龄层次中，20 岁以下最少，约占 0.2%；51 岁以上的所占的比例最大，约为 49.8%，接近一半，说明此次问卷数据调查对象以老年人为主。

在职业分类中，专业技术类约占 2.7%、管理类 5.9%、行政类 9.1%、销售服务类 5.3%、生产类 10.5%、学生类 8.0%、家庭主妇 42.0% 和其他类 16.4%，说明此次数据调查中反馈的信息以家庭主妇为主。

第七节　描述性统计分析

对于一个数据库，除了常规的频数分析之外，经常需要用通过计算基本的描述性统计量给出该数据库基本的数量化特征。其中常用的统计量包括：平均数（M）、中位数（Md）、众数（Mo）和标准差（S.D），分别反映数据库的集中趋势和分散趋势。

一 统计量（Statistics）

案例：对教材数据中的旅游支出额进行描述性统计分析。

数据文件"教材数据.SAV"。

分析→描述统计→频率→变量→统计→继续→确定

在已经打开的数据文件中，按照顺序打开频率（F）菜单，然后在原始变量列表中选中"旅游支出额"①，单击向右箭头②进入变量分析变量对话框中，出现图7-6所示对话框。

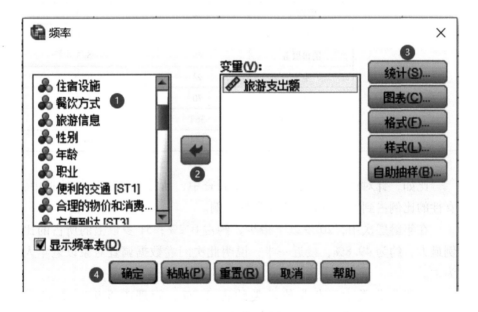

图7-6 频率：统计1

然后选中对话框右部的按钮统计③，单击后出现图7-7所示的对话框，可以看到各种常用的输出统计量复选框。包括百分位值（Percentile Values）、集中趋势统计量（Central Tendency）、离散趋势统计量（Dispersion）和分布形态统计量（Distribution）等。

在图7-7频率统计分析对话框中选中平均数（M）、中位数（Md）、众数（Mo）和标准差（S.D）。再单击继续，返回上一级对话框图7-6，最后点击确定键④，就可以得到描述性统计分析的结果输出文件，见图 7-8。

图 7-7　频率：统计 2

二　统计量输出分析

通过描述性统计分析输出结果我们可以直接观察到变量"旅游支出额"的平均值为 56，803.65 元，中位数为 50，000 元，众数为 50，000 元，标准偏差（标准差）是 34，868.737 元等。

三　频数分析图

通常对于搜集或者给定的数据库，除了常规的频数分析表和描述性统计量计算之外，还可以绘制各类频数分析图，这类图形会更加直观地反映数据库的典型特征。

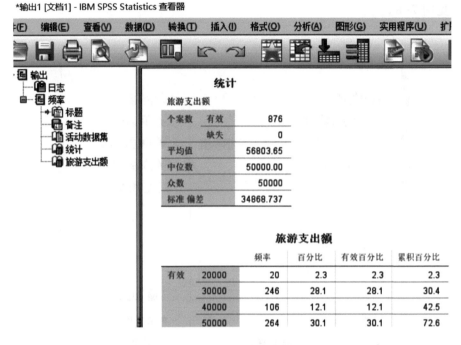

图 7-8　描述性统计分析结果窗口

在下面的例子中，我们可以利用教材数据文件，对变量"性别"和"年龄"分别绘制条形图和饼形图。

菜单选项：

分析→描述统计→频率→变量→图表→继续→确定

如图 7-9 对话框所示，在原始变量列表选择框中选中性别和年龄①，利用向右箭头②选择进入变量分析变量窗口。

然后在图 7-9 对话框中单击选择按钮图表③得到绘图对话框，见图 7-10。其中图表类型中可以选择无（默认）、条形图（Bar charts）、饼图（Pie charts）和直方图（Histograms）等；如果变量是标度型（连续型）变量，可以选择直方图，同时我们也可以选中复选框显示正态曲线，这样就可以绘制带有正态曲线的直方图。

下一步需要根据数据文件的特点或者需要选择相应的图形绘制方式，可以选择图表值是频率（F）输出还是百分比（C）输出。

依据图 7-10 的选择输出结果是条形图，如图 7-12 所示；依据图 7-

11 的选择输出结果是饼形图，如图 7-13 所示。

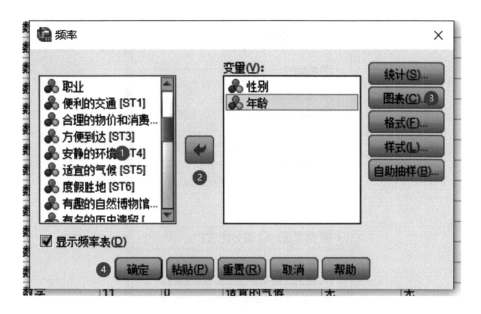

图 7-9　频率图表对话框 1

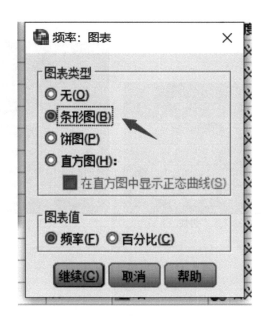

图 7-10　频率图表对话框 2

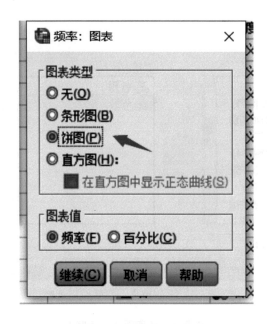

图 7-11　频率图表对话框 3

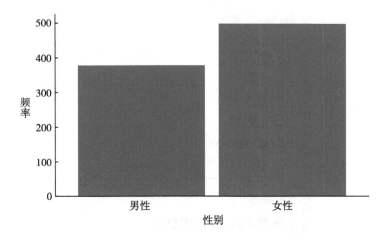

图 7-12　条形图（Bar charts）

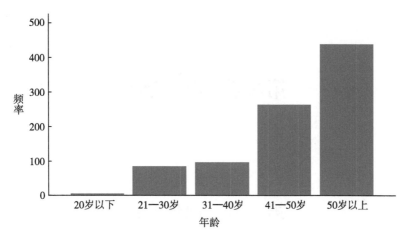

图 7-12　条形图（Bar charts）（续）

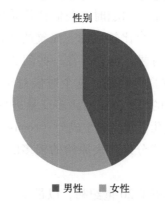

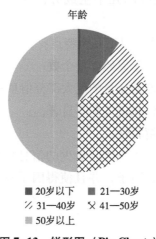

图 7-13　饼形图（Pie Charts）

第八章　因子分析

第一节　原理介绍

一般而言，在研究实际问题时，我们往往希望尽可能多地收集相关变量，以期能对问题有一个比较全面、完整的把握和认识。但是如果变量（Variables）太多的时候，也会存在一些问题。比如计算量会变得很大，变量间出现信息重叠等问题，这个时候对于统计处理会相当棘手，所以有必要采用比较好的统计方法对诸多变量进行降维处理，也就是说，把分析的多变量压缩成几个较少的主成分（components）变量，从而可以利用这样较少的几个主成分来代表原始的较多的变量，从而简化数据继续进行相应的统计分析。

因子分析的概念起源于 20 世纪初，以最少的信息丢失为前提，将众多的原始变量综合成较少的几个主成分，名为公因子，或简称为因子（factor）。

通常，提取出的因子有以下几个特点：

（1）因子个数远远少于原始变量个数；

（2）因子能够反映原始变量的绝大部分信息；

（3）因子之间的线性相关关系不显著；

（4）因子具有命名解释性。

总之，因子分析是研究如何以最少的信息损失量将众多的原始变量综合浓缩成较少的几个公因子，并且使得因子具有可命名性的多元统计分析方法。

第二节　相关名词解释

一　因子荷载（Factor Loading）

（一）因子载荷

因子载荷是因子分析模型中一个重要的统计量，是联系原始变量和公因子之间的纽带。当公因子之间完全不相关的时候，因子载荷就是该原始变量和该公因子的相关系数，也就是这个变量在这个公因子上的相对重要性，即代表性。

（二）变量共同度（Communality）

变量共同度，也被称为公因子方差。它反映了所提取出来的全部公因子对该变量的解释程度。如果大部分变量的共同度都大于 0.8，则说明所提取出的公因子已经基本上反映了原始变量 80% 以上的信息，也就意味着因子分析的结果很好；否则，则需要进行原始变量的筛选和处理。

二　KMO 和 Bartlett 球形检验

Kaiser-Meyer-Olkin Measure of sampling Adequacy（KMO）样本充分性 KMO 检验主要是检验待分析的原始变量是否适合作因子分析。因子分析的重要前提是要求原始变量具有较强的相关性。如果原始变量之间不存在较强的相关性，则无法从较多的原始变量提取反映大部分原始变量共同特征的少数公因子来。

因此，因子分析之前，应对原始变量进行相关性分析。比较简单的就是直接计算相关系数矩阵。如果大部分相关系数都是小于 0.3，并且没有通过显著性检验，则说明该数据库不适合作因子分析。

（一）巴特利特球形检验（Bartlett's test of sphericity）

如果该统计量的值比较大，对应的概率 P 值小于预先给定的显著性水平 α（一般为 0.05），则认为原始变量之间存在相关性，适合作因子分析；否则，本组数据不适宜作因子分析。

（二）反映像相关矩阵检验（anti-image correlation matrix）

该检验可以输出 MSA（Measure of sample adequacy）样本充分性测度值，该值范围在 0 到 1 之间。如果取值接近于 1，则意味着变量和其他变量相关性强，适合作因子分析；否则越接近于 0，则说明不适合作因子分析。

（三）KMO 检验（Kaiser-Meyer-Olkin）

对于该检验指标 KMO，其值越小，变量间的相关性越弱，越不适合作因子分析。Kaiser 给出了检验是否适合因子分析的一般标准，参见表8-1。

表 8-1 KMO 值分类总结

KMO	结论：是否适合作因子分析
0.9≤KMO	非常适合
0.8≤KMO<0.9	适合
0.7≤KMO<0.8	一般
0.5≤KMO<0.7	不太适合，较勉强
KMO<0.5	不适合

三 提取公因子

因子分析主要依据主成分分析法（principle component）来提取公因子的，也是 SPSS 的默认选项。

对于公因子的数目而言，首先不能太多，太多则达不到降维的目的；其次也不能太少，否则损失原始变量的信息太多。选择合适的因子数目标准主要是从原始变量的相关系数矩阵出发，一是根据特征根（eigenvalue）大于 1 的标准来提取的，这也是 SPSS 系统默认的；二是根据因子的累计方差贡献率来确定的，一般累计方差贡献率应达到 70% 以上比较合适；三是根据碎石图（scree plot）。

四 因子旋转

（一）因子旋转的意义

因为因子载荷代表的是公因子和各个变量之间的相关程度，为了能够很好地给出公因子的解释，一般必须先进行因子旋转，使得每个变量只在某一个公因子上有较大的载荷，而在其他的公因子都有较少的载荷，即，使得各变量地载荷都尽量地趋向 1 或者 0，这样以便于解释因子。

（二）方差最大正交旋转（Varimax）

SPSS 进行因子旋转的方法主要分为两类。一类是正交旋转（orthogonal factor rotation），另一类是斜交旋转（oblique factor rotation）。正交旋转仍然能保证各个公因子的不相关性，但是斜交旋转会破坏掉这个性质，但是更利于解释。一般比较常用的是方差最大正交旋转（varimax）。

五　因子命名

因子命名是因子分析的重要目标，因子分析的过程基本上都是有 SPSS 软件包自动完成，而命名部分则是依靠研究者自己的专业知识来主观确定的。因子命名必须能充分体现该因子所代表的所有原始变量的意义，其主要依据就是因子载荷矩阵。

六　计算因子得分（Factor Score）

当因子模型建立完毕，我们往往希望利用降维所得的公因子来代表原始变量，也可以继续利用这些公因子的值去进行其他统计学分析。比如回归分析、方差分析和聚类分析等。

我们往往利用回归方法，把公因子表示为原始变量的线性组合，即：

$$F_j = \sum_{i=1}^{k} b_{ij} X_i$$

其中原始变量集为 $\{X_1, X_2, \cdots, X_k\}$，降维后的公因子集为 $\{Y_1, Y_2, \cdots, Y_l\}$，$l<k$，$X_i$ 代表第 i 个原始变量 $i=1, 2, \cdots, k$，F_j 代表降维后的第 j 个公因子 $j=1, 2, \cdots, l$。

第三节　因子分析案例介绍

案例：有关某温泉旅游消费的研究，其中有对旅游者旅游目的地满意度的问卷调查统计数据。

表 8-2　　　　　　　　　　旅游者目的地满意度问卷调查

名称	类型	宽度	小数位数	标签	值
ST1	数字	11	0	便利的交通	无
ST2	数字	11	0	合理的物价和消费费用	无
ST3	数字	11	0	方便到达	无
ST4	数字	11	0	安静的环境	无
ST5	数字	11	0	适宜的气候	无
ST6	数字	11	0	度假胜地	无

续表

名称	类型	宽度	小数位数	标签	值
ST7	数字	11	0	有趣的自然博物馆	无
ST8	数字	11	0	有名的历史遗留	无
ST9	数字	11	0	吸引人的自然资源	无
ST10	数字	11	0	独一无二的生态环境	无
ST11	数字	11	0	户外冒险活动	无
ST12	数字	11	0	丰富的矿藏资源	无
ST13	数字	11	0	美丽的生态保护区	无
ST14	数字	11	0	没有被污染的生态系统和野生环境	无
ST15	数字	11	0	不同寻常的地质形成	无
ST16	数字	11	0	美丽的自然景色	无
ST17	数字	11	0	有着很多的休闲设施和活动	无
ST18	数字	11	0	多样的住宿选择	无
ST19	数字	11	0	当地美食	无
ST20	数字	11	0	多样的旅游生态纪念品	无
ST21	数字	11	0	丰富的旅游节庆，展览等活动	无
ST22	数字	11	0	很高的历史价值	无
ST23	数字	11	0	当地居民友好	无
ST24	数字	11	0	安全的旅游环境	无
ST25	数字	11	0	干净	无
ST26	数字	11	0	让人感到愉快的地方	无
ST27	数字	11	0	让人流连忘返的地方	无
ST28	数字	11	0	让人能够放松的地方	无
ST29	数字	11	0	让人感到激动的地方	无

数据来源："教材数据 . sav"

一　因子分析（Factor Analysis）菜单操作

首先打开原始数据文件，单击分析工具条下的因子分析工具条，见图 8-1，可以得到图 8-2 所示的对话框。

具体菜单操作：

分析→降维→因子

二　因子分析

①变量选择对话框：把准备进行因子分析的原始变量 ST1-ST29 全部

选中，颜色出现反色显示；

图8-1　因子分析工具条

②单击向右箭头选择到右边变量的空白对话框中；

③描述（D）：单击可得图8-3所示的对话框，主要输出常用的统计量和相关性检验值，我们通常可以选定统计选项中的单变量描述统计量（U）和初始解（I），相关系数矩阵选项中的系数（C）、显著性水平（S）和KMO和巴特利特球形度检验，然后单击继续返回上一级菜单；

④提取因子（E）：主要目的是利用统计分析方法提取较少的有代表性的公因子，从而达到降低维数的目标，单击该按钮可得图8-4所示的因子提取对话框，通常其中选项条方法（M）选择默认的主成分分析法，分析选项条选择默认的相关系数矩阵，提取选择默认的基于特征值（特征

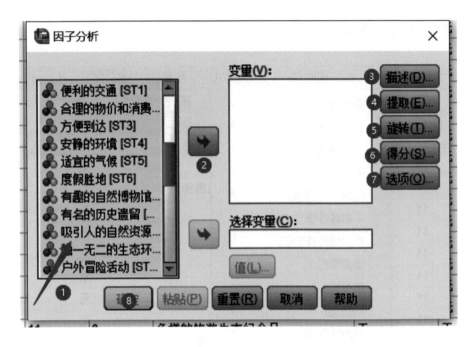

图 8-2　因子分析对话框

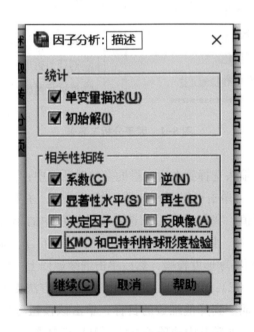

图 8-3　因子分析中描述统计量输出对话框

值大于1），输出选项选择未旋转因子解和碎石图（S）；

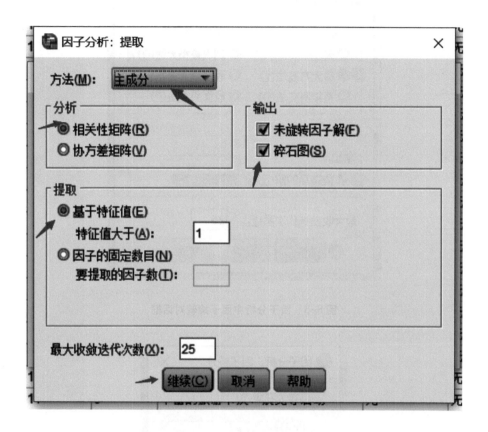

图 8-4　因子分析中因子提取对话框

　　⑤因子旋转（T）：通过主成分分析的方法可以提取公因子，一般公因子的数量远远小于原始变量的个数，从而可以达到降低维数的目的，但是往往对于提取的公因子很难从现实意义上加以解释，一般必须经过因子旋转从而可以对公因子的意义得到比较良好的解释和命名，单击该按钮可得图 8-5 所示的对话框，对于该对话框，方法选项条一般选择最大方差法（V），输出选项选择旋转后的解（R）和载荷图（L），然后单击继续（C）返回上一级菜单；

　　⑥因子得分（S）：单击该按钮可以得到图 8-6 所示的因子得分对话框，如果选中保存为变量（S），则系统会在因子分析过程中，自动把提取和生成的公因子值保存为新变量，并且为以后的其他分析，比如回归

图 8-5　因子分析中因子旋转对话框

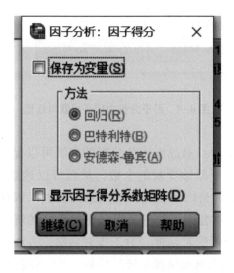

图 8-6　因子分析中因子得分对话框

分析、聚类分析或对应分析等作相应的数据库准备，一般建议刚开始探索分析时候，不要选择该复选框，等输出结果比较满意的时候，再选中，保存这些新变量；

⑦选项（O）：单击该按钮可以得到图8-7所示的选项对话框，其中缺失值选项条有三种方法，一般默认选择第一项成列排除个案（L），系数显示格式一般选择第一项按大小排序（S），然后单击继续（C）返回上一级菜单；

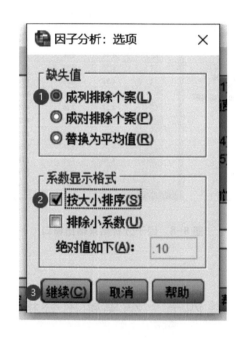

图8-7　因子分析中选项对话框

⑧通过前面第一步到第七步（①—⑦）的选择，单击确定键，可以得到图8-8所示的结果文件。

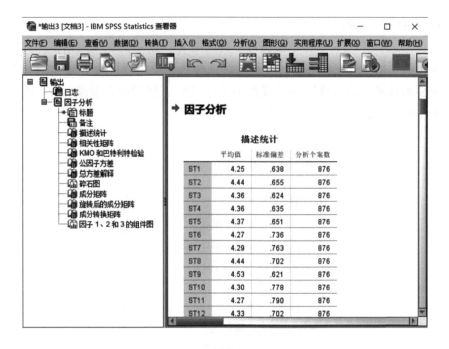

图 8-8　因子分析结果输出窗口

第四节　结果输出分析

一　描述性统计

在上一节图 8-8 所示的结果窗口中第一个输出是描述统计，展示了参与因子分析的 29 个有关满意度调查的变量 ST1—ST29 的基本描述性统计值。包括变量名、平均值、标准差和参与分析的个案数等。比如变量 ST1：平均数是 4.25，标准差是 0.638，参与分析的样本个数是 876；其他变量分析类似。

二　KMO 和巴特利特球形度检验

因子分析结果中所得到的第二个表格如表 8-3 所示。

因为因子分析的前提条件是参与分析的各变量必须高度相关、有信息重叠，这样才可以保证能够把信息重叠的部分提取出来，从而达到降低维数的目的，所以第一个需要检验的指标就是 KMO 值。如表 8-3 所示的 KMO 值=0.897，由前文的表8-1可知本次参与分析的变量集适合作因子分析；同时巴特利特球形度检验值为14089.696，且 Sig. 显著 P 值为0.000，说明 ST1–ST29 变量的相关系数矩阵显著不等于单位矩阵，也就意味着该变量集适合作因子分析，这和 KMO 的检验结论是一致的。

表 8-3　　　　　　　　因子分析 KMO 和巴特利特检验输出

KMO 取样适切性量数		0.897
巴特利特球形度检验	近似卡方	14089.696
	自由度	406
	显著性	0.000

三　公因子方差（共同度）输出结果

表 8-4 展示的是因子分析变量集 ST1–ST29 分别被提取或者解释的信息程度。第一列是变量名列表；第二列是因子分析前各变量所拥有的信息量，也就是初始值，全部为1，表示 100% 表达原始信息，没有任何信息的损失；第三列表示本次因子分析提取公因子后，各个变量所保留或者被提取出的信息程度，或者说被解释的比例，如果有一些变量的提取比例小于0.4，则说明该变量在本次因子分析中的作用被忽略，或者说该变量和其他变量的相关程度很低，那样这个变量就不适合参与因子分析，需要被除去。只有全部参与因子分析的变量集的共同度都达到0.5以上才可以说明本次因子分析是比较成功、有意义或者具有代表性的。

表 8-4　　　　　　　　因子分析公因子方差（共同度）输出

	初始	提取
ST1	1.000	0.504
ST2	1.000	0.581
ST3	1.000	0.590
ST4	1.000	0.536
ST5	1.000	0.602
ST6	1.000	0.516
ST7	1.000	0.634

续表

	初始	提取
ST8	1.000	0.469
ST9	1.000	0.639
ST10	1.000	0.820
ST11	1.000	0.853
ST12	1.000	0.726
ST13	1.000	0.771
ST14	1.000	0.163
ST15	1.000	0.806
ST16	1.000	0.732
ST17	1.000	0.624
ST18	1.000	0.737
ST19	1.000	0.710
ST20	1.000	0.750
ST21	1.000	0.755
ST22	1.000	0.753
ST23	1.000	0.656
ST24	1.000	0.732
ST25	1.000	0.649
ST26	1.000	0.672
ST27	1.000	0.789
ST28	1.000	0.800
ST29	1.000	0.804

注：提取方法为主成分分析法。

从结果显而易见，本次因子分析中，只有变量 ST14 的提取共同度是 0.163，小于标准 0.4；而其他变量的共同度都大于 0.4，并且几乎是大于 0.5 以上的，也说明本次分析是存在瑕疵的。下一步我们需要做的就是删除变量 ST14，进行重新的变量选择和分析操作，具体操作将在下一节介绍。

四 总方差贡献率输出结果

表 8-5 展示了提取公因子后的方差解释输出。其中第一列显示的是成分列，后面有三大列。分别是初始特征值、提取的载荷平方和和旋转后的载荷平方和。这三大列下面都包括三小列，分别是总计特征值、方差百分比（方差贡献率）和累积方差贡献率。

表 8-5　　　　　　　　　　因子分析总方差解释输出

成分	初始特征值			提取载荷平方和			旋转载荷平方和		
	总计	方差百分比	累积%	总计	方差百分比	累积%	总计	方差百分比	累积%
1	9.393	32.388	32.388	9.393	32.388	32.388	3.939	13.583	13.583
2	2.280	7.860	40.249	2.280	7.860	40.249	3.381	11.658	25.241
3	1.964	6.772	47.021	1.964	6.772	47.021	3.121	10.762	36.003
4	1.771	6.106	53.127	1.771	6.106	53.127	2.926	10.089	46.092
5	1.545	5.326	58.453	1.545	5.326	58.453	2.384	8.221	54.313
6	1.334	4.601	63.054	1.334	4.601	63.054	2.319	7.995	62.308
7	1.087	3.749	66.802	1.087	3.749	66.802	1.303	4.494	66.802
8	0.991	3.416	70.218						
9	0.861	2.970	73.188						
10	0.827	2.853	76.040						
11	0.727	2.507	78.547						
12	0.653	2.252	80.799						
13	0.604	2.082	82.881						
14	0.503	1.735	84.616						
15	0.471	1.626	86.242						
16	0.448	1.546	87.788						
17	0.444	1.531	89.319						
18	0.379	1.308	90.626						
19	0.362	1.247	91.873						
20	0.324	1.116	92.989						
21	0.303	1.044	94.033						
22	0.290	0.998	95.031						
23	0.273	0.941	95.973						

续表

成分	初始特征值			提取载荷平方和			旋转载荷平方和		
	总计	方差百分比	累积%	总计	方差百分比	累积%	总计	方差百分比	累积%
24	0.252	0.871	96.843						
25	0.223	0.768	97.611						
26	0.203	0.700	98.311						
27	0.178	0.613	98.924						
28	0.157	0.541	99.465						
29	0.155	0.535	100.000						

通过表 8-5 可以发现，利用主成分分析的方法，根据特征根大于 1 的标准，从原来 ST1-ST29 总共 29 个变量集中提取出了 7 个主成分。比如第一个主成分的特征根是 9.393、方差贡献率是 32.388% = 9.393/29，其他主成分的特征根和方差贡献率依次递减，而 7 个主成分的总方差贡献率为 66.802% =（9.393+2.280+…+1.087）/29，基本上代表了原始数据库 29 个变量集 2/3 以上的信息，可以达到社会分析的基本需求。

最后一大列是利用最大方差法对 7 个主成分进行了因子旋转，得到了新的 7 个主成分，也叫公因子。从中可以发现，通过因子旋转，总的方差贡献率还是 66.802%，没有变化；只不过这 7 个新的主成分各自的特征根有所变化，对应的方差贡献率也有所变化。从而进一步说明：因子旋转的目标是不改变提取信息的程度，只是重新分摊了各个主成分所囊括的信息量，以利于因子命名和因子解释。

五　旋转后的主成分矩阵输出

图 8-9 展示了提取公因子的碎石图（Scree Plot），反映了在主成分分析方法下进行因子分析所提取公因子的特征根的顺序图。一般而言，合适的公因子的个数应该是在特征根发生明显变小的拐点，也就是说，可以选择在特征根明显变化趋缓的前一个节点所对应的公因子的个数来作为最佳的公因子数目。

表 8-6 展示了旋转后的因子矩阵，我们可以观察到通过因子旋转各个变量在所提取的 7 个公因子上的载荷（Loadings）。根据因子载荷的大小我们可以发现：其中变量 ST5、ST2、ST4、ST1、ST3、ST7、ST6 和

ST8 主要解释第一个主成分，或者公因子 1（Component 1）；变量 ST27、ST29、ST26、ST28 和 ST25 主要解释第二个公因子（Component 2）；其他类推。

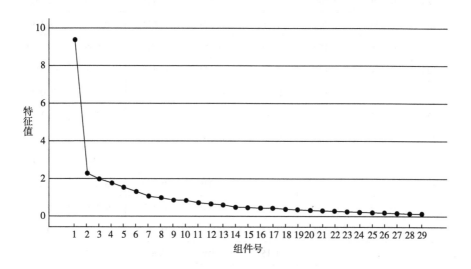

图 8-9 碎石图

表 8-6　　　　　旋转后的因子矩阵表旋转后的成分矩阵[a]

	成分						
	1	2	3	4	5	6	7
ST5	0.708	0.094	0.169	0.242	−0.021	−0.031	−0.055
ST2	0.699	0.116	0.087	−0.088	0.104	0.188	0.131
ST4	0.697	0.061	0.114	0.143	0.031	0.006	−0.110
ST1	0.677	0.137	0.057	0.033	0.131	0.044	0.060
ST3	0.675	0.116	−0.051	−0.067	0.091	0.145	−0.291
ST7	0.617	0.179	0.179	0.372	0.146	−0.026	0.172
ST6	0.577	0.172	0.191	0.286	0.156	−0.053	0.084
ST8	0.537	−0.006	0.220	0.142	0.170	0.094	0.274
ST27	0.192	0.808	0.180	0.182	0.141	0.084	0.079
ST29	0.247	0.803	0.222	0.177	0.106	0.052	0.058
ST26	0.027	0.803	0.066	0.013	0.100	0.034	−0.100

	成分						
	1	2	3	4	5	6	7
ST28	0.219	0.766	0.239	0.261	0.128	0.083	0.134
ST25	0.155	0.461	0.387	0.124	0.015	0.377	0.324
ST20	0.138	0.152	0.792	0.053	0.210	0.068	-0.169
ST22	0.214	0.146	0.786	0.145	0.116	0.181	-0.014
ST21	0.195	0.189	0.777	0.134	0.195	0.144	0.031
ST23	0.199	0.329	0.530	0.233	0.020	0.223	0.350
ST24	0.206	0.368	0.492	0.203	-0.038	0.317	0.412
ST14	0.007	0.094	0.277	0.130	0.163	-0.169	-0.075
ST10	0.174	0.189	0.146	0.845	0.099	0.086	-0.042
ST11	0.179	0.226	0.147	0.828	0.167	0.180	-0.053
ST12	0.149	0.103	0.159	0.794	0.087	0.171	-0.028
ST13	0.129	0.129	0.157	0.030	0.839	0.084	0.016
ST15	0.195	0.158	0.195	0.101	0.819	0.122	0.092
ST16	0.166	0.084	0.138	0.205	0.792	0.094	0.006
ST18	0.041	0.094	0.103	0.259	0.092	0.794	-0.096
ST17	0.037	0.022	0.123	-0.069	0.108	0.743	-0.197
ST19	0.147	0.163	0.096	0.324	0.119	0.716	0.145
ST9	0.032	-0.059	0.151	0.176	-0.086	0.236	-0.719

注：提取方法为主成分分析法；旋转方法为凯撒正态化最大方差法；a 表示旋转在 7 次迭代后已收敛。

由表 8-4 中的共同度可知 ST1-ST29 变量集中需要删除变量 ST14；由表 8-6 可以发现：通过因子旋转，各变量在公因子上的载荷基本上实现了向 0 或者 1 上的分摊，除了 ST25 和 ST24 的载荷较低，不过这两个变量的载荷也基本上符合要求，但是 ST9 的载荷是-0.719，是一个负值，并且是单独一个构成公因子 7 的主要部分，这个不符合因子分析的前提：所有待分析变量的高度相关性，所以有必要对变量 ST9 和 ST14 进行除去，重新进行因子分析。

第五节　调整变量后的修正因子分析过程

我们通过第一次因子分析中的表 8-4 可知需要除去共同度小于 0.4 的变量 ST14，通过表 8-6 所示的旋转因子载荷表获知 ST9 不适合参与因子分析，所以也需要除去变量 ST9。下面重新进行因子分析，这次是选择除去 ST9 和 ST14 之后的其余 27 个变量所构成的新的变量集进行因子分析，同样根据图 8-1 缺示依次单击选择 SPSS 的因子分析工具条，然后出现第二次因子分析的对话框，如图 8-10 所示。

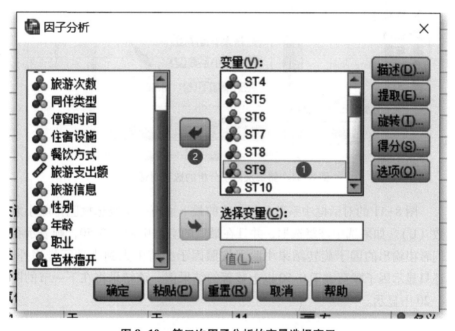

图 8-10　第二次因子分析的变量选择窗口

图 8-10 中会显示并保留上一次因子分析的所有操作，待分析的变量集（V）中会显示所有 ST1-ST29 变量，我们需要做的就是：

①找到要除去的变量 ST9，选中使得变量名反色显示；

②单击向左的箭头，把该变量从待分析的变量集合中除去。

同样的操作也适用于变量 ST14，重复该操作，这样就完成了第二次因子分析变量的选择。

其他工具条的选择可以默认使用第一次因子分析的操作，参见图 8-3和图 8-7，只不过这次对应于图 8-7 对话框，我们可以选择一个非常有用的复选框，如图 8-11 所示。

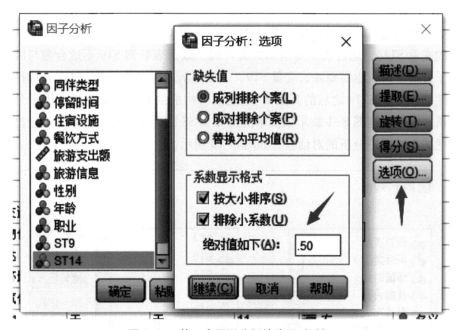

图 8-11　第二次因子分析的选项对话框

图 8-11 的对话框中系数显示格式的最下面有一个复选框□排除小系数（U）。如果选中该复选框，并且在最后的空格中输入 0.50，则表示我们希望输出的因子旋转结果中除了按照因子载荷由大到小进行排序外，还只显示因子载荷大于 0.50 以上显著的结果值。该结果将在下一节的图8-20 中显示。

第六节　第二次因子分析的结果输出

一　描述性统计量输出

表 8-7 是在除去了不适合作因子分析的变量 ST9 和 ST14 变量后，剩余的 27 个参与第二次因子分析的变量集的描述性统计量输出，包括了平均数、标准差和参与分析的样本个数。

表 8-7		描述性统计量	
	平均值 M	标准差 S. D	分析个案数 N
ST1	4.25	0.638	876
ST2	4.44	0.655	876
ST3	4.36	0.624	876
ST4	4.36	0.635	876
ST5	4.37	0.651	876
ST6	4.27	0.736	876
ST7	4.29	0.763	876
ST8	4.44	0.702	876
ST10	4.30	0.778	876
ST11	4.27	0.790	876
ST12	4.33	0.702	876
ST13	4.33	0.694	876
ST15	4.44	0.702	876
ST16	4.41	0.690	876
ST17	4.43	0.665	876
ST18	4.45	0.639	876
ST19	4.36	0.705	876
ST20	4.19	0.745	876
ST21	4.26	0.792	876
ST22	4.28	0.840	876
ST23	4.08	0.887	876
ST24	4.31	0.846	876
ST25	4.45	0.735	876
ST26	4.35	0.794	876
ST27	4.45	0.741	876
ST28	4.49	0.708	876
ST29	4.51	0.727	876

二　KMO 和巴特利特球形度检验

表 8-3 和表 8-8 显示都是因子分析中基本统计量相关检验的输出结果。我们从中可以观察到，第二次的 KMO 值已经由第一次的 0.897 增加

到了 0.902，增加了 0.005；Approx. Chi-Square （卡方近似值）也由原来的 14089.696 减少到了 13780.559；自由度也由 406 减少到 351；巴特利特球形检验的显著度 P 值仍然是 0.000。这两个检验都说明第二次的因子分析较之第一次有了更多的改进，并且显示第二次变量集非常适合作因子分析。

表 8-8   KMO and Bartlett's Test 输出

样本充分性的 KMO 测度		0.902
巴特利特球形度检验	卡方近似值	13780.559
	自由度	351
	显著度	0.000

三 公因子方差（共同度）输出结果

表 8-9 显示的是第二次因子分析所输出的共同度表格。可见所有参与因子分析的 27 个变量全部的提取共同度都在 0.4 以上，说明第二次的因子分析代表性比较好；当然我们也观察到 ST8 的提取共同度是 0.401，是比较勉强的。如果要追求完美，也可以选择除去 ST8 重新选择变量，进行第三次因子分析。不过切记，所有的统计分析都要综合后面的输出图表来选择合适的因子分析模型和结果。

表 8-9   公因子方差（共同度）输出

	初始	提取
ST1	1.000	0.501
ST2	1.000	0.572
ST3	1.000	0.511
ST4	1.000	0.518
ST5	1.000	0.594
ST6	1.000	0.513
ST7	1.000	0.617
ST8	1.000	0.401
ST10	1.000	0.827
ST11	1.000	0.848

续表

	初始	提取
ST12	1.000	0.727
ST13	1.000	0.768
ST15	1.000	0.801
ST16	1.000	0.738
ST17	1.000	0.611
ST18	1.000	0.762
ST19	1.000	0.713
ST20	1.000	0.671
ST21	1.000	0.757
ST22	1.000	0.747
ST23	1.000	0.610
ST24	1.000	0.657
ST25	1.000	0.616
ST26	1.000	0.606
ST27	1.000	0.779
ST28	1.000	0.795
ST29	1.000	0.786

注：提取方法为主成分分析法。

四　总方差贡献率输出结果

表 8-10 显示的是第二次因子分析的总方差贡献率输出结果。我们可以观察到除去变量后的第二次分析所提取的主成分由原来的 7 个（见表 8-5）减少到了 6 个；Rotation Sums of Squared Loadings（因子旋转后的荷载平方和）也由原来的 66.802% 增加到了 66.845%，改善了第一次因子分析的结果。

表 8-10　　　　Total Variance Explained（总方差贡献率）输出

成分	初始特征值			提取载荷平方和			旋转载荷平方和		
	总计	方差百分比	累积%	总计	方差百分比	累积%	总计	方差百分比	累积%
1	9.340	34.594	34.594	9.340	34.594	34.594	3.889	14.403	14.403

续表

成分	初始特征值			提取载荷平方和			旋转载荷平方和		
	总计	方差百分比	累积%	总计	方差百分比	累积%	总计	方差百分比	累积%
2	2.275	8.425	43.019	2.275	8.425	43.019	3.592	13.304	27.707
3	1.844	6.829	49.849	1.844	6.829	49.849	3.230	11.963	39.669
4	1.742	6.454	56.302	1.742	6.454	56.302	2.832	10.490	50.159
5	1.530	5.665	61.968	1.530	5.665	61.968	2.372	8.785	58.944
6	1.317	4.878	66.845	1.317	4.878	66.845	2.133	7.902	66.845
7	0.998	3.698	70.543						
8	0.859	3.183	73.726						
9	0.730	2.704	76.429						
10	0.667	2.470	78.900						
11	0.609	2.256	81.155						
12	0.553	2.050	83.205						
13	0.503	1.863	85.068						
14	0.455	1.684	86.752						
15	0.445	1.649	88.401						
16	0.379	1.404	89.805						
17	0.362	1.341	91.147						
18	0.324	1.201	92.348						
19	0.304	1.124	93.472						
20	0.292	1.082	94.554						
21	0.285	1.055	95.610						
22	0.254	0.941	96.551						
23	0.223	0.827	97.378						
24	0.203	0.753	98.131						
25	0.185	0.686	98.817						
26	0.163	0.602	99.419						
27	0.157	0.581	100.000						

注：提取方法为主成分分析法。

五 旋转后的主成分矩阵输出结果

表 8-11 是旋转后的主成分矩阵，给出了因子旋转后的因子载荷矩

阵，并且通过该矩阵可以进行因子命名和因子解释。与表 8-6 不同的是，除了变量是除去了 ST9 和 ST14 之后第二次的因子分析，而且最重要的是表格中有很多是空白，这个就是图 8-11 因子分析选项卡新的选项对话框中增加的一个复选框□压缩不输出小于 0.5 的小系数的作用，我们可以观察到表 8-11 显示的结果简洁、直观，更利于把握因子分析的命名和解释问题。当然如果我们不选中该复选框，也一样可以通过辨认和观察得出同样的结论，如表 8-12 所示。

表 8-11　　　　　旋转后的因子载荷矩阵压缩小系数输出

	成分					
	1	2	3	4	5	6
ST5	0.704					
ST2	0.699					
ST4	0.690					
ST1	0.676					
ST3	0.675					
ST7	0.615					
ST6	0.577					
ST8	0.541					
ST27		0.811				
ST29		0.799				
ST28		0.778				
ST26		0.767				
ST25		0.548				
ST22			0.790			
ST21			0.783			
ST20			0.757			
ST23			0.587			
ST24			0.565			
ST10				0.851		
ST11				0.826		
ST12				0.793		
ST13					0.839	

续表

	成分					
	1	2	3	4	5	6
ST15					0.818	
ST16					0.795	
ST18						0.812
ST17						0.760
ST19						0.719

注：提取方法为主成分分析法；旋转方法为凯撒正态化最大方差法；a 表示旋转在 7 次迭代
后已收敛。

在表格的压缩输出结果中，可以很容易看出主成分 1（或公因子 1）
主要解释了变量 ST1、ST2、ST3、ST4、ST5、ST6、ST7 和 ST8 等的信息；
而主成分 2（公因子 2）主要代表了变量 ST25、ST26、ST27、ST28 和
ST29 等；以此类推，主成分 6（公因子 6）主要代表了原始变量中 ST17、
ST18 和 ST19 的主要信息。

表 8-12　　　　　　　　旋转后的因子载荷矩阵输出

	成分					
	1	2	3	4	5	6
ST5	**0.704**	0.081	0.166	0.250	−0.020	−0.028
ST2	**0.699**	0.148	0.123	−0.100	0.089	0.168
ST4	**0.690**	0.035	0.115	0.160	0.038	0.004
ST1	**0.676**	0.144	0.078	0.035	0.122	0.035
ST3	**0.675**	0.058	−0.084	−0.043	0.102	0.178
ST7	**0.615**	0.219	0.205	0.359	0.133	−0.046
ST6	**0.577**	0.198	0.195	0.275	0.153	−0.069
ST8	**0.541**	0.075	0.259	0.104	0.148	0.056
ST27	0.186	**0.811**	0.174	0.176	0.149	0.064
ST29	0.239	**0.799**	0.215	0.176	0.119	0.029
ST28	0.211	**0.778**	0.246	0.254	0.133	0.054
ST26	0.023	**0.767**	0.023	0.019	0.121	0.038
ST25	0.150	**0.548**	0.440	0.079	0.005	0.304

	成分					
	1	2	3	4	5	6
ST22	0.197	0.133	**0.790**	0.157	0.141	0.145
ST21	0.179	0.174	**0.783**	0.150	0.215	0.117
ST20	0.121	0.108	**0.757**	0.075	0.253	0.046
ST23	0.189	0.412	**0.587**	0.197	0.014	0.146
ST24	0.197	0.467	**0.565**	0.159	−0.051	0.231
ST10	0.168	0.188	0.150	**0.851**	0.098	0.086
ST11	0.175	0.234	0.150	**0.826**	0.167	0.174
ST12	0.147	0.113	0.168	**0.793**	0.081	0.171
ST13	0.135	0.137	0.137	0.028	**0.839**	0.090
ST15	0.197	0.181	0.200	0.096	**0.818**	0.104
ST16	0.166	0.087	0.138	0.212	**0.795**	0.085
ST18	0.042	0.089	0.133	0.264	0.076	**0.812**
ST17	0.041	0.011	0.120	−0.072	0.107	**0.760**
ST19	0.150	0.196	0.161	0.318	0.083	**0.719**

注：提取方法为主成分分析法；旋转方法为凯撒正态化最大方差法；a 表示旋转在 7 次迭代后已收敛。

第七节　因子分析报告输出

一　因子分析的数据参数

通过一系列的图表分析，我们可以了解到第二次因子分析的基本情况。特别需要注意的是：在统计分析中，我们往往需要在最后对重要的数据输出参数进行进一步的汇总和整理，以保证结论直观性和简洁性。

其中数据参数要包括表 8-12 旋转后的因子载荷矩阵、表 8-10 总方差贡献率中的输出；统计量要包括表 8-8 描述性统计量中的平均数（M）和表 8-9 公因子方差（共同度）的输出。

因为这几个表格是互相关联，并且是相互计算出来的，所以它们总体上反映了因子分析所采用的数学模型和结果评价。

比如，对于变量 ST5，它的公因子方差（共同度）在表 8-9 中显示的是 0.594，其具体的计算公式来源于表 8-12 中的第一行：

$$0.594 = (0.704)^2 + (0.081)^2 + (0.166)^2 + (0.250)^2 + (-0.020)^2 + (-0.028)^2$$

0.594 在数值上反映了 ST5 在所提取的 6 个公因子之后，被提取或者被解释的信息程度为 59.4%。

二　因子分析结果解释报告

通过观察，因子分析结果清楚，且解释合理之后，我们就需要把相关重要的选项汇总成结果报表输出，表 8-13 显示的是在利用方差最大化对主成分方法提取的公因子进行旋转后的变量和公因子的因子载荷矩阵。其中参与分析的有 27 个变量，共提取了 6 个公因子，全部参与变量的因子载荷都在 0.5 以上，也说明因子分析的结果具有合理的代表性。

表 8-13　　　　　　　　　第二次因子分析最终汇总报表

	主成分						均值	共同度
	1	2	3	4	5	6		
ST5	**0.704**	0.081	0.166	0.25	−0.02	−0.028	4.37	**0.594**
ST2	**0.699**	0.148	0.123	−0.1	0.089	0.168	4.44	**0.572**
ST4	**0.69**	0.035	0.115	0.16	0.038	0.004	4.36	**0.518**
ST1	**0.676**	0.144	0.078	0.035	0.122	0.035	4.25	**0.501**
ST3	**0.675**	0.058	−0.084	−0.043	0.102	0.178	4.36	**0.511**
ST7	**0.615**	0.219	0.205	0.359	0.133	−0.046	4.29	**0.617**
ST6	**0.577**	0.198	0.195	0.275	0.153	−0.069	4.27	**0.513**
ST8	**0.541**	0.075	0.259	0.104	0.148	0.056	4.44	**0.401**
ST27	0.186	**0.811**	0.174	0.176	0.149	0.064	4.45	**0.779**
ST29	0.239	**0.799**	0.215	0.176	0.119	0.029	4.51	**0.786**
ST28	0.211	**0.778**	0.246	0.254	0.133	0.054	4.49	**0.795**
ST26	0.023	**0.767**	0.023	0.019	0.121	0.038	4.35	**0.606**
ST25	0.15	**0.548**	0.44	0.079	0.005	0.304	4.45	**0.616**
ST22	0.197	0.133	**0.79**	0.157	0.141	0.145	4.28	**0.747**
ST21	0.179	0.174	**0.783**	0.15	0.215	0.117	4.26	**0.757**

续表

	主成分						均值	共同度
	1	2	3	4	5	6		
ST20	0.121	0.108	**0.757**	0.075	0.253	0.046	4.19	**0.671**
ST23	0.189	0.412	**0.587**	0.197	0.014	0.146	4.08	**0.610**
ST24	0.197	0.467	**0.565**	0.159	−0.051	0.231	4.31	**0.657**
ST10	0.168	0.188	0.15	**0.851**	0.098	0.086	4.30	**0.827**
ST11	0.175	0.234	0.15	**0.826**	0.167	0.174	4.27	**0.848**
ST12	0.147	0.113	0.168	**0.793**	0.081	0.171	4.33	**0.727**
ST13	0.135	0.137	0.137	0.028	**0.839**	0.09	4.33	**0.768**
ST15	0.197	0.181	0.2	0.096	**0.818**	0.104	4.44	**0.801**
ST16	0.166	0.087	0.138	0.212	**0.795**	0.085	4.41	**0.738**
ST18	0.042	0.089	0.133	0.264	0.076	**0.812**	4.45	**0.762**
ST17	0.041	0.011	0.12	−0.072	0.107	**0.76**	4.43	**0.611**
ST19	0.15	0.196	0.161	0.318	0.083	**0.719**	4.36	**0.713**
特征值	**3.889**	**3.592**	**3.230**	**2.832**	**2.372**	**2.133**		
载荷平方和累积%	**14.403**	**27.707**	**39.669**	**14.403**	**58.944**	**66.845**		

而且，我们可以发现所提取的 6 个公因子方差贡献率是 66.845%，能解释原始变量信息的 2/3 以上的信息，具有合适的代表性；同时，KMO 值 0.902，巴特利特球形度检验的显著度是 0.00，都说明参与分析的 27 个变量非常适合进行因子分析。

与此同时，可以观察到变量 ST1-ST8 主要是由第一个公因子来解释，他们的因子载荷取值范围是 0.704 和 0.541 之间；第二个公因子主要是由 5 个变量（ST25—ST29）所解释，因子载荷最大 0.811，最小是 0.548；第三个公因子主要是由 5 个变量（ST20—ST24）所解释，因子载荷的范围是 0.790 到 0.565 之间；第四个公因子主要由 3 个变量（ST10—ST12）所解释，因子载荷的取值范围是 0.851 到 0.793 之间；第五个公因子主要由 3 个变量（ST13、ST15、ST16）所解释，因子载荷范围是 0.839 到 0.795 之间；第六个公因子主要由三个变量（ST17—ST19）所解释，因子载荷的范围是 0.812 到 0.719 之间。

第八节 因子分析的第二个案例

从上节表 8-13 所显示的因子分析结果报表，我们可以观察到主成分 1（公因子 1）主要由 8 个变量所构成。1 个公因子解释了 8 个原始变量，有时不太容易对该公因子进行命名，比较合适的公因子一般包含 3—4 个原始变量，这样更有利于对因子进行命名和解释。

与此同时，我们也观察到变量 ST8 的因子载荷是 0.541，较小，也说明公因子 1 对该变量的代表程度不是特别理想，所以有必要对这个公因子进行再一次的降维，以达到合适的因子命名结果。比如我们可以对公因子 1 进行再一次的因子分析，使得降维缩减成 3 个新的公因子。

一 因子分析菜单操作

参照上节因子分析的基本菜单操作，参见图 8-1 和图 8-2，我们可以把变量 ST1-ST8 进行新的因子分析，如图 8-12 和图 8-13 所示。

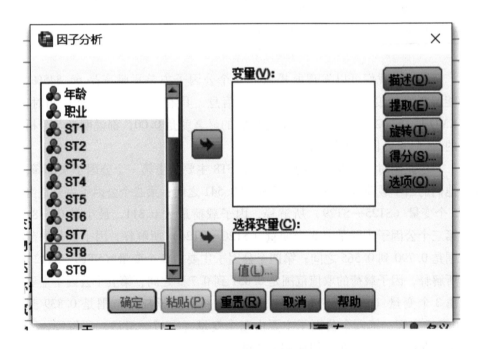

图 8-12 因子分析变量选择窗口 1

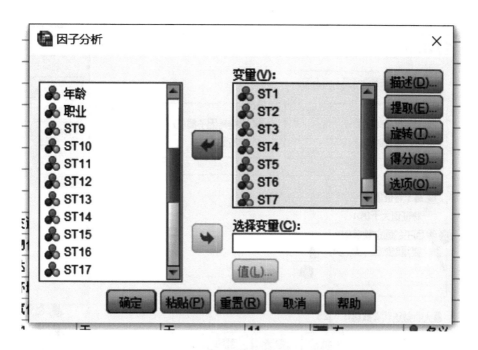

图 8-13　因子分析变量选择窗口 2

其他工具条的选择也参照上节的图 8-3 到图 8-7，不过这一次的因子分析在因子提取（E）对话框图 8-14 中，提取标准选择按钮，我们不再选择基于特征值（特征值大于 1），而是选择因子的固定数目（N），在方框处输入 3。换句话说，本次提取公因子的标准是：固定的提取 3 个公因子或者主成分。然后点击继续（C），其他对话框的选择和上次一样，最终点击确定键，从而完成因子分析的菜单选择，等待结果的输出。

二　因子分析结果分析和解释

（一）KMO 和巴特利特球形度检验的结果分析

表 8-14 显示的 KMO 值是 0.870，表示案例二的因子分析满足了样本相关的充分性要求；也说明我们所选择的变量 ST1-ST8 适合做因子分析，并且巴特利特球形度检验的 Sig（显著度）是 0.000，也表示本次分析是合适的。

（二）公因子方差（共同度）结果分析

表 8-15 显示出变量 ST1 到 ST8 的共同度分别是 0.596 到 0.752 之间，全部都大于 0.5，也说明本次的因子分析是比较合适的。

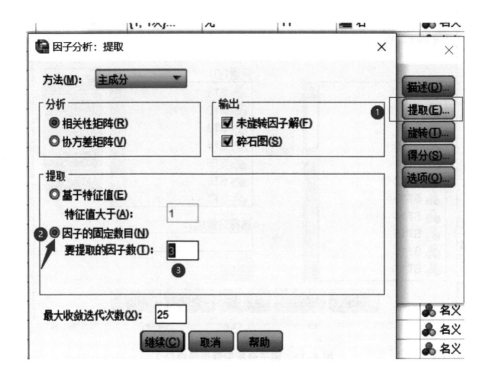

图 8-14　因子分析提取因子选择窗口 3

表 8-14　　　　　　　　　　KMO and Bartlett's Test 结果

样本充分性 KMO 测度		0.870
巴特利特球形度检验	卡方近似值	2343.552
	自由度	28
	显著度	0.000

表 8-15　　　　　　　　　提取的公因子方差（共同度）输出

	初始	提取
ST1	1.000	0.596
ST2	1.000	0.704
ST3	1.000	0.618
ST4	1.000	0.715
ST5	1.000	0.720
ST6	1.000	0.721

续表

	初始	提取
ST7	1.000	0.745
ST8	1.000	0.752

注：提取方法为主成分分析法。

（三）总方差贡献率结果分析

表 8-16 显示的是通过利用原始的 8 个指标（成分）强制提取 3 个主成分（公因子）后信息的总解释程度。接着利用方差最大化对因子进行旋转，可以看到旋转后载荷平方和的 Cumulative%（累计方差贡献率）达到 69.651%。也就是说，在提取了 3 个主成分后，3 个公因子所能解释原始变量 8 个成分（ST1—ST8）的信息程度累计可以达到 69.651%，基本上达到因子分析的要求。

表 8-16 总方差贡献率输出

成分	初始特征值			提取载荷平方和			旋转载荷平方和		
	总计	方差百分比	累积%		总计	方差百分比	累积%		总计
1	3.861	48.257	48.257	3.861	48.257	48.257	1.967	24.586	24.586
2	0.946	11.825	60.081	0.946	11.825	60.081	1.855	23.190	47.776
3	0.766	9.570	69.651	0.766	9.570	69.651	1.750	21.875	69.651
4	0.642	8.030	77.681						
5	0.511	6.389	84.070						
6	0.501	6.261	90.331						
7	0.430	5.369	95.699						
8	0.344	4.301	100.000						

注：提取方法为主成分分析法。

（四）旋转后因子矩阵输出分析

表 8-17 是旋转后因子矩阵，显示的是因子旋转后，各公因子和各原始变量之间的因子载荷。从数量上展示了各公因子和原始变量之间的相关关系，或者解释程度。

通过表格可以观察到：主成分 1（公因子 1）主要由变量 ST8、ST6

和 ST7 所解释；主成分 2（公因子 2）主要由变量 ST2、ST1 和 ST3 所解释；主成分 3（公因子 3）主要由变量 ST4 和 ST5 所解释。这样我们就可以通过各原始变量的名字和意义对因子分析后的综合公因子进行解释和命名了。

表 8-17　　　　　　　　　　　　旋转后因子矩阵输出

	Component		
	1	2	3
ST8	**0.786**	0.361	−0.064
ST6	**0.743**	0.080	0.403
ST7	**0.729**	0.159	0.434
ST2	0.297	**0.776**	0.117
ST1	0.248	**0.690**	0.240
ST3	−0.004	**0.679**	0.396
ST4	0.142	0.306	**0.776**
ST5	0.309	0.245	**0.751**

注：提取方法为主成分分析法；旋转方法为凯撒正态化最大方差法；a 表示旋转在 7 次迭代后已收敛。

第九章 信度分析

第一节 信度分析介绍

针对温泉旅游目的地的满意度调查数据，通过因子分析可以得到汇总结果，见表 8-8。这样我们就把众多的原始变量降维浓缩成 6 个主成分（或公因子），自然可以用公因子来代表原始变量的大部分信息。从而在以后的进一步分析工作中，我们可以用公因子来代表原始的变量集。比如原始变量 ST1、ST2、ST3、ST4、ST5、ST6、ST7 和 ST8 这 8 个变量可以由公因子 1（Component 1）来代表，但是这种代表性是否可靠和稳定就需要进一步讨论和分析。

一 信度分析概念

信度（Reliability），也叫可靠性，是指测验的可信程度。它主要表现测验结果的一贯性、一致性、再现性和稳定性。一个好的测量工具，对同一事物反复多次测量，其结果应该始终保持不变才可信，才有代表性。信度分析一般在社会问卷调查的有效性分析中应用比较广泛。

信度的统计量是测量分数（Measurement scores），主要测度测量结果受非系统误差（Non-systematic）的影响程度。

二 信度分析分类

信度分析包括内在信度分析和外在信度分析。内在信度分析重在考察一组评估项目是否测量同一个特征，这些项目之间是否有高度一致性。外在信度分析是不同时间对同批评估项目的重复测量，用于考察评估结果是否一致。

SPSS 的信度分析主要用于内在信度分析。内在信度高意味着一组评估项目的一致程度高，相应的项目有意义，也证明评估结果是可信的。

三　信度分析统计量

信度分析主要是评价内部一致性信度（Internal Consistency Reliability），最常用的统计量是克朗巴哈 α 系数（Cronbach's alpha），其取值范围是 [0，1]。其值代表了一组测量分数的总变异中，多大比例是由真分数所决定的，即代表了测试的可靠程度。其数值越接近 1 越好，越小越坏。一般认为该分数小于 0.6 就认为信度值过小，不具有可靠性和一致性。

第二节　信度分析的菜单操作

利用温泉旅游的数据，通过因子分析的方法我们可以把反映满意度的变量集降维浓缩成 6 个公因子（主成分 1、2、3、4、5 和 6）。在进行其他分析之前，其中每一个公因子都要代表若干个原始变量，所以很有必要对每个公因子所代表的原始变量集进行相应的内部一致性信度分析。

一　信度分析（Reliability Analysis）菜单

在 SPSS 软件的主界面单击主菜单中的分析工具条，然后找到信度分析对应的工具条，见图 9-1 所示。

分析（A）→标度（A）→可靠性分析（R）

二　信度分析操作

在因子分析中得到的表 8-8，变量集共提取出了 6 个公因子：公因子 1、2、3、4、5 和 6，分别需要对这 6 个公因子进行相应的信度分析。其中公因子 1 主要测度了变量 ST1、ST2、ST3、ST4、ST5、ST6、ST7 和 ST8 共 8 个原始变量，但是这 8 个变量是否具有内部一致性，压缩和综合之后是否具有可靠性等问题都需要作进一步的信度分析。

在图 9-1 所示的菜单窗口中我们单击反色显示的工具条后，会出现图 9-2 所示的对话框。

①选中主成分 1 所测度的 ST1、ST2、ST3、ST4、ST5、ST6、ST7 和 ST8 总共 8 个原始变量，反色显示；

②单击向右键头，即将需要信度分析的变量或项目选择到右边的待分析项目（I）框内；

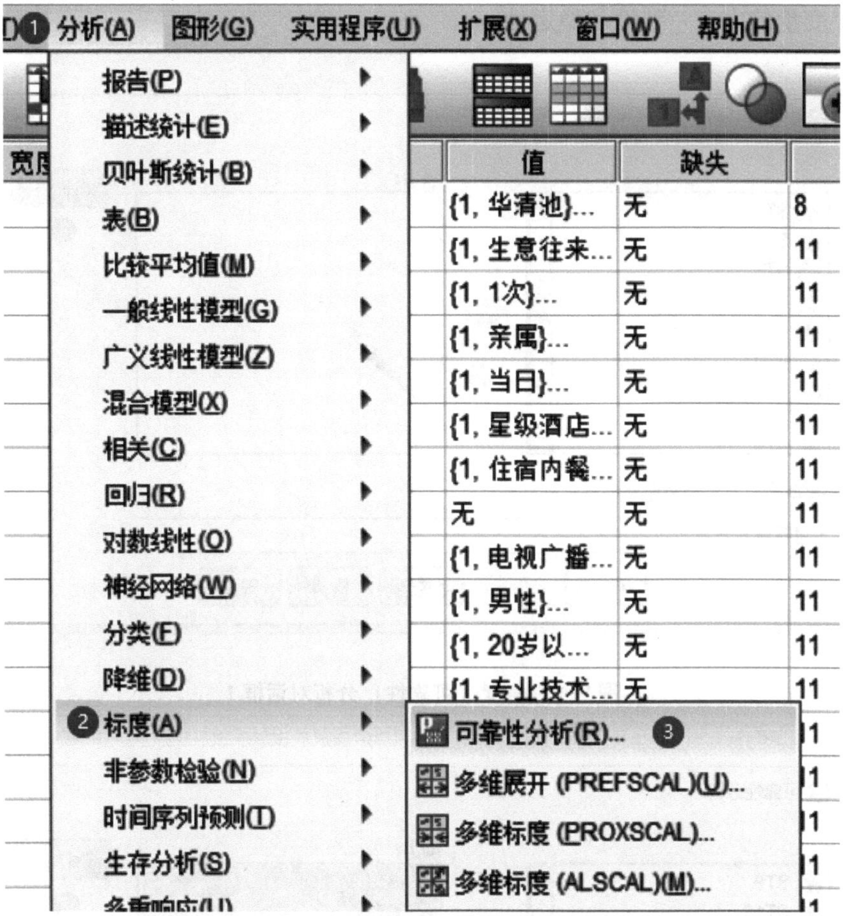

	值	缺失	
	{1, 华清池}...	无	8
	{1, 生意往来...	无	11
	{1, 1次}...	无	11
	{1, 亲属}...	无	11
	{1, 当日}...	无	11
	{1, 星级酒店...	无	11
	{1, 住宿内餐...	无	11
	无	无	11
	{1, 电视广播...	无	11
	{1, 男性}...	无	11
	{1, 20岁以...	无	11
	{1, 专业技术...	无	11

图 9-1　信度（可靠性）分析工具条

③在图 9-3 对话框的下部，模型（M）：默认的是 Alpha（克朗巴哈 α 系数），然后单击统计量（S）按钮，以便对克朗巴哈 α 系数的输出统计量进行选择；

④图 9-4 中显示的是统计量（S）对话框，其中选中输出选项（I）、标度（S）和删除项目后的标度（A）等统计量，单击继续（C），返回原始对话框，再单击确定键，就完成了信度分析的基本操作。

三　信度（可靠性）分析输出 1

主成分 1（公因子 1）所代表的变量主要为 ST1、ST2、ST3、ST4、ST5、ST6、ST7 和 ST8 共 8 个原始变量，经过第一次信度分析可以了解 8

个变量的内在一致性和稳定性。

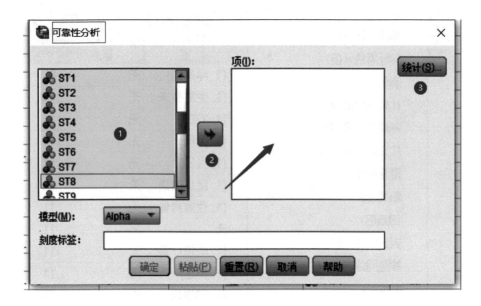

图 9-2　信度（可靠性）分析对话框 1

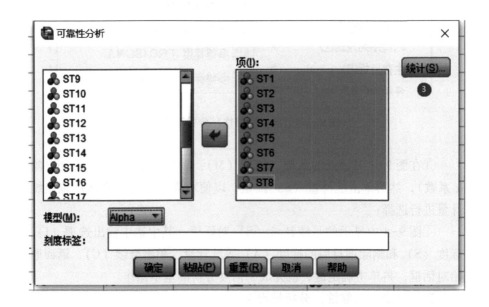

图 9-3　信度（可靠性）分析对话框 2

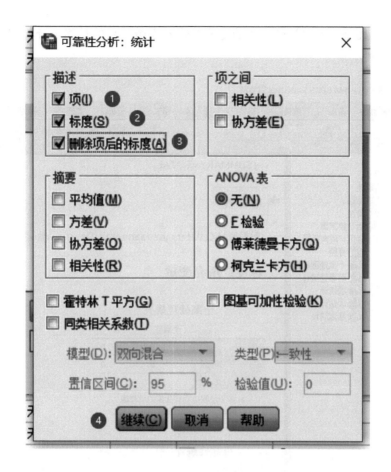

图 9-4 信度（可靠性）分析的统计量

在结果输出窗口图 9-5 中会显示克朗巴哈 α 系数和该项目被删除后的克朗巴哈 α 系数等表示信度的统计量。

其中表 9-1 显示的克朗巴哈 α 系数是 0.846；项目个数是参与信度分析的项目数：8，因为主成分 1 是由 8 个变量（项目）综合在一起的。

表 9-1	信度统计量 1
克朗巴哈 α 系数	项目数 N
0.846	8

表 9-2 中项目和其余项目统计量不再显示表 9-1 中克朗巴哈 α 系数

0.846，而是该项目被删除后的克朗巴哈 α 系数，目的是逐个分析该项目的相关性。

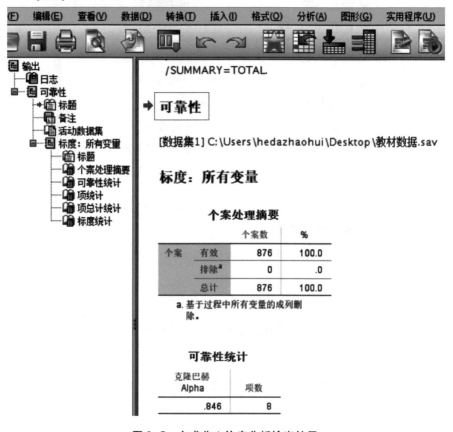

图 9-5　主成分 1 信度分析输出结果

其中 ST1 的删除项后的克朗巴哈 α 系数是 0.829，稍小于克朗巴哈 α 系数 0.846。

从除去的信度系数可以看到，在除去变量 ST1 时候的信度系数是 0.829，而当添加了变量 ST1 后，信度系数增加到了 0.846，说明该项目的增加提高了信度系数，说明应该予以保留变量 ST1。

同样的分析也应用于其他参与信度分析的变量。8 个删除项后的克朗巴哈 α 系数分别是 0.829、0.828、0.838、0.828、0.821、0.824、0.816 和 0.834，而克朗巴哈 α 系数是 0.846。说明变量 ST1、ST2、ST3、ST4、

ST5、ST6、ST7 和 ST8 总体上信度比较理想。

表 9-2　　　　　　　**项目和其余项目统计量 1**

	删除项后的 标度平均值	删除项后的 标度方差	修正后的项与 总计相关性	删除项后的克朗巴哈 α 系数
ST1	30.52	11.290	0.565	0.829
ST2	30.33	11.162	0.577	0.828
ST3	30.41	11.635	0.491	0.838
ST4	30.41	11.255	0.577	0.828
ST5	30.40	10.947	0.637	0.821
ST6	30.50	10.659	0.606	0.824
ST7	30.47	10.266	0.668	0.816
ST8	30.33	11.152	0.527	0.834

四　信度分析输出 2

表 9-3 显示的是上一章因子分析后的 6 个公因子所包含的原始变量列表，利用信度分析，我们已经对主成分 1 进行了相应的信度分析。同样的操作和分析可以重复对其他公因子进行信度分析。比如针对主成分 2 所包含的变量集 ST25、ST26、ST27、ST28 和 ST29 全部 5 个变量按照上一节的菜单操作进行第二次信度分析，变量选择对话框见图 9-6，结果输出如图 9-7 所示。

表 9-3　　　　　　　**公因子代表的原始变量**

因子序号	因子名字	包含的变量
1	主成分 1	ST1，ST2，ST3，ST4，ST5，ST6，ST7，ST8
2	主成分 2	ST25，ST26，ST27，ST28，ST29
3	主成分 3	ST20，ST21，ST22，ST23，ST24
4	主成分 4	ST10，ST11，ST12
5	主成分 5	ST13，ST15，ST16
6	主成分 6	ST17，ST18，ST19

其中表 9-4 显示的克朗巴哈 α 系数是 0.877；项目个数是 5 个参与信度分析的项目数，因为主成分 2 是由 5 个变量综合在一起的。

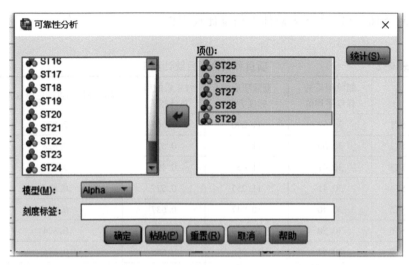

图 9-6　Reliability Analysis（信度分析）对话框 3

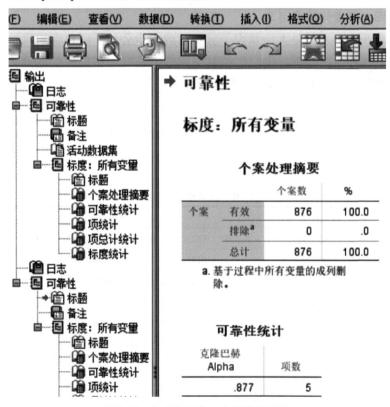

图 9-7　主成分 2 信度分析输出结果

表 9-4 信度统计量结果 2

克朗巴哈 α 系数	项目数 N
0.877	5

表 9-5 项目和其余项目统计量结果 2

	删除项后的标度平均值	删除项后的标度方差	修正后的项与总计相关性	删除项后的克朗巴哈 α 系数
ST25	17.80	6.569	0.558	0.885
ST26	17.90	6.232	0.593	0.880
ST27	17.80	5.814	0.797	0.829
ST28	17.75	5.914	0.811	0.827
ST29	17.73	5.851	0.804	0.827

表 9-5 中显示的主成分 2 的信度分析统计量。删除项后的克朗巴哈 α 系数分别是 0.885、0.880、0.829、0.827 和 0.827；克朗巴哈 α 系数是 0.877，说明变量 ST25、ST26、ST27、ST28 和 ST29 总体上信度比较理想。

同样的操作可以应用于所有公因子，信度分析结果汇总如表 9-6 所示。

表 9-6 公因子克朗巴哈 α 系数汇总

因子序号	因子名称	包含变量的个数	克朗巴哈 α 系数
1	主成分 1	8	0.846
2	主成分 2	5	0.877
3	主成分 3	5	0.863
4	主成分 4	3	0.895
5	主成分 5	3	0.857
6	主成分 6	3	0.764

第三节 信度分析汇总报告

针对温泉目的地的满意度调查案例，综合因子分析和信度分析，我们可以得到综合汇总表，如表 9-7 所示。

表 9-7　　　　　　　　满意度调查的因子分析和信度分析

克朗巴哈 α 系数汇总

	主成分						均值	提取	Cronbach's Alpha
	1	2	3	4	5	6			
ST5	**0.704**	0.081	0.166	0.25	−0.02	−0.028	4.37	**0.594**	
ST2	**0.699**	0.148	0.123	−0.1	0.089	0.168	4.44	0.572	
ST4	**0.69**	0.035	0.115	0.16	0.038	0.004	4.36	0.518	
ST1	**0.676**	0.144	0.078	0.035	0.122	0.035	4.25	0.501	0.846
ST3	**0.675**	0.058	−0.084	−0.043	0.102	0.178	4.36	0.511	
ST7	**0.615**	0.219	0.205	0.359	0.133	−0.046	4.29	0.617	
ST6	**0.577**	0.198	0.195	0.275	0.153	−0.069	4.27	0.513	
ST8	**0.541**	0.075	0.259	0.104	0.148	0.056	4.44	0.401	
ST27	**0.186**	0.811	0.174	0.176	0.149	0.064	4.45	0.779	
ST29	0.239	**0.799**	0.215	0.176	0.119	0.029	4.51	0.786	
ST28	0.211	**0.778**	0.246	0.254	0.133	0.054	4.49	0.795	0.877
ST26	0.023	**0.767**	0.023	0.019	0.121	0.038	4.35	0.606	
ST25	0.15	**0.548**	0.44	0.079	0.005	0.304	4.45	0.616	
ST22	0.197	0.133	**0.79**	0.157	0.141	0.145	4.28	0.747	
ST21	0.179	0.174	**0.783**	0.15	0.215	0.117	4.26	0.757	
ST20	0.121	0.108	**0.757**	0.075	0.253	0.046	4.19	0.671	0.863
ST23	0.189	0.412	**0.587**	0.197	0.014	0.146	4.08	0.610	
ST24	0.197	0.467	**0.565**	0.159	−0.051	0.231	4.31	0.657	
ST10	0.168	0.188	0.15	**0.851**	0.098	0.086	4.30	0.827	
ST11	0.175	0.234	0.15	**0.826**	0.167	0.174	4.27	0.848	0.895
ST12	0.147	0.113	0.168	**0.793**	0.081	0.171	4.33	0.727	
ST13	0.135	0.137	0.137	0.028	**0.839**	0.09	4.33	0.768	
ST15	0.197	0.181	0.2	0.096	**0.818**	0.104	4.44	0.801	0.857
ST16	0.166	0.087	0.138	0.212	**0.795**	0.085	4.41	0.738	
ST18	0.042	0.089	0.133	0.264	0.076	**0.812**	4.45	0.762	
ST17	0.041	0.011	0.12	−0.072	0.107	**0.76**	4.43	0.611	0.764
ST19	0.15	0.196	0.161	0.318	0.083	**0.719**	4.36	0.713	
特征值	**3.889**	**3.592**	**3.230**	**2.832**	**2.372**	**2.133**			
载荷平方累积%	**14.403**	**27.707**	**39.669**	**14.403**	**58.944**	**66.845**			

第十章 变量计算

第一节 变量计算介绍

在 SPSS 中，变量计算（Compute variable）是在分析（A）主菜单的数据转换（T）下进行的。其功能主要是针对原始变量和数据利用数学公式计算并生成分析所需的新变量和数据。

在第七章的因子分析以及第八章的信度分析中，我们经常需要对变量集计算一些平均值：

$$\overline{X} = (X_1 + X_2 + X_3 + \cdots + X_n)/n \text{ 或}$$

$$\overline{X} = \sum_{i=1}^{n} X_i/n$$

$\overline{X}$ 该项因子平均得分；$x_i = X$ 所包含的第 i 项得分。

第二节 变量计算操作

一 案例介绍

首先利用 SPSS 打开需要变量计算的数据文件，在主菜单窗口中单击所需要的工具菜单，见图 10-1；然后编辑并录入所需要计算的变量和数学公式。

由第八章的图 8-6，也可以通过表 8-8 获知通过因子分析从原始变量中提取出了 6 个公因子主成分 1、2、3、4、5 和 6，每个公因子都代表了若干变量的综合信息，我们可以选择计算这几个变量的算术平均数

（Mean）来作为所对应的公因子的得分。

数据转换（T）→计算变量（C）

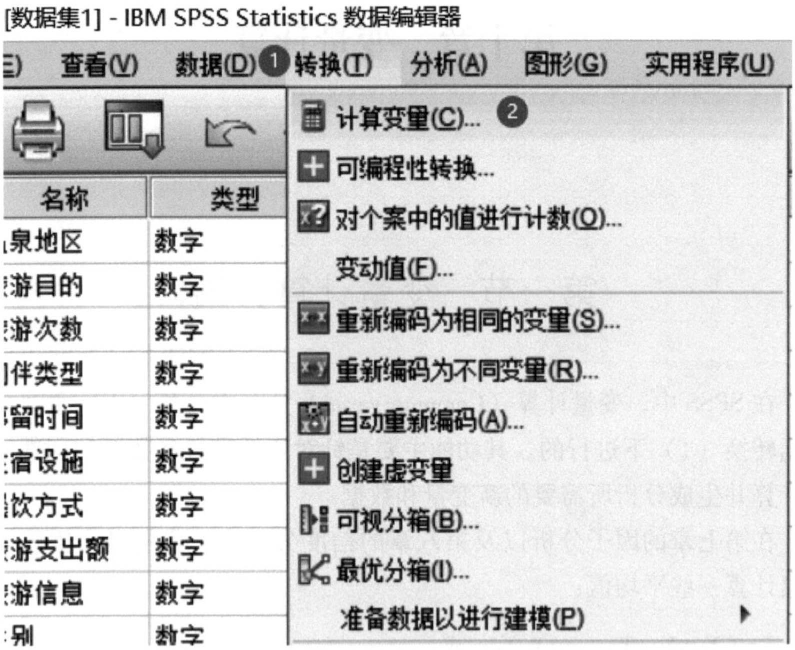

[数据集1] - IBM SPSS Statistics 数据编辑器

图 10-1　计算变量工具条

通过主成分分析可以把若干个变量综合成一个公因子，来作为他们的代表。根据他们的共同特征可以对公因子进行命名和解释，不过这个公因子的得分需要有代表性。其实在原始因子分析对话框中可以选择保存变量，系统会默认依据各变量的共同度作为权重，并计算公因子的得分，然后在原始数据库中自动产生一系列新的公因子变量和数据。

不过，为了熟悉变量计算的具体操作，本章我们利用手工算法来计算公因子的得分，依据的是函数库或者算术表达式，具体计算公式和对应产生的公因子的变量名见图 10-2。

图 10-2　变量计算的算术公式和新变量名

公因子（变量名）	包含的变量	计算公式
温泉旅游的基础设施（COM1）	ST1，ST2，ST3，ST4，ST5，ST6，ST7，ST8	COM1 =（ST1+ST2+…+ST8）/8

续表

公因子（变量名）	包含的变量	计算公式
实用性价值（增进健康）（COM 2）	ST25，ST26，ST27，ST28，ST29	COM2 =（ST25+ST26+…+ST29）/5
社会文化价值（COM 3）	ST20，ST21，ST22，ST23，ST24	COM3 =（ST20+ST21+…+ST24）/5
核心设施服务品质（COM 4）	ST10，ST11，ST12	COM4 =（ST10+ST11+ST12）/3
再购买意图（COM 5）	ST13，ST15，ST16	COM5 =（ST13+ST15+ST16）/3
愉悦价值（休憩）（COM 6）	ST17，ST18，ST19	COM6 =（ST17+ST18+ST19）/3

二 变量计算操作

在图 10-1 窗口中单击计算变量选项条会出现图 10-3 所示的对话框，在这个窗口中需要完成变量选择和公式输入等工作。

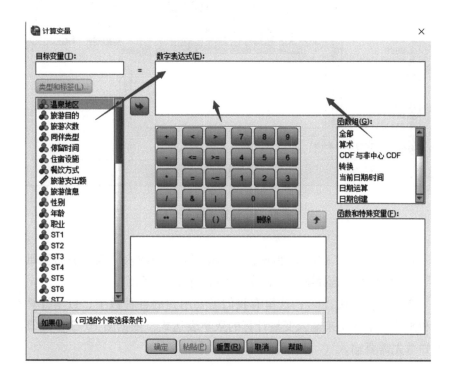

图 10-3 计算变量对话框

我们得到的目标变量是公因子 1（Component 1，简记为 COM1）。该变量是由变量 ST1、ST2、ST3、ST4、ST5、ST6、ST7 和 ST8 的数学表达式计算出来的。

①目标变量（T）对话框：由图 10-2 所示的汇总表，可知我们把公因子 1 作为目标变量，变量的命名是 COM1，见图 10-4；

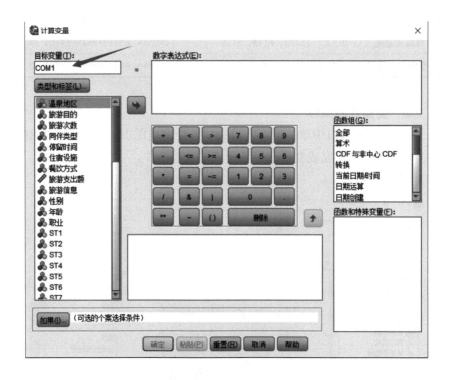

图 10-4　计算变量操作 1

②类型和标签（L）编辑窗：在标签（L）中输入"温泉旅游基础设施"，在类型中，选择默认的数字（N），见图 10-5；

③数字表达式（E）：这里有我们需要用到的各种数字、数学计算符号和函数，主要用来输入变量计算的数学表达式，依据图 10-2 中的算法可知首先需要输入（　），见图 10-6；

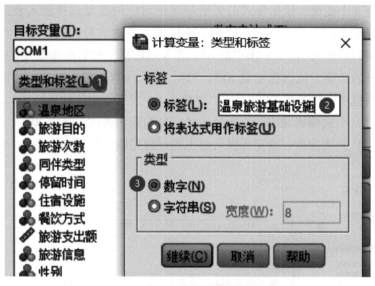

图 10-5 计算变量操作 2

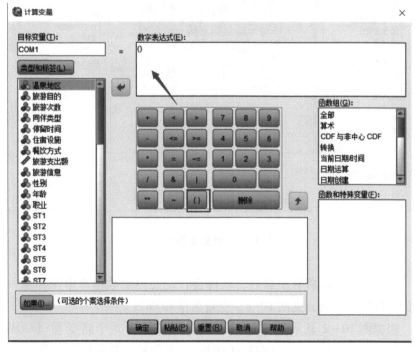

图 10-6 计算变量操作 3

（4）原始变量选择框：本次变量计算的目标变量是公因子 1，参与计算的有 8 个变量，依据公式的先后顺序把对应的变量选择进入表达式对话框，单击向右箭头，把变量 ST1 选择进入表达式对话框，然后在③的符号窗口单击+，再单击④中的 ST2 进入对话框，然后单击③中的+，按照这样的步骤，依次把变量 ST3、ST4、ST5、ST6、ST7 和 ST8 选择进公式对话框中，接着单击③中的／，再输入 8，或者③中的数字栏 8；

（5）公式编辑完成后，所显示的完整的数学表达式见图 10-7；

（6）再次检验，确定无误后单击确定键完成计算的按钮选择。

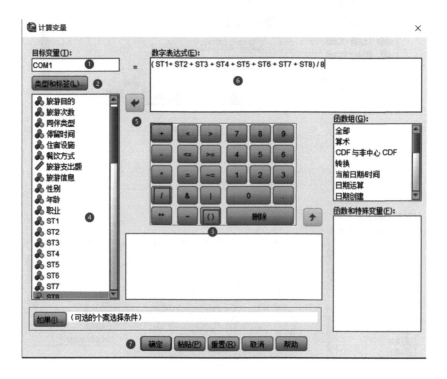

图 10-7　计算变量操作 4

当完成①到⑥所有步骤后，软件会自动在原始数据库中保存为一个新的计算后的变量，见图 10-8，变量名是 COM1。

根据图 10-2 显示的变量列，我们需要计算 6 个新变量（COM1、COM2、COM3、COM4、COM5、COM6）。类似地，我们可以按照①到⑥的步骤，顺次计算获得 6 个新变量，参见图 10-9。

图 10-8 计算变量输出结果

	ST26	ST27	ST28	ST29	COM1
1	5	5	5	5	5	4.00
2	5	5	5	5	5	3.00
3	5	5	5	5	5	4.00
4	5	5	5	5	5	4.00
5	4	5	5	5	5	4.00
6	5	5	5	5	5	5.00
7	5	5	5	5	5	5.00
8	4	4	4	4	4	5.00
9	5	5	5	5	5	4.75
10	5	5	5	5	5	5.00
11	3	5	5	5	5	4.50
12	5	4	4	4	4	4.00
13	4	5	5	5	5	5.00
14	4	4	4	4	4	4.00
15	5	5	5	5	5	5.00

图 10-9 计算变量全部输出结果

	COM1	COM2	COM3	COM4	COM5	COM6
1	4.00	5.00	3.80	5.00	3.00	5.00
2	3.00	5.00	3.80	5.00	3.00	5.00
3	4.00	5.00	3.00	3.00	4.00	5.00
4	4.00	5.00	3.40	5.00	5.00	3.00
5	4.00	4.80	3.40	5.00	5.00	5.00
6	5.00	5.00	5.00	4.00	5.00	3.00
7	5.00	5.00	4.40	4.00	5.00	5.00
8	5.00	4.00	4.00	4.00	4.00	4.00
9	4.75	5.00	5.00	5.00	4.00	5.00
10	5.00	5.00	5.00	5.00	5.00	5.00
11	4.50	4.60	2.80	5.00	3.67	5.00
12	4.00	4.00	4.00	5.00	4.00	5.00
13	5.00	4.80	4.00	4.00	4.00	4.00
14	4.00	4.00	4.00	5.00	4.00	4.00
15	5.00	5.00	4.40	4.00	5.00	5.00
16	5.00	5.00	3.80	4.00	5.00	5.00

第三节 变量计算的第二个案例

一 案例介绍

根据因子分析后的变量输出结果，可知公因子 1（COM1）所涵盖的变量包括 ST1、ST2、ST3、ST4、ST5、ST6、ST7 和 ST8 共 8 个变量。由于变量过多，则在因子命名和因子解释上不太容易操作，所以有必要对公因子 1 进行进一步的降维。由第 8 章第 4 节的结果可知，如表 10-10 所示。

表 10-10　　　　公因子 1（COM 1）的因子分析关系

公因子	因子命名	变量名	包含的变量	计算公式
温泉旅游的基础设施（COM1）	多样性	COM1A	ST6, ST7, ST8	$COM1A = \dfrac{ST6+ST7+ST8}{3}$
	可接近性	COM1B	ST1, ST2, ST3	$COM1B = \dfrac{ST1+ST2+ST3}{3}$
	信息正确性	COM1C	ST4, ST5	$COM1C = \dfrac{ST4+ST5}{2}$

二 变量计算操作

我们要进行变量计算的是公因子 1A（COM1A），该变量是由变量 ST6、ST7 和 ST8 的数学表达式计算出来的。

①目标变量（T）对话框：由图 10-10 所示的汇总表，可知我们把公因子 1A 作为目标变量，变量命名是 COM1A，如图 10-11 所示；

②数字表达式（E）数学符号编辑窗：主要用来输入变量计算的数学表达式，根据图 10-10 可知首先需要输入（　　）；

③原始变量选择框：本次变量计算的目标变量是公因子 1A（COM1A），参与计算有 3 个变量，依次把对应的变量选择进入数学表达式对话框；

④单击向右箭头，把变量 ST6 选择进入表达式对话框，然后利用②

中的符号选择窗口+，再单击④中的 ST2 进入表达式对话框，继续单击②中的+，按照这样的步骤，依次把变量 ST6、ST7 和 ST8 选择进入公式对话框中，然后单击②中的/，再输入 3，或者②中的数字栏 3；

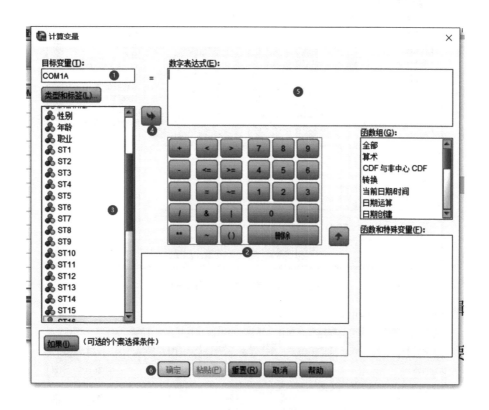

图 10-11　变量计算操作 2-1

⑤完成公式编辑后，显示的完整数学表达式如图 10-12 所示；

⑥当检验无误的时候，单击确认键完成计算的菜单选择。

当完成上述 6 个步骤后，软件会自动在原始数据库中计算输出一列新的变量和数据，变量名是 COM1A。据图 10-10 可知，我们需要按照相应的步骤完成 3 个新的公因子的计算和输出，输出结果如图 10-13 所示。

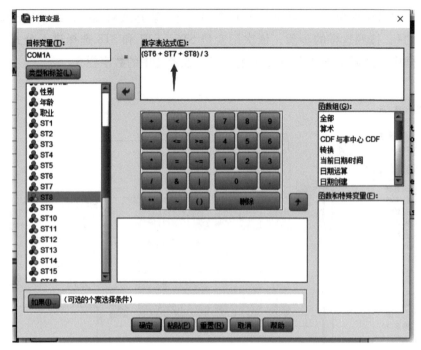

图 10-12　变量计算操作 2-2

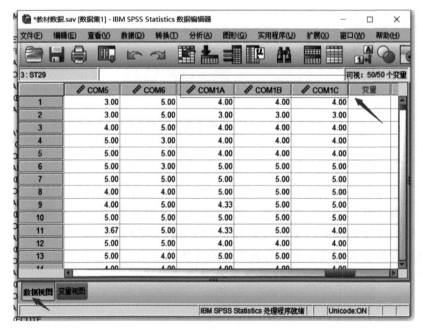

图 10-13　变量计算操作 2-3

第十一章　相关分析

第一节　相关分析介绍

在实际生活中，事物之间的关系都是错综复杂的，任何事物的变化都与其他一些事物的变化是相互联系并相互影响的。一般而言，事物间的关系分为两类，一类是确定的函数关系，比如圆的面积和半径的关系，因为面积和半径有确定的函数关系式，并且是一对一的确定关系；一类是统计学上的相关关系，比如子女的身高受其父母的身高所影响，但不是一对一的确定关系。

在统计学中，相关分析就是研究变量与变量之间的相关联系程度以及相关方向的应用分析。

一　相关系数定义

相关系数（Correlation coefficient）主要用来度量两个变量的相关关系，而且是线性相关关系（Liner association），是衡量两个变量线性关系紧密程度的一个指标（Index）。除此之外，描述两个变量关系的指标还有协方差（Covariance），只不过相关系数（Coefficient of correlation）是标准化后的协方差，已经消除了数量值大小和单位（量纲）的影响。

二　相关系数分类

我们经常使用的相关系数是皮尔逊相关系数（Pearson correlation），还有斯皮尔曼等级相关系数（Spearman rank correlation）和肯德尔秩相关系数（Kendall rank correlation）两种。皮尔逊相关系数是最常用的度量两个变量相关关系的相关系数，也是计算机默认计算的相关系数。主要用来度量两个标度型变量（Scaled variables），也就是有单位、可以比较大小的变量；而斯皮尔曼等级相关系数和肯德尔秩相关系数主要用来度量两个有序变量（Ordinal variables）的相关关系。

相关系数一般用符号 r 来表示，取值范围是从−1 到+1。正负号表示两个变量相关关系的方向。"+"号表示正相关，意思是同增同减；"−"号表示负相关，意思是你增我减。其绝对值越大，说明两个变量线性相关关系越强烈；绝对值越小，说明两个变量的关系相关程度很低。绝对值取 1 说明是完全相关（Perfect correlation），绝对值取 0 说明不相关（No correlation），详情说明见表 11−1。

表 11−1	相关系数相关性说明
相关系数（r）	相关关系结论
$|r|<0.3$	不相关
$0.3 \leqslant |r|<0.5$	低度相关
$0.5 \leqslant |r|<0.8$	中度相关
$0.8 \leqslant |r|$	高度相关

当我们衡量两个变量的相关关系时，往往是利用样本来代表总体计算相应的相关系数，但是样本的代表性有多强，相关系数是否真实地反映了总体变量相关关系还需要检验。因此，SPSS 还给出了相关分析的 t-检验，我们可以根据该检验的 p-value 来确定相关关系的显著性，也就是样本的代表性程度。

设 $X=(x_1, x_2, \cdots, x_n)$，$Y=(y_1, y_2, \cdots, y_n)$ 分别为来自总体 X，Y 的两个样本，则皮尔逊相关系数的计算公式是：

$$r = \frac{\sum_{i=1}^{n}(x_i - \bar{x})(y_i - \bar{y})}{\sqrt{\sum_{i=1}^{n}(x_i - \bar{x})^2 \sum_{i=1}^{n}(y_i - \bar{y})^2}}$$

其中 n 代表样本个数，$\bar{x}$，$\bar{y}$ 分别代表两个样本的算术平均数。

第二节　相关分析的操作

一　相关分析的菜单

首先打开需要分析的 SPSS 数据文件，在主界面找到对应的相关分析工具条，见图 11-1。

分析（A）→相关分析（C）→双变量（B）

图 11-1 相关分析工具条

二 相关分析菜单选项

在图 11-1 所示的菜单选项里，单击双变量（B）选项条后，出现图 11-2 所示的对话框。在第 10 章变量计算中所得到的新变量：6 个公因子，我们已经依据因子命名的方法分别给出新的变量标签：COM1（温泉旅游基础设施）、COM2（实用性价值）、COM3（社会文化价值）、COM4（核心设施服务）、COM5（再购买意图）和 COM6（愉悦价值），为了研究这 6 个变量之间的相关关系程度，可以对它们进行相关分析。

①双变量相关性（B）变量选择框：显示出数据文件中的所有变量名列表，我们把要进行相关分析的变量 COM1（温泉旅游基础设施）、COM2（实用性价值）、COM3（社会文化价值）、COM4（核心设施服务）、COM5（再购买意图）和 COM6（愉悦价值）选中，反色显示；

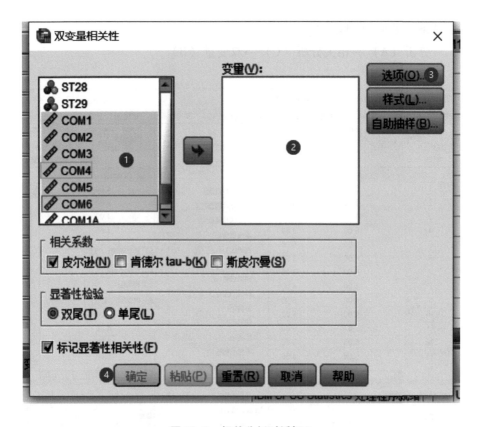

图 11-2　相关分析对话框 1

②通过单击向右箭头，把①中选中的变量选择到待分析变量框（V），见图 10-3，在对话框下部，还需选中相关系数复选框皮尔逊（N），显著性检验中的单选框双尾检验（T），还有复选框标记显著的相关性；

③单击选项（O）按钮，见图 11-4，统计量选项中选中平均值和标准差（M），缺失值处理选择默认的成对排除个案（P），然后单击继续（C），返回上一级对话框；

④单击确定键，完成相关分析的菜单选择工作。

三　相关分析输出 1：描述性统计量

结果输出文件中的第一个表格描述性统计量，如表 11-2 所示。主要输出的统计量有平均值、标准偏差（标准差）和 N（样本个案数）。

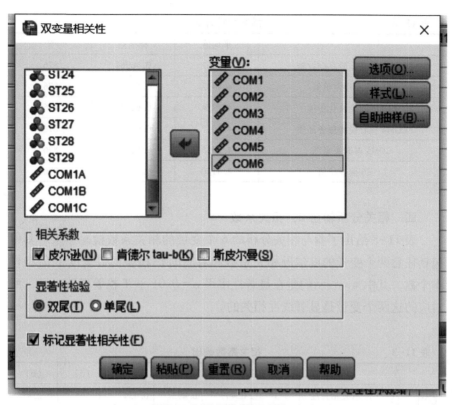

图 11-3 相关分析对话框 2

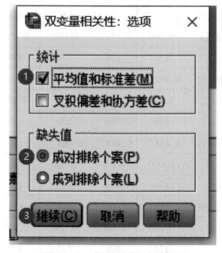

图 11-4 相关分析对话框 3

表 11-2 描述性统计量

	平均值	标准差	N
COM1 温泉旅游基础设施	4.3462	0.46964	876
COM2 实用性价值	4.4493	0.60696	876
COM3 社会文化价值	4.2224	0.66174	876
COM4 核心设施服务品质	4.3037	0.68869	876
COM5 再购买意图	4.3935	0.61324	876
COM6 愉悦价值	4.4170	0.55168	876

四 相关分析输出 2：相关系数

表 11-3 给出了参与相关分析的 6 个变量的相关系数检验结果。其中包括任意两个变量的皮尔逊相关系数和对应的 t-检验的显著度 P 值和样本个数，其中 ** 表示的是在显著性水平 $\alpha = 0.01$ 下 T 检验显著，即，所对应的这两个变量是显著线性相关的。

表 11-3 相关系数输出

		(1)	(2)	(3)	(4)	(5)	(6)
COM1 (1) 温泉旅游 基础设施	皮尔逊相关性	1	0.449 **	0.492 **	0.434 **	0.393 **	0.254 **
	Sig.（双尾）		0.000	0.000	0.000	0.000	0.000
	个案数	876	876	876	876	876	876
COM2 (2) 实用性价值	皮尔逊相关性	**0.449 ****	1	0.626 **	0.450 **	0.368 **	0.334 **
	Sig.（双尾）	0.000		0.000	0.000	0.000	0.000
	个案数	876	876	876	876	876	876
COM3 (3) 社会文化 价值	皮尔逊相关性	**0.492 ****	**0.626 ****	1	0.468 **	0.419 **	0.414 **
	Sig.（双尾）	0.000	0.000		0.000	0.000	0.000
	个案数	876	876	876	876	876	876
COM4 (4) 核心设施 服务品质	皮尔逊相关性	**0.434 ****	**0.450 ****	**0.468 ****	1	0.339 **	0.394 **
	Sig.（双尾）	0.000	0.000	0.000		0.000	0.000
	个案数	876	876	876	876	876	876
COM5 (5) 再购买意图	皮尔逊相关性	**0.393 ****	**0.368 ****	**0.419 ****	**0.339 ****	1	0.279 **
	Sig.（双尾）	0.000	0.000	0.000	0.000		0.000
	个案数	876	876	876	876	876	876

续表

		（1）	（2）	（3）	（4）	（5）	（6）
COM6（6） 愉悦价值	皮尔逊相关性	**0.254****	**0.334****	**0.414****	**0.394****	**0.279****	1
	Sig.（双尾）	0.000	0.000	0.000	0.000	0.000	
	个案数	876	876	876	876	876	876

注：**表示在 0.01 水平上（双尾）相关系数显著。

第三节　相关分析报告

按照统计分析的流程，在相关分析的最后，要根据输出结果进行进一步的整理和汇总，如表 11-4 所示。其包括了参与相关分析的各变量的描述性统计量和相关系数以及检验结果。

表 11-4　　　　　　　　相关分析汇总

因子	均值	标准差	皮尔逊相关系数					
			（1）	（2）	（3）	（4）	（5）	（6）
（1）COM1	4.346	0.470	1					
（2）COM2	4.449	0.607	0.449**	1				
（3）COM3	4.222	0.662	0.492**	0.626**	1			
（4）COM4	4.304	0.689	0.434**	0.450**	0.468**	1		
（5）COM5	4.394	0.613	0.393**	0.368**	0.419**	0.339**	1	
（6）COM6	4.417	0.552	0.254**	0.334**	0.414**	0.394**	0.279**	1

从表中可以观察到公因子 1（COM1）和公因子 2（COM2）的相关系数是 0.449，并且以**标注，说明两变量是低度正相关，并且通过了显著性检验，说明样本代表了总体的特征。同样，公因子 2 和公因子 3 的相关系数是 0.626，是中度正相关；公因子 3 和公因子 4 相关系数是 0.468，是低度正相关；公因子 4 和公因子 5 的相关系数是 0.339，也是低度正相关；公因子 5 和公因子 6 的相关系数是 0.279，几乎不相关。

同时，由于双星号标注也说明任何两个变量的相关检验在 0.01 显著性水平下都是显著的，都通过了 T 检验，进而说明样本都可以代表总体的特征。

第十二章　一元线性回归

变量间的统计相关关系可以通过相关分析与回归分析来研究。相关分析主要研究变量间的相关形式及相关程度。多个变量间的线性相关程度，可用复相关系数与偏相关系数来度量。

具有相关关系的变量间有时存在着因果关系，这时，我们可以通过回归分析来研究他们之间的具体依存关系。在 SPSS 中最重要的、也是数据处理最常用的，就是利用一个已知变量的信息去预测另一个变量的取值。回归分析（Regression）就是从影响一个变量的其他变量的信息出发，建立一个线性方程来进行预测（Prediction）的最常用的统计方法。

第 10 章的相关分析已经研究了两个变量的线性（Linear）相关关系，通过相关系数的大小可以判断两个变量的相互影响程度。如果两个变量的相关关系是显著的，并且是比较紧密的，那样我们就可利用二者的线性相关关系，在数据的基础之上找到一条回归线（Regression line）来描述二者的关系。

因此，可以选择具有因果关系的一个前因变量作为影响变量，给定它的任一个取值，就可以找到回归线上一个点，对应的就能获得结果变量（另一个变量）的预测取值。

其中，影响变量称为自变量，或者解释变量（Independent variable）；被预测变量则被称为因变量，或被解释变量（Dependent variable）。

在线性回归分析中，变量一般都是数值型变量。只有一个影响变量的称为一元线性回归；有多个影响变量的称为多元线性回归；除此之外，还有影响变量包含虚拟变量（Dummy）的虚拟变量线性回归。

第一节 一元线性回归分析模型

一 一元线性回归模型简介

一元线性回归分析（Simple regression analysis）指的是只有 1 个主要的解释变量；两者之间的关系是线性的（Linear）；两者之间可以用一个一元线性关系来表示：

$Y_i = \beta_0 + \beta_1 X_i + \mu_i$

其中 Y_i = 被解释变量；X_i = 解释变量；μ_i = 随机误差项，β_0 = 截距（常数项）；β_1 = 梯度（斜率）。

在该回归模型中，β_0 是 Y 的截距项（Intercept）；β_1 表示了该回归线的斜率（Slope），也被称作回归系数（Regression coefficient）。如果利用数学方法能求得两个参数 β_0 和 β_1，就能利用已知的 X 取值来预测 Y 的取值了。

二 参数求解方法

一元线性回归分析就是利用原始数据的二维散点图，找到一条最好的拟合直线（Best-fitting line）来描述或者拟合数据散点的形状和趋势。其中最常用的数学方法是最小二乘法（Least squares method）。

该方法的出发点是利用残差（Residual）的平方和最小为评价标准，采用最优化的数学处理方法求得参数的估计值。

其主要利用微积分中的极值算法最终可以求得两个参数 β_0 和 β_1 的估计值：

$$\beta_1 = \frac{\sum (X_i - \bar{X})(Y_i - \bar{Y})}{\sum (X_i - \bar{X})^2} \; ; \; \beta_0 = \bar{Y} - \beta_1 \bar{X}$$

其中，β_1 的公式也等价于 X 的方差（Variance）除变量 X 和 Y 的协方差（Covariance）。

第二节 回归分析的统计学检验

一 拟合优度检验

R^2（R Square）也被称作可决系数，或者判定系数。其主要描述该线

性回归方程在多大程度上能够拟合原始数据的散点信息；其取值范围是
[0，1]，意味着回归线能够解释原始变量数据的百分比程度。

一般用总离差平方和（TSS，Total Sum of Squares）来表示 Y 的总误
差信息，用回归平方和（ESS，Explained Sum of Squares）来表示回归线
所能解释的 Y 的误差信息。因此其计算公式为：

$$R^2 = \frac{ESS}{TSS} = \frac{\sum (\hat{Y}_i - \bar{Y})^2}{\sum (Y_i - \bar{Y})^2}$$

通过计算公式可知 R^2 的平方根 R 刚好是变量 X 和 Y 的皮尔逊相关系
数。由第 10 章的相关分析可知，R 的绝对值越大，说明两者的线性相关
程度越高，彼此的可解释性越高，那么用其中一个变量去解释另一个变
量的可解释程度一定会越高；这从另一方面也说明 R^2 越大，线性拟合程
度越好，结论是一致的。

二　杜瓦检验（Durbin–Watson）

Durbin–Watson 统计量主要是用来衡量随机误差项的自相关特征。该
统计量的取值范围是 [0，4]，如果计算出来的 DW 值比较接近 0，则说
明随机误差项存在一阶正自相关；如果比较接近 4，则说明随机误差项存
在一阶负自相关；如果比较接近中间值 2，则说明随机误差项不存在相关
性问题。只有当其取值接近 2 的时候，结果才是最理想的。

第三节　一元线性回归分析案例介绍

一　关系分析

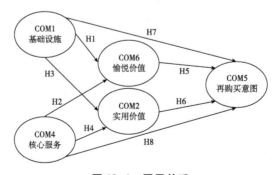

图 12-1　因果关系

二　假设检验

由上节的因果关系可知，方向→（路径：path）说明了哪个变量会影响哪个变量的取值，也就是因果关系方向图。由路径设计可以有 H1、H2、H3、H4、H5、H6、H7 和 H8 提出的问题和假设（Hypothesis）。

H1：基础设施的感知对愉悦价值有显著的正（+）影响。

H2：核心设施服务品质的感知对愉悦价值有显著的正（+）影响。

H3：基础设施的感知对实用价值有显著的正（+）影响。

H4：核心设施服务品质的感知对实用价值有显著的正（+）影响。

H5：愉悦价值对再购买意图有显著的正（+）影响。

H6：实用价值对再购买意图有显著的正（+）影响。

H7：基础设施的感知对再购买意图有显著的正（+）影响。

H8：核心设施服务品质的感知对再购买意图有显著的正（+）影响。

第四节　一元线性回归操作

一　一元线性回归菜单

分析（A）→回归分析（R）→线性回归（L）

图 12-2　线性回归工具条

二　线性回归分析对话框

我们选择了线性回归分析工具条，首先学习的是针对只有 1 个解释变量的一元线性回归分析，利用原始数据文件"教材数据 . SAV"，针对 H1 假设。

单击图 12-2 所示的线性回归分析工具条，会出现图 12-3 所示的选择对话框。

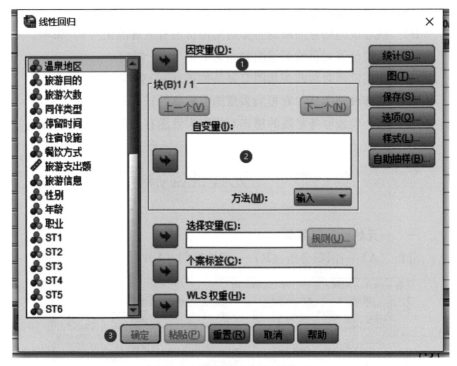

图 12-3　线性回归分析对话框 1

①在分析假设 H1 中，需要进行线性回归分析的囚变量（被解释变量）是 COM6（愉悦价值），所以在原始变量列表框中选中 COM6，并单击向右箭头，把 COM6 选择进入因变量（被解释变量）对话框中；

②同样，在假设 H1 中，自变量是 COM1（温泉旅游基础设施），所以在原始变量列表中找到该变量，单击向右箭头选择进入自变量（解释变量）对话框中；

③当完成前两步后，出现图 12-4 所示的窗口，然后单击确定键，输出图 12-5 所示的输出结果窗口。

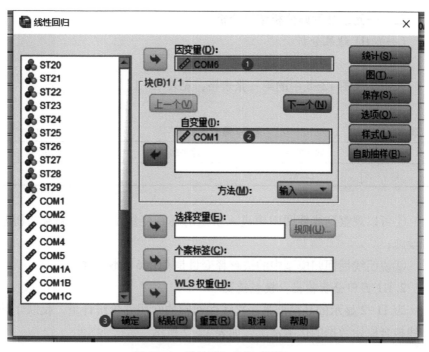

图 12-4　线性回归分析对话框 2

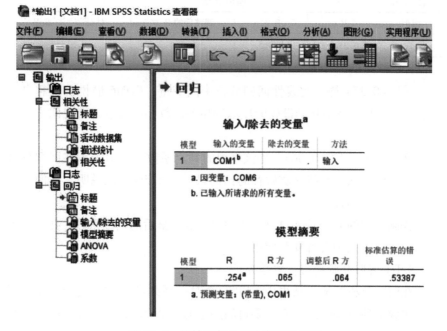

图 12-5　线性回归分析输出结果视图

三 一元线性回归分析结果分析

（一）H1 结果分析

1. H1 回归分析输出：输入/除去变量

输出结果图 12-5 中的第一张表格，见表 12-1。

表 12-1　　　　　　　　　　　输入/除去的变量[a]

模型	输入的变量	除去的变量	方法
1	COM1[b]	.	输入

①可以观察到线性回归中进入模型的解释变量是 COM1 温泉旅游基础设施；

②说明线性回归模型中的被解释变量是 COM6 愉悦价值。

2. H1 回归分析输出：模型摘要

表 11-2 显示的是模型第一次线性回归的常用评价统计量，反映了回归线拟合原始数据的优劣情况，如表 12-2 所示。

表 12-2　　　　　　　　　　　模型摘要

模型	R	R 方	调整后的 R 方	估计值的标准误
1	0.254[a]	0.065	0.064	0.53387

①R = 0.254 是一元线性回归分析中因变量：COM6 愉悦价值和自变量：COM1 温泉旅游基础设施的皮尔逊相关系数，反映了二者之间相关关系非常低；

②R 方或者 R^2 = 0.065，是该模型的判定系数，其值表示在回归分析的总误差中，该回归线能够解释的比例只占到 6.5%，也说明本次回归的拟合程度非常不好；

③调整后的 R 方或者 A. R^2 = 0.062，是调整后的判定系数。在下一章的多元线性回归中会解释和使用。

3. H1 回归分析输出：方差分析

在回归分析的输出结果中，SPSS 会对一系列的平方和进行输出，用以描述数据的方差分配。其主要目的用于对方程的总体线性性进行检验，见表 12-3。

表 12-3　　　　　　　　　　　　　　ANOVA^a（方差分析）

模型		平方和	自由度	均方	F	显著性
1	回归	17. 199	1	17. 199	60. 345	0. 000^b
	残差	249. 106	874	0. 285		
	总计	266. 305	875			

①均方（Mean Square）是指平方和除于自由度，回归的均方 = 17. 199 = 17. 199/1，而残差的均方是 0. 285 = 249. 106/874；

②方程的总体线性性检验 F 值 = 60. 345，然后查对应的 F 分布表进行检验；

3Sig. = 0. 000 表示了该 F 检验的显著度 P 值，显著性水平一般用 0. 05，如果小于 0. 05，则说明线性回归的总体方程线性性是成立的。

4. H1 回归分析输出：回归系数

回归分析最重要的就是建立线性回归方程。通过利用搜集到的数据进行线性回归，求得待估计的参数，也就是写出回归方程，如表 12-4 所示。

表 12-4　　　　　　　　　　　　　　回归系数^a

模型		未标准化系数		标准化系数	T 值	显著性
		B	标准误差	Beta		
1	（常量）	3. 120	0. 168		18. 570	0. 000
	COM1	0. 299	0. 038	0. 254	7. 768	0. 000

①回归分析需要针对每个被估计的参数进行变量的显著性 T 检验，该列是每个变量对应的 T 检验值，比如变量 COM1 的 t 检验值是 7. 768；

②该列对应的是每个变量 T 检验的 Sig. 显著度，COM1 对应的是 0. 000，在显著性水平 0. 05 下是显著的，说明该回归变量是显著的；

③该列是给出了所建立的回归方程的非标准化回归系数，常数项是 3. 120；COM1 的回归系数是 0. 299，据此可以写出本次的回归方程：

$\hat{COM}6 = 3.120 + 0.299COM1$；

④该列给出了建立的回归方程的标准化回归系数，也就是对原始变量分别进行标准化处理后的回归方程，此时常数项变为 0，而 COM1 的回归系数是 0. 254。

（二）H2 回归分析

与 H1 假设的回归分析操作和对话框的选择一样，我们可以进行 H2 假设的一元线性回归分析的操作和结果输出解释。

图 12-6 是有关 H2 的一元线性回归的输出结果窗口。

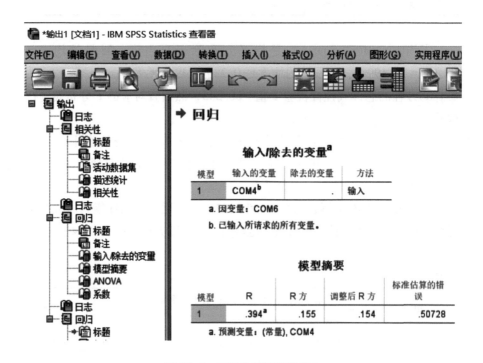

图 12-6　回归分析输出结果 2

1. H2 回归分析输出：输入、除去变量输出

在结果输出的第一张表（见表 12-5）中，可知：

表 12-5　　　　　　　　　　　　　　　　　　输入/除去的变量[a]

模型	输入的变量	除去的变量	方法
1	COM4[b]	·	输入

①回归分析模型中的公因子 COM4 核心设施服务品质是最终输入模型变量，用来作为回归分析 H2 的自变量（解释变量）；

②因变量（被解释变量）是公因子 COM6 愉悦价值。

2. H2 回归分析输出：模型摘要

表 12-6 显示的是 H2 回归分析中所建立模型的一些常用评价统计量，也反映了回归线拟合原始数据的优劣情况。

①R = 0.394 反映的是一元线性回归分析中因变量，COM6 愉悦价值和自变量：COM4 核心设施服务品质间的皮尔逊相关系数，其取值则说明二者之间相关关系属于低度正相关；

②R 方或者 R^2 = 0.155，是该模型的判定系数（coefficient of determination），表示在总误差中，该回归线能够解释的比例只占到 15.5%，也说明本次回归的拟合程度非常不好；

③调整 R 方或者 Adjusted R^2 = 0.153，是调整后的判定系数，在多元线性回归中会解释和使用。

表 12-6　　　　　　　　　　　　模型摘要

模型	R	R 方	调整后的 R 方	估计值的标准误
1	0.394[a]	0.155	0.154	0.50728

3. H2 回归分析输出：方差分析

回归分析的输出结果中，会对一系列的平方和进行输出，用于描述数据的方差分配，还主要用于对方程的总体线性性进行检验，如表 12-7 所示。

表 12-7　　　　　　　　　　ANOVA[a]（方差分析）

模型		平方和	自由度	均方	F	显著性
1	回归	41.393	1	41.393	160.849	0.000[b]
	残差	224.913	874	0.257		
	总计	266.305	875			

①均方是指平方和去除于自由度，回归的均方 = 41.393 = 41.393/1，而残差的均方是 0.257 = 224.913/874；

②方程的总体线性 F 检验值 = 160.849；

③显著度 = 0.000（a）表示该 F 检验的显著度 P 值，在显著性水平 0.05 之下，小于 0.05，说明线性回归的总体方程线性性是成立的。

4. H2 回归分析输出：回归系数

回归分析最重要的就是建立线性方程，然后利用数据进行回归，求得待估计的参数，也就是写出回归方程，见表 12-8。

表 12-8 回归系数[a]

模型		未标准化系数		标准化系数	T 值	显著性
		B	标准误差	Beta		
1	（常量）	3.058	0.109		28.176	0.000
	COM4	0.316	0.025	0.394	12.683	0.000

①回归分析需要针对每个被估计的参数进行变量的显著性 t 检验，该列是每个变量对应的 T 检验值，比如变量 COM4 的 t 检验值是 12.683；

②该列对应的是每个变量 t 检验的 Sig. 显著度，COM4 对应的是 0.000，在显著性水平 .05 下是显著的，说明该回归变量是显著的；

③该列是所建立的回归分析方程的非标准化回归系数列，其常数项 （Constant） 取值是 3.058，COM4 的回归系数是 0.316，由此可以写出对应的回归方程：

$\hat{COM6} = 3.058 + 0.316 COM4$；

④该列是建立的回归分析方程的标准化回归系数列，也就是对原始变量分别进行标准化处理后的回归方程，此时常数项变为 0，而 COM4 的回归系数是 0.394。

第五节 回归分析报告

一 回归分析综合汇总表

一元线性回归分析主要是针对一个被解释变量，其影响因素只有一个解释变量的线性回归分析；其主要利用一个变量的取值通过回归直线来对另一个变量取值进行预测的分析方法。

在上两节通过对假设 H1 和 H2 分别进行了一元线性回归分析，我们已经熟悉了常规的一元线性回归分析的操作和解释，接下来还需要对其他假设 H3、H4、H5、H6、H7 和 H8 分别利用同样的软件操作和结果解释进行分析和汇总。

当所有软件分析工作都结束的时候，我们需要把这 8 个一元线性回归分析的主要结论和统计量汇总成一个表格，以方便比较和把握。其中重要的统计量包括：非标准回归系数（B）、标准误差（Std. Error）、标准化回归系数（Beta）、T 检验值、显著度 P 值、判定系数 R^2 和 F 检验值，汇总如表 12-9 所示。

表 12-9　　　　　　　　　回归分析汇总报表

假设	因变量	自变量	回归系数		β	t	P	R^2	F
			B	标准误差					
H1	COM6	常量	3.120	0.168	−	18.570	0.000	0.065	60.345
		COM1	0.299	0.038	0.254	7.768	0.000**		
H2		常量	3.058	0.109	−	28.176	0.000	0.155	160.849
		COM4	0.316	0.025	0.394	12.683	0.000**		
…									
H8									

注：*p<0.05，**p<0.01。

二　一元线性回归分析结果说明

在结果分析说明时，一般按照设定假设时的顺序依次进行分析。在解释假设 1 的检验结果时，可作如下描述。

为检验假设 H1 "基础设施的感知对愉悦价值有显著的正（+）影响"，使用了一元回归分析的方法，分析结果显示：调整后的 R^2 为 0.065，即根据自变量与因变量之间的解释力度达到了 6.5%。F 值为 60.345，说明回归均方是残差均方的 60.35 倍，显著度达到了 0.000，说明假设 H1 中自变量与因变量之间的线性关系达到了显著效果。根据标准化的回归系数（β）来解释自变量对因变量的重要程度，H1 的系数显示为 0.254，t 值为 7.768，验证了假设 "基础设施的感知对愉悦价值有显著的正（+）影响"成立。

同理，可针对假设 H2 进行验证说明。其中各相关的数字如表 12-9 所示。

第十三章　多元线性回归

第一节　多元线性回归简介

多元线性回归（Multiple regression）指的是 1 个被解释变量（Dependent variable），有 2 个或者 2 个以上的解释变量（Independent variable）所建立的线性回归模型。该模型主要通过多元线性回归方程对被解释变量的取值进行预测和控制。

一般的数学模型是：

$Y_i = \beta_0 + \beta_1 X_{1i} + \beta_2 X_{2i} + \cdots + \beta_k X_{ki} + \varepsilon_i$

其中，Y_i＝被解释变量；X_{1i}，X_{2i}，$\cdots$，X_{ki}＝k 个解释变量；β_0＝截距；β_1，$\beta_2 \cdots \beta_k$＝k 个偏回归系数；ε_i＝随机误差项。

第二节　多重共线性（Multi-Collinearity）

多元线性回归和一元线性回归的主要区别就是解释变量个数增多，不再只有一个解释变量。其他统计学检验的方法和标准大同小异，比如判定拟合好坏的判定系数 R^2，判断方程总体线性性是否成立或者显著的 F 检验，判断每一个变量是否线性显著成立的 t-检验，这些都是必须进行的统计学检验。

但是多元回归最大的问题就是多重共线性，因为在经典的线性回归模型中，为了求解需要的参数，也就是截距项和偏回归系数的取值，往往利用的都是经典的普通最小二乘法（Ordinary Least Square Method）进行估计的，但是这个方法对各个解释变量有较高的要求。比如，要求各个解释变量必须是相互独立，或者是线性不相关的，否则求得的参数往往是有偏的，也就是会得到荒谬的答案，失去了经济意义。

因此，在进行多元线性回归分析之前，有必要对所选择的多个解释变量进行相关性分析。在多元线性回归中用来检验是否满足解释变量间的不相关性的指标是容忍度（Tolerance）和方差膨胀因子（VIF，Variance Inflation Factor）。其中，容忍度的取值范围是 [0，1]，越大越好；而方差膨胀因子 VIF 的取值范围是 [1，∞)，越小越好。

第三节　多元回归分析案例

一　多元回归

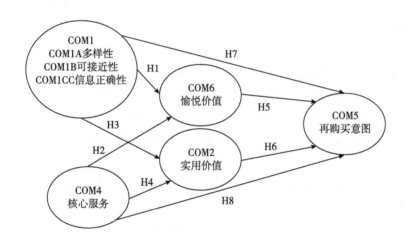

图 13-1　假设检验图

二　假设检验

图 13-1 显示的变量关系假设检验图，可知在第 11 章中利用一元线性回归分析需要做 8 个回归检验，其中 H1、H3 和 H7 中的解释变量是公因子 COM1，如果我们利用它的三个公因子 COM1A、COM1B 和 COM1C 作为它自身的代表，就可以有 3 个多元线性回归分析，具体来说，就是三元线性回归。具体的问题和假设如下。

H1：基础设施的感知对愉悦价值有显著的正（+）影响。

H1a：温泉旅游基础设施的多样性对愉悦价值有显著的正（+）影响。

H1b：温泉旅游基础设施的可接近性对愉悦价值有显著的正（+）影响。

H1c：温泉旅游基础设施的信息正确性对愉悦价值有显著的正（+）影响。

H2：核心设施服务品质的感知对愉悦价值有显著的正（+）影响。

H3：基础设施的感知对实用价值有显著的正（+）影响。

H3a：温泉旅游基础设施的多样性对实用价值有显著的正（+）影响。

H3b：温泉旅游基础设施的可接近性对实用价值有显著的正（+）影响。

H3c：温泉旅游基础设施的信息正确性对实用价值有显著的正（+）影响。

H4：核心设施服务品质的感知对实用价值有显著的正（+）影响。

H5：愉悦价值对再购买意图有显著的正（+）影响。

H6：实用价值对再购买意图有显著的正（+）影响。

H7：基础设施的感知对再购买意图有显著的正（+）影响。

H7a：温泉旅游基础设施的多样性对再购买意图有显著的正（+）影响。

H7b：温泉旅游基础设施的可接近性对再购买意图有显著的正（+）影响。

H7c：温泉旅游基础设施的信息正确性对再购买意图有显著的正（+）影响。

H8：核心设施服务品质的感知对再购买意图有显著的正（+）影响。

第四节　多元线性回归分析应用案例

一　多元线性回归分析案例：H1 操作

分析（A）→回归（R）→线性（L）

图 13-2　回归分析工具条

二　回归分析对话框选择

多元回归分析检验自变量（解释变量）与因变量（被解释变量）之间的影响关系时，方法与一元回归分析相同。但多元回归分析与一元回归分析的不同点在于自变量的个数不同。一元回归分析的自变量只有一个，因变量也只有一个，而多元回归分析的因变量只有一个，但是自变量却多于一个。接下来，多元回归分析以验证假设 H1 为例来进行展示。

H1：基础设施的感知对愉悦价值有显著的正（+）影响。

H1a：温泉旅游基础设施的多样性对愉悦价值有显著的正（+）影响。

H1b：温泉旅游基础设施的可接近性对愉悦价值有显著的正（+）影响。

H1c：温泉旅游基础设施的信息正确性对愉悦价值有显著的正（+）影响。

图 13-2 显示的是多元线性回归的工具选项条，单击线性（L）工具

条可以得到图 13-3 所示的线性回归对话框。

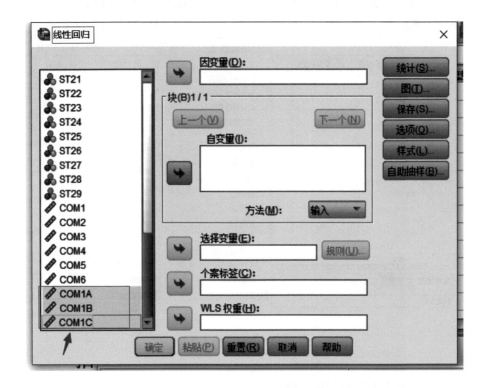

图 13-3　回归分析对话框 1

图 13-1 可知假设 H1 中，如果应用线性回归进行假设检验或者预测和控制，其中涉及的影响变量包括 COM1A 多样性、COM1B 可接近性和 COM1C 信息正确性等 3 个解释变量（自变量），而 3 个变量共同影响的变量只有 1 个，也就是指 1 个被解释变量 COM6 愉悦价值。由前文的定义可知：1 个被解释变量、3 个解释变量属于典型的多元线性回归分析。

①在最左边原始的变量列表中选中参与分析的解释变量 COM1A、COM1B 和 COM1C，反色显示，然后单击向右箭头进入自变量（解释变量）对话框，完成解释变量的选择；

②接着选中参与分析的变量 COM6，反色显示，单击向右箭头进入因变量（被解释变量）对话框，完成被解释变量的选择，见图 13-4；

③单击对话框右边的统计（S）按钮，出现图 13-5 所示的统计量对

话框，一般需要选中的有回归系数部分：估算值（E）、模型拟合（M）、共线性诊断（L）和残差部分的杜宾-沃森检验（U）等，然后单击继续（C）；

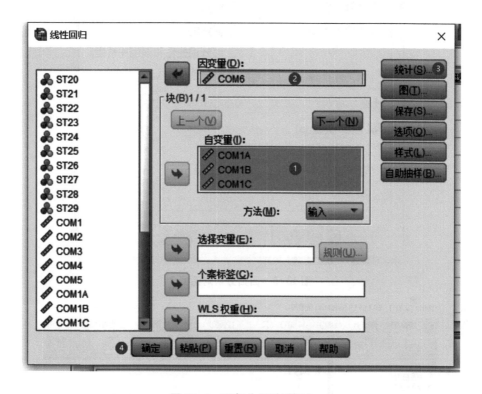

图 13-4　回归分析对话框 2

④最后单击确定完成工具条的选择，等待结果文件输出。

三　H1 结果分析

（一）H1 多元线性回归输出：输入/除去的变量

在图 13-6 所示的输出结果中，第一张表格主要展示模型中输入或者除去的变量，如表 13-1 所示。

①通过变量选择和软件处理建立的最终多元线性回归模型中，输入的变量包含三个：COM1C 信息正确性、COM1A 多样性和 COM1B 可接近性；

②其中被解释变量是 COM6 愉悦价值。

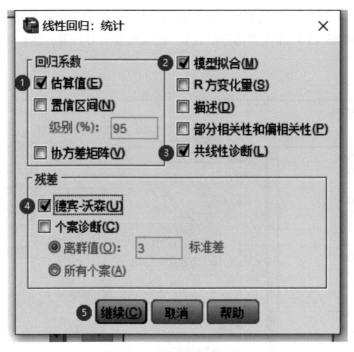

图 13-5　回归分析对话框 3

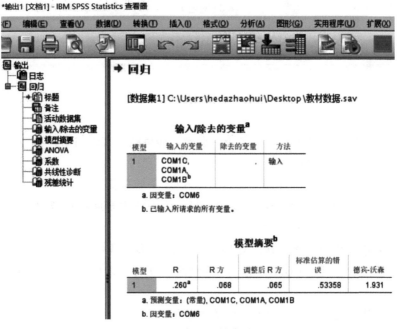

图 13-6　回归分析输出结果 4

表 13-1   输入/除去的变量[a]

模型	①输入的变量	除去的变量	方法
1	COM1C, COM1A, COM1B[b]	.	输入

（二）H1 多元线性回归输出：模型摘要

表 13-2 展示了多元线性回归分析中常用统计量的输出，主要反映本次回归分析的模型拟合程度以及变量的相关性问题等。

表 13-2   模型摘要[b]

模型	R	R 方	调整后 R 方	标准误差	杜宾-沃森
1	0.260[a]	0.068	0.065	0.53358	1.931

①$R=0.260^a$ 显示的是解释变量 COM1C、COM1A 和 COM1B 作为一个整体和被解释变量 COM6 之间的复相关系数，这个统计量也反映了解释变量集和被解释变量线性相关程度，取值越大越好；

②R 方或 $R^2=0.068$ 主要度量了被解释变量的总方差中有多大比例可以由该回归线所解释，本次回归分析的总方差中由三个解释变量共同回归解释所占的比例达到 6.8%，比例不高，说明分析结果不是太好；

③调整的 R 方或者 Adjusted $R^2=0.065$，反映的是调整后的判定系数为 0.065，这个统计量在多元线性回归中作为判定拟合好坏的标准比 R 方更合理；

④D-W 值是 1.931，说明解释变量之间几乎是不相关的，符合回归分析的经典假设。

（三）H1 多元线性回归输出：方差分析

表 13-3 显示了本次多元回归分析中方差的组成，以及验证方程总体线性性是否成立的 F 检验。

①回归的均方=6.013，而残差的均方=0.285；

②检验方程总体是否线性的 F 检验值=21.121，该值越大就越说明总体的线性越成立；

③Sig.=0.000 给出了本次方差 F 检验的显著度 P 值，如果给定的显著性水平是 0.05，则本次多元线性回归方程的总体线性是显著的。

表 13-3   ANOVAª 方差分析表

	模型	平方和	自由度	均方	F	显著性
1	回归	18.040	3	6.013	21.121	0.000ᵇ
	残差	248.265	872	0.285		
	总计	266.305	875			

（四）H1 多元线性回归输出：回归系数

多元线性回归分析的估计方程主要在表 13-4 回归系数的输出中求得。

表 13-4   回归系数ª

模型	未标准化系数		标准化系数	t	显著性	共线性统计	
	B	标准误	Beta			容差	VIF
1 （常量）	3.137	0.171		18.311	0.000		
COM1A	0.149	0.038	0.164	3.963	0.000	0.622	1.609
COM1B	0.140	0.046	0.128	3.028	0.003	0.599	1.670
COM1C	0.005	0.042	0.006	0.130	0.897	0.578	1.730

①首先观察本次回归分析的被解释变量：COM6（愉悦价值），所选择的解释变量：常量、多样性（COM1A）、可接近性（COM1B）和信息正确性（COM1C）等；

②给出了三个解释变量的 t 检验值和对应的 Sig.（显著度 P 值），其中变量 COM1A 的 t 值 3.963；变量 COM1B 的 t 值和显著度分别是 3.028 和 0.003，COM1C 的 t 值和显著度分别是 0.130 和 0.897，在 0.01 显著性水平下，只有变量 COM1A 和 COM1B 是显著的，说明 COM1C 变量不显著，意味着在多元线性回归中解释作用不大，应该予以除去；

③给出了共线性诊断中的容忍度（容差），三个变量分别是 0.622、0.599 和 0.578，以 0.10 为标准可知多重共线性是可以容忍的，变量之间的相关性可以接受，不影响线性回归；

④B（回归系数）分别给出了参与多元回归解释变量的系数，由此可以写出多元线性回归方程：

$\hat{COM6}=3.137+0.149COM1A+0.140COM1B+0.005COM1C$。

通过输出分析可知：我们所选择的解释变量中 COM1C 是不显著的，需要除去该变量，只保留 COM1A 和 COM1B；并需要重新进行一次只包含 2 个变量的二元线性回归分析。

四 H1 多元线性回归应用：H1 案例的变量筛选

菜单选择见图 13-7，输出结果见图 13-8。

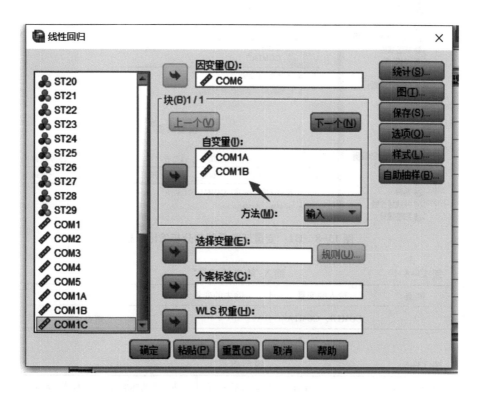

图 13-7 H1：变量调整后的第二次回归分析操作

五 H1 调整后的输出分析

（一）H1 回归分析输出：输入/除去变量

图 13-10 所示的输出结果文件中，变量选择的情况如表 13-5 所示。

①b 因变量（被解释变量）是 COM6 愉悦价值；

②回归模型中输入的变量：COM1A 多样性，COM1B 可接近性。

（二）H1 回归分析输出：模型摘要

表 13-6 给出了本次回归分析有关模型拟合标准的常用统计量。

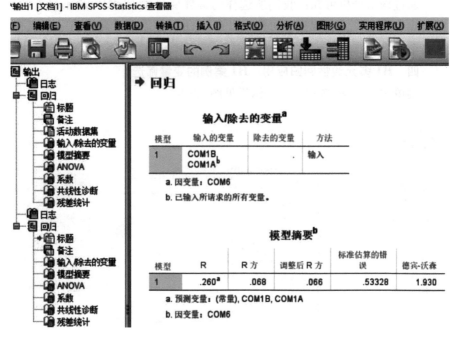

图 13-8 H1：变量调整后回归分析输出结果

表 13-5   输入/除去的变量[a]

模型	输入的变量	除去的变量	方法
1	COM1B, COM1A[b]	.	输入

表 13-6   模型摘要[b]

模型	R	R 方	调整后 R 方	估计值的标准误	杜宾-沃森
1	0.260[a]	0.068	0.066	0.53328	1.930

①R = 0.260[a] 显示了作为解释变量的 COM1A、COM1B 和被解释变量 COM6 之间的皮尔逊相关系数，这个统计量反映了解释变量集和被解释变量的线性相关程度，取值越大越好；

②R 方或 R^2 = 0.068 主要度量了被解释变量的总方差中有多大比例可以由该回归线所解释，该次回归分析中总方差中由解释变量回归解释所占的比例达到 6.8%，比例不高，也不是太好；

③调整的 R 方或者 Adjusted R^2 = 0.065，反映的是调整后的判定系数

为 0.066，这个统计量在多元线性回归中作为判定拟合好坏的标准比 R 方更合理；

④Durbin-Watson 是 1.930，说明解释变量之间几乎是不相关的，符合回归分析的经典假设。

（三）H1 回归分析输出：方差分析

表 13-7 显示了本次回归分析中方差的组成，以及检验方程总体线性性是否成立的 F 检验。

①回归的均方=9.018，而残差的均方=0.284；

②检验方程总体是否线性的显著性 F 检验值=31.709，该值越大说明总体的线性越成立；

③Sig.=0.000 显示的本次方差 F 检验的显著度 P 值，如果给定的显著性水平是 0.05，则本次一元线性回归方程的总体线性是显著的。

表 13-7　　　　　　　　　　　　ANOVA[a] 方差分析

模型		平方和	自由度	均方	F	显著性
1	回归	18.035	2	9.018	31.709	0.000[b]
	残差	248.270	873	0.284		
	总计	266.305	875			

（四）H1 回归分析输出：回归系数

一元线性回归分析的估计方程主要在表 13-8 的输出中求得。

①首先观察本次回归分析的自变量（被解释变量）：COM6（愉悦价值），所选择的解释变量：常量和基础设施的多样性（COM1A）、基础设施的可接近性（COM1B）；

②解释变量 COM1A 的 t 检验值和对应的 Sig.（显著度 P 值）分别是 4.299 和 0.000，在 0.05 显著性水平下，变量 COM1A 是显著的，解释变量 COM1B 的 t 检验值和对应的 Sig.（显著度 P 值）分别是 3.364 和 0.000，在 0.05 显著性水平下，变量 COM1B 是显著的；

③共线性诊断中的容忍度，变量 COM1A 和 COM1B 的都是 0.714，在 0.1 的标准下是可以接受的；

④B（回归系数）分别给出了各回归分析解释变量的系数，可以写出二元线性回归方程：$\hat{COM6}=3.142+0.151COM1A+0.143COM1B$。

表 13-8 回归系数

模型		未标准化系数		标准化系数	t	显著性	共线性统计	
		B	标准误	Beta			容差	VIF
1	（常量）	3.142	0.166		18.963	0.000		
	COM1A	0.151	0.035	0.166	4.299	0.000	0.714	1.401
	COM1B	0.143	0.042	0.130	3.364	0.001	0.714	1.401

六　多元线性回归应用案例：H3 假设

图 13-1 中所显示的假设检验 H3 中，受影响的变量是 COM2 实用性价值，而影响的变量有 1 个，是公因子 COM1。如果直接对 H3 进行分析，那就是典型的一元线性回归分析，不过如果用变量 COM1 的三个公因子COM1A、COM1B 和 COM1C 来代替变量 COM1，那 H3 中影响变量就变为3 个，分别是 COM1A、COM1B 和 COM1C，那样在分析假设 H3 的时候，所进行的就是三元线性回归分析。

①在线性回归对话框的变量列表中选中参与分析的变量 COM2，反色显示，单击向右箭头进入因变量（D）（被解释变量）对话框，如图 13-11 所示；

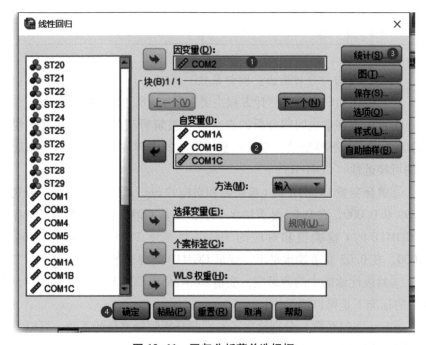

图 13-11　回归分析菜单选择框

③单击对话框右边的统计量（S）按钮，出现图 13-5 所示的对话框，一般需要选中的有回归系数：估算值、模型拟合、共线性诊断和杜瓦检验值，然后单击继续（C）；

④最后单击确定完成工具条的选择，等待结果文件输出。

七　H3 结果分析

（一）H3 多元线性回归：输入/除去变量

图 13-12 所显示的输出结果中，第一个表格表 13-9 是变量选择结果。

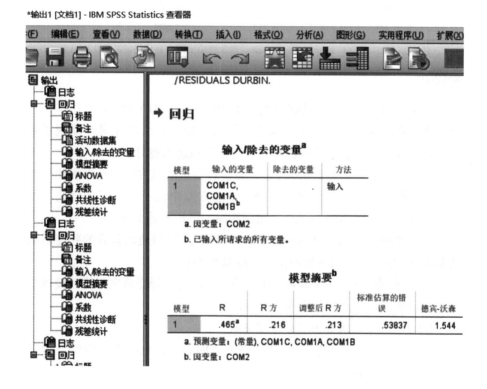

图 13-12　回归分析输出结果

①通过变量选择和软件处理建立的最终多元线性回归模型中，输入的变量包含了三个，包括 COM1C 信息正确性、COM1A 多样性和 COM1B 可接近性；

②其中因变量（被解释变量）是 COM2 实用性价值。

表 13-9   输入/除去的变量[a]

模型	输入的变量	除去的变量	方法
1	COM1C, COM1A, COM1B[b]	.	输入

（二）H3 多元线性回归：模型摘要

表 13-10 显示的本次多元线性回归分析的常用统计量的输出，主要反映了本次回归分析的模型拟合程度以及变量的相关性问题。

表 13-10   模型摘要[b]

模型	R	R 方	调整后 R 方	估计值标准误 *	杜宾-沃森
1	0.465[a]	0.216	0.213	0.53837	1.544

*估计值标准误是 Std. Error of the Estimate。在软件输出图中显示的词汇汉化输出为"标准估算的错误"，该输出为错误的翻译内容，在表格整理汇总时，本书更换为标准学术用语"估计值标准误"。

①R = 0.465[a] 显示的是解释变量 COM1C、COM1A 和 COM1B 作为一个整体和被解释变量 COM2 之间的复相关系数，这个统计量也反映了解释变量集和被解释变量的线性相关程度，取值越大越好；

②R 方或 R^2 = 0.216 主要度量了被解释变量的总方差中有多大比例可以由该回归线所解释，该次回归分析中总方差中由三个解释变量共同回归解释所占的比例达到 21.6%，比例不高，结论不是太好；

③调整的 R 方或者 Adjusted R^2 = 0.213，反映的是调整后的判定系数为 0.213，也说明回归分析的拟合程度效果不好；

④D-W 值（杜宾-沃森值）是 1.544，说明解释变量之间比较接近不相关的，基本符合回归分析的经典假设。

（三）H3 多元线性回归：方差分析

表 13-11 显示了本次回归分析中方差的组成，也给出了检验方程总体线性是否成立的 F 检验。

表 13-11   ANOVA[a]

	模型	平方和	自由度	均方	F	显著性
1	回归	69.605	3	23.202	80.048	0.000[b]
	残差	252.745	872	0.290		
	总计	322.350	875			

①回归的均方=23.202，而残差的均方=0.290；

②检验方程总体是否线性的显著性 F 检验值=80.048，该值越大说明总体的线性关系越成立；

③Sig.=0.000 显示的本次方差 F 检验的显著度 P 值，如果给定的显著性水平是 0.05，则本次多元线性回归方程的总体线性是显著的。

（四）H3 多元线性回归：回归系数

多元线性回归分析的估计方程主要在表 13-12 回归系数的输出中求得。

①三个解释变量的 t 检验值和对应的 Sig.（显著度 P 值），其中变量 COM1A 的 t 值是 9.382，变量 COM1B 的 t 值和显著度分别是 3.235 和 0.001，COM1C 的 t 值和显著度分别是 1.084 和 0.279，在 0.01 显著性水平下，只有变量 COM1A 和 COM1B 是显著的，说明 COM1C 变量不显著，意味着在多元线性回归中不怎么起作用，应该予以除去；

②共线性诊断中的容忍度（容差），三个变量分别是 0.622、0.599 和 0.578，以 0.10 为标准可知多重共线性是可以容忍，变量的相关性可以接受，不影响回归分析的结果；

③B（回归系数）分别给出了各回归分析解释变量的系数，可以写出多元线性回归方程：

$\hat{COM}2 = 2.047 + 0.357COM1A + 0.151COM1B + 0.046COM1C$。

表 13-12　　　　　　　　　　　回归系数[a]

模型		未标准化系数		标准化系数	t	显著性	共线性统计	
		B	标准错误	Beta			容差	VIF
1	（常量）	2.047	0.173		11.842	0.000		
	COM1A	0.357	0.038	0.357	9.382	0.000	0.622	1.609
	COM1B	0.151	0.047	0.125	3.235	0.001	0.599	1.670
	COM1C	0.046	0.042	0.043	1.084	0.279	0.578	1.730

根据上面输出表格的分析可知，我们所选择的 3 个解释变量，其中 COM1C 是不起作用的，应该予以除去，然后重新进行多元线性回归分析，如果是在解释变量很多的情况下，需要反复地进行变量调整，这个比较冗繁，不过 SPSS 给出了一种很好的模型选择方法，那就是逐步回归法

（步进）（stepwise），由系统根据变量选择的标准给出最终的回归模型。

八 H3 回归分析（逐步回归法）

（一）H3 多元线性回归（逐步回归）菜单操作

由上一节的分析可知假设 H3 包含 1 个被解释变量和 3 个解释变量，属于典型的多元线性回归分析。如果采用软件提供的逐步回归法进行回归，需要首先单击线性回归工具条，如图 13-2 所示，得到对话框图 13-13。

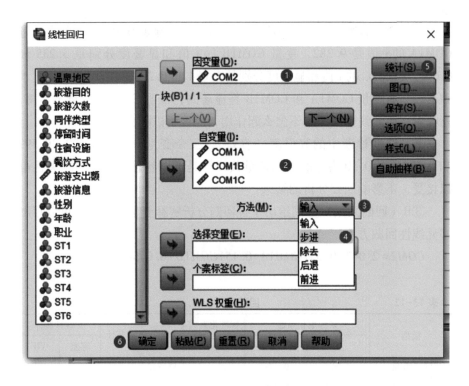

图 13-13 Regression（线性回归）对话框

选项工具条的选择参考上一节的①②③和④，回归方法选项中系统默认的方法（M）是输入（全部进入），意思是所有进入自变量（解释变量）的解释变量不管变量是否符合统计学检验标准，都全部强制进入线性回归模型。本次在方法选择框，点击工具下拉条，选择步进（逐步回归法），根据系统默认的变量选择标准进行自动的变量选择，最终给出最优的线性回归模型，输出结果文件如图 13-14 所示。

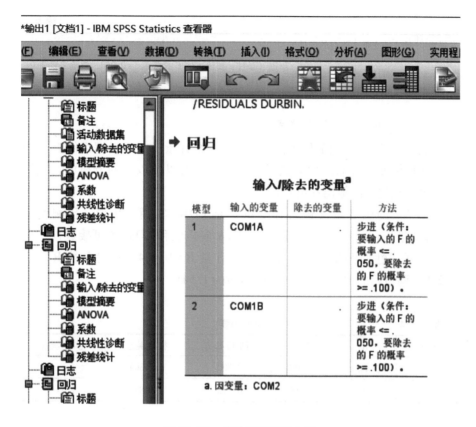

图 13-14　线性回归结果文件

（二）H3 多元线性回归（逐步回归）输出结果

1. H3 逐步回归：输入/除去变量

表 13-13 显示的利用逐步回归法进行变量选择所建立的模型。第一列显示的是模型列表，可知经过系统的变量修正，总共得到两个模型。第一个模型，输入的变量是 COM1A 多样性；第二个模型，输入的变量是 COM1B 可接近性，而因变量（被解释变量）是 COM2 实用性价值。

表 13-13　　　　　　　　　　　输入/除去的变量[a]

模型	输入的变量	除去的变量	方法
1	COM1A	.	步进（条件：要输入的 F 的概率<=0.050，要除去的 F 的概率>=0.100）。

续表

模型	输入的变量	除去的变量	方法
2	COM1B	.	步进（条件：要输入的 F 的概率<=0.050，要除去的 F 的概率>=0.100）。

2. H3 逐步回归：模型摘要

表 13-14 给出了描述两个模型的常用统计量，由于根据系统默认的变量选择标准，可知模型 2 是最终的模型，所以在以后的分析中，我们只需关注模型 2 的输出和解释。

模型 2 的因变量（被解释变量）是 COM2 实用性价值，预测变量（解释变量）包括截距（常量）、COM1A 多样性和 COM1B 可接近性，是一个二元线性回归模型，其中常用统计量 R = 0.464、判定系数 R 方 = 0.215、调整后的 R 方 = 0.213、D-W 值 = 1.541。

表 13-14 模型摘要[c]

模型	R	R 方	调整后 R 方	标准误差	德宾-沃森
1	0.448[a]	0.200	0.200	0.54304	
2	0.464[b]	0.215	0.213	0.53843	1.541

3. H3 逐步回归：方差分析

表 13-15 给出了两个模型的方差分析表，其中最终的模型 2 中均方分别是 34.632 和 0.290；F 检验值是 119.461，Sig. 显著度 P 值 = 0.000，在显著性水平 0.05 下，模型 2 的回归模型总体上是线性显著的。

表 13-15 方差分析

模型		平方和	自由度	均方	F	显著性
1	回归	64.609	1	64.609	219.092	0.000[b]
	残差	257.740	874	0.295		
	总计	322.350	875			
2	回归	69.264	2	34.632	119.461	0.000[c]
	残差	253.086	873	0.290		
	总计	322.350	875			

4. H3 逐步回归：回归系数

在最终的输出表格表 13 - 16 中可以看到模型 2 的解释变量包括 COM1A 和 COM1B，这两个变量的 t 检验值分别是 10.470 和 4.007，所对应的 Sig. 都是 0.000，在 0.05 显著性水平下都是显著的；它们的容忍度都是 0.714，在 0.1 的标准下也是可以接受的，所以可以写出最终的多元线性回归模型，用于以后的预测和控制。

$C\hat{O}M2 = 2.094 + 0.371COM1A + 0.172COM1B$。

表 13-16　　　　　　　　　　　回归系数[a]

模型		未标准化系数		标准化系数	t	显著性	共线性统计	
		B	标准错误	Beta			容差	VIF
1	（常量）	2.510	0.132		18.970	0.000		
	COM1A	0.447	0.030	0.448	14.802	0.000	1.000	1.000
2	（常量）	2.094	0.167		12.515	0.000		
	COM1A	0.371	0.035	0.372	10.470	0.000	0.714	1.401
	COM1B	0.172	0.043	0.142	4.007	0.000	0.714	1.401

第五节　多元线性回归分析报告

一　多元线性回归分析综合汇总表

多元线性回归分析主要是针对一个被解释变量，其影响因素有超过一个解释变量的线性回归分析；其主要利用几个变量的取值通过回归直线来对另一个变量取值进行预测的分析方法。

在上两节通过对假设 H1 和 H3 分别进行了多元线性回归分析，我们已经熟悉了常规的多元线性回归分析的操作和解释，接下来还需要对假设 H7 利用同样的软件操作和结果解释进行分析和汇总。同样对于剩下的假设可以分别采用上一章的一元回归进行操作和解释，一元的汇总参见上一章，本节只列示多元回归。

当所有软件分析工作都结束的时候，我们需要把这 3 个多元线性回归分析的主要结论和统计量汇总成一个表格中，以方便比较和把握。其中重要的统计量包括：非标准回归系数（B）、标准误差（Std. Error）、标准化回归系数（Beta）、调整后的 R^2 和 F 检验值、VIF（容忍度）、DW 值等，汇总如表 13-17 所示。

表 13-17 多元线性回归分析汇总

假设	因变量	自变量	回归系数 B	标准误差	β	A. R^2	F	VIF	DW
H1	COM6	常量	3.142	0.166	–	0.066	31.709**		1.930
		COM1A	0.151**	0.035	0.166			1.401	
		COM1B	0.143**	0.042	0.130			1.401	
H3	COM2	常量	2.094	0.167	–	0.213	119.461**		1.541
		COM1A	0.371**	0.035	0.372			1.40	
		COM1B	0.172**	0.043	0.142			1.40	
...									
H7									

注：*p<0.05，**p<0.01。

二 多元线性回归分析结果说明

在结果分析说明时，一般按照设定假设时的顺序依次进行分析。在解释 H1 的三个子假设 H1a、H1b 和 H1c 的检验结果时，可作如下描述：

为检验假设 H1a "温泉旅游基础设施的多样性对愉悦价值有显著的正（+）影响"、H1b "温泉旅游基础设施的可接近性对愉悦价值有显著的正（+）影响"和 H1c "温泉旅游基础设施的信息正确性对愉悦价值有显著的正（+）影响"使用了多元线性回归分析的方法，分析结果显示：调整后的 R^2 为 0.066，即根据自变量与因变量之间的解释力度达到了 6.6%，模型的拟合程度不好；F 值为 31.709，显著度达到了 0.000，说明假设 H1 中多个自变量与因变量之间的线性关系达到了显著。根据标准化的回归系数（β）来解释自变量对因变量的重要程度，COM1A 的系数显示为 0.166，验证了假设 H1a "温泉旅游基础设施的多样性对愉悦价值有显著的正（+）影响"成立。COM1B 的系数显示为 0.130，验证了假设 H1b "温泉旅游基础设施的可接近性对愉悦价值有显著的正（+）影响"成立。且因为 0.166>0.130，也说明 COM1A 比 COM1B 对 COM6 的影响更大，而根据逐步回归法，COM1C 没有进入最终的回归模型，说明假设 H1c"温泉旅游基础设施的信息正确性对愉悦价值有显著的正（+）影响"不成立。

同理，可针对假设 H3 和 H7 进行验证说明。其中各相关的数字如表 13-17 所示。

第十四章　虚拟变量线性回归

第一节　虚拟变量介绍

一般在数据库文件中，比如前几章介绍的解释变量，都是可以在取值范围内连续取值的，被称作定量解释变量（Quantitive）。有时，在建立回归模型的过程中，被解释变量（Dependent variable）不仅受定量解释变量的影响，也会受到一些非定量解释变量的影响，比如性别、民族、国籍、自然灾害等。而这些非定量解释变量与传统的定量解释变量不同，只表示某种特征的存在与不存在，所以被称作定性变量（Qualititive）。当它们确实影响被解释变量的时候，也必须被包括在回归模型之中。

怎样把定性变量包括在模型之中呢？显然必须量化。由于定性变量往往表示某种特征是否存在，比如男性、非男性等，所以一般赋值为0或者1。用1表示具有某种特征；用0表示不具有某种特征，而且取值为0的我们称为基础类别，因此记为

$$D = \begin{cases} 1 & 男性 \\ 0 & 其他 \end{cases}$$

我们把这种取值为 0 和 1 的变量称作虚拟变量（Dummy variable）。虚拟变量也可以直接进入统计模型中参与定量分析。

不过，要注意的是：当一个定性变量含有 m 个类别的时候，应在模型中输入 $m-1$ 个虚拟变量，否则，模型会产生严重的多重共线性，比如季节，因为有四个季节，若取春季为基础类别，则我们需要定义三个虚拟变量，分别记为 D_1，D_2，D_3。

$$D_1 = \begin{cases} 1 & 夏季 \\ 0 & 其他 \end{cases}, \quad D_2 = \begin{cases} 1 & 秋季 \\ 0 & 其他 \end{cases}, \quad D_3 = \begin{cases} 1 & 冬季 \\ 0 & 其他 \end{cases}$$

第二节 包含虚拟变量的回归操作和案例分析

在教材数据文件中，也有一些定性变量，比如"性别"和"职业"。我们就以"性别"为例，来介绍虚拟变量的应用。"性别"在数据文件中是分类变量，"男性＝1"和"女性＝2"，我们要把性别进行数据处理变成虚拟变量，而虚拟变量是取值为 0 和 1 的分类变量。因此可以用"1"表示"男性"，"0"表示"不是男性"。

鉴于此，当性别这个变量应用于回归模型之中时，必须首先进行数据处理，转换成相应的虚拟变量。

一 虚拟变量数据编码

在我们作数据分析的时候，如果需要使用虚拟变量参与数据分析，必须先对变量进行量化处理。

首先打开数据文件，如图 14-1 所示。单击主菜单上的工具条数据转换（T）下的重新编码为不同变量（R）进行操作。

数据转换（T）→重新编码为不同变量（R）

图 14-1 虚拟变量编码工具条

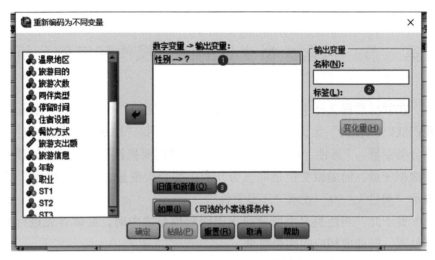

图 14-2　虚拟变量编码对话框 1

①在原始变量列表框中选中性别，反色显示，单击向右箭头，进入
数字变量→输出变量对话框，如图 14-2 所示，出现"性别→?"完成变
量的选择；

②在输出变量对话框中，需要对编码后的新变量进行属性定义，编
辑的选项包括名称（N）："编码性别"和标签（L）："编码赋值 0 和 1"，
如图 14-3 所示，输入完成后，单击变化量（替换），则数字变量→输出
变量对话框中的"性别→?"更新为"性别→编码性别"；

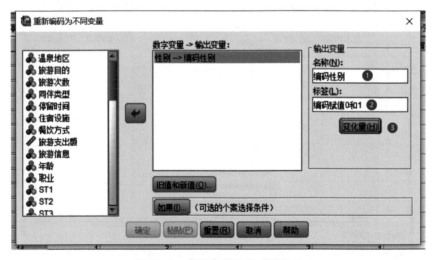

图 14-3　虚拟变量编码对话框 2

③单击旧值和新值（O）按钮进行取值的编码，得到图 13-4 所示的对话框；

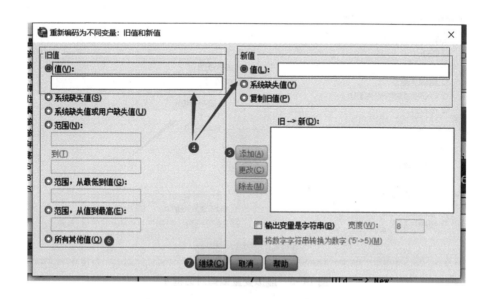

图 14-4　虚拟变量编码对话框 3

④在该对话框中进行新旧变量编码的赋值，"性别"原来的取值"男性＝1"和"女性＝2"，需要更新编码为"男性＝1"和"其他＝0"，首先在旧值编辑框中单击值（V）并输入 1，然后在新值对话框中单击值（L）并输入 1；

⑤单击添加（A）后，会在旧→新（D）对话框中显示"1→1"，说明第一次赋值成功；

⑥单击所有其他值（O），在新值对话框中单击值（L）并输入 0，然后单击添加（A）按钮，出现图 13-5 所示窗口，显示第二次赋值成功；

⑦单击继续（C）返回上一级对话框，再单击确定完成虚变量的重新赋值的编辑操作。

当所有操作完成后，SPSS 系统会自动在原始数据库中计算产生一列新的变量，变量名为"编码性别"，见图 13-6 所示。这样通过数据转换中的重新编码，原始变量"性别"就完成了取值从 1 和 2 转换成取值 0

和 1 的赋值过程，然后单击数据文件的 Save（保存），从而完成虚拟变量的重新赋值操作。

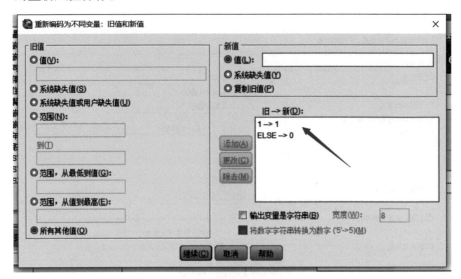

图 14-5　虚拟变量编码对话框 4

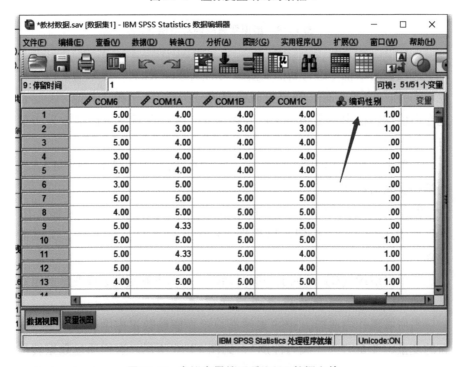

图 14-6　虚拟变量编码后 SPSS 数据文件

其实在 SPSS 中，有专门的定义虚拟变量的工具条，下面我们以定性变量"职业"为例来进行练习，首先利用频数分析，看看职业的频数分布，见表 13-1，因为有 8 类职业，所以可以选择其中一类作为基础类别，然后对每个类别定义一个虚拟变量。

表 14-1　　　　　　　职业频数分析汇总表（n=876）

变量	值	值标签	频数	频率（%）
职业	1	专业技术类	24	2.7
	2	管理类	52	5.9
	3	行政	80	9.1
	4	销售服务	46	5.3
	5	生产	92	10.5
	6	学生	70	8.0
	7	家庭主妇	368	42.0
	8	其他	144	16.4

首先打开数据文件，见图 14-1 所示。单击主菜单上的工具条数据转换（T）下的创建虚变量进行操作，见图 14-7。

数据转换（T）→创建虚变量

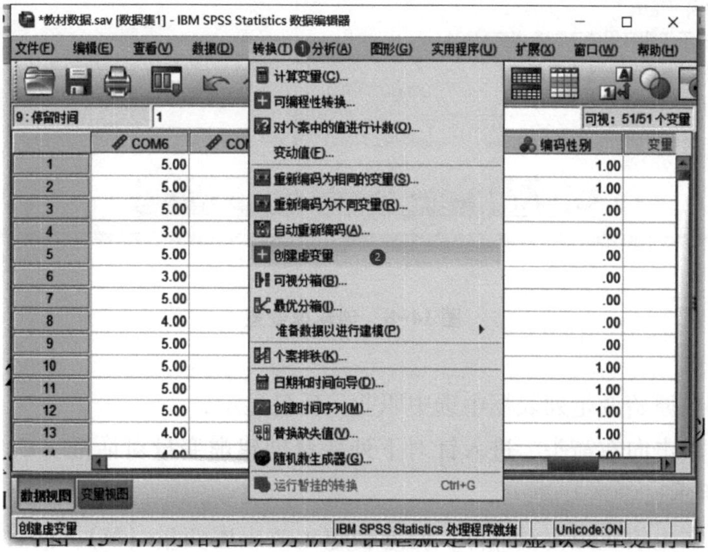

图 14-7　创建虚拟变量工具条

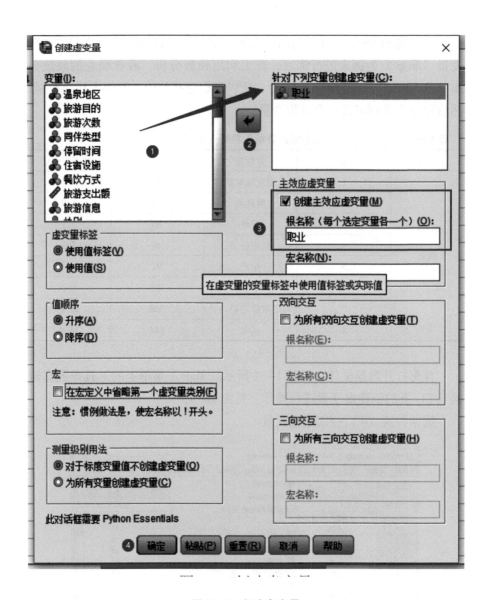

图 14-8　创建虚变量

①在原始变量列表框中选中职业，反色显示；

②单击向右箭头，进入针对下列变量创建虚变量对话框（C），如图 14-2 所示；

③在主效应虚变量部分，勾选创建主效应虚变量（M），而且根名称（每个选定变量各一个）（O）对话框中，需要输入一个根名称，其他不

需要设定；

④点击确定键，系统就会生成一系列的以根名称为前缀，后面加上编号的虚拟变量，见图 14-8。

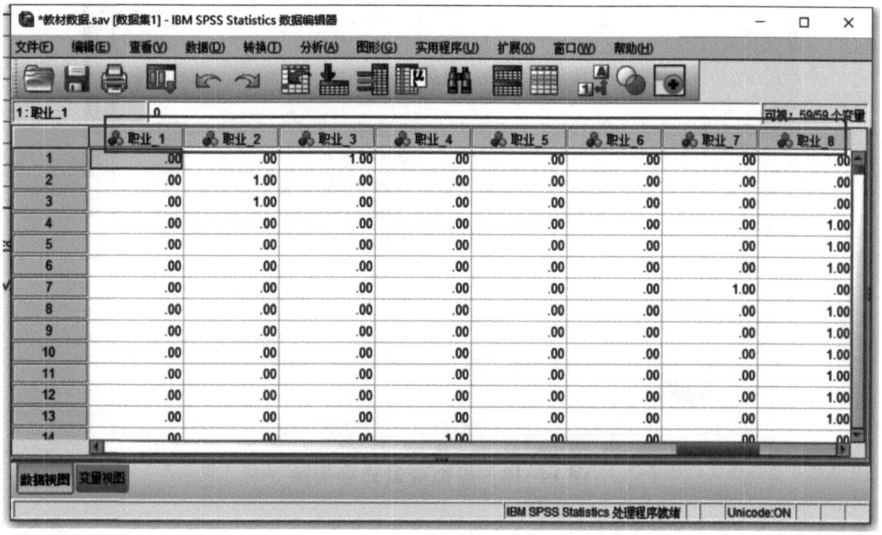

图 14-9　虚拟变量转换结果

因为职业作为一个无序分类变量，有 8 个水平，n = 8，SPSS 会默认生成 8 个虚拟变量。这时候要注意，这是没有设定基础类别（参照类）的虚拟变量，而在虚拟变量的应用中，一个 n 水平的分类变量，需选定一个分类水平作为参照，生成 n-1 个哑变量。所以，接下来我们需要选定一个水平作为参照，选谁呢？一般情况可以选择数字编码的第一个或最后一个，也可以根据专业、特殊要求来选择。

因为学生（职业=6）经济尚未独立，相对较特殊，可以考虑选学生作为参照（基础类别）。如果选择了学生作为基础类别，我们需要在数据试图中找到虚拟变量"职业_6"，选中该变量，反色显示，然后点击右键出现一个新的对话框，然后选中清除（E），就可以把该变量直接删去，操作参见图 14-10，最后的结果参加图 14-11。这样我们就顺利地给定性变量职业创建了 7 个虚拟变量，以便作进一步的数据分析。

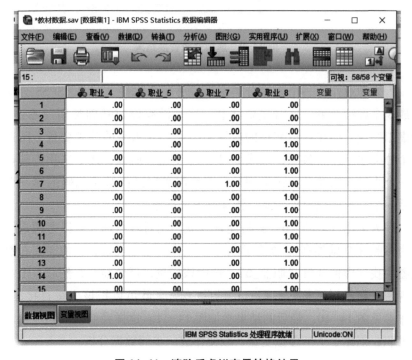

图 14-10　虚拟变量转换清除

图 14-11　清除后虚拟变量转换结果

二　含有虚拟变量的回归分析案例

在完成了对定性变量"性别"的重新编码后得到了新的虚拟变量"编码性别"，我们就可以利用新的变量进行各种统计分析，比如回归等，回归的主要操作同前面的线性回归。

图 14-7 所示的回归分析对话框就是利用虚拟变量进行回归分析的变量选择对话框。

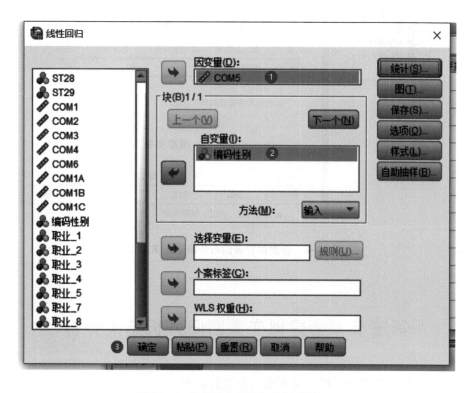

图 14-7　含虚拟变量回归分析对话框 1

①因变量（被解释变量）选择框：COM5 再购买意图；

②自变量（解释变量）选择框：虚拟变量"编码性别"；

③单击确定键完成工具条的选择，得到结果文件图 14-8。

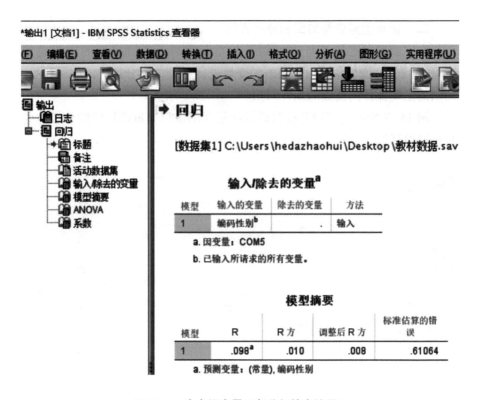

图 14-8　含虚拟变量回归分析输出结果 2

第三节　含虚拟变量回归分析结果分析

案例：虚拟变量性别对再购买意图的影响。

一　虚拟变量回归分析：输入/除去变量

表 14-1　　　　　　　　　输入/除去的变量[a]

模型	输入的变量	除去的变量	方法
1	编码性别[b]	.	输入

①本次线性回归模型中，输入的变量只有"编码性别"，且编码赋值 0 和 1；

②其中因变量（被解释变量）是 COM5 再购买意图。

二　虚拟变量回归分析：模型摘要

表 14-2 给出了本次回归分析中模型拟合程度的常用统计量，用来评判回归模型对数据的拟合和代表程度。

表 14-2　　　　　　　　　　　　模型摘要

模型	R	R 方	调整后 R 方	估计值的标准误差	杜宾-沃森
1	0.098[a]	0.010	0.008	0.61064	1.552

①R = 0.098 说明虚拟变量和被解释变量之间的皮尔逊相关系数是 0.098，线性相关程度比较低；

②R 方或 R^2 = 0.010 是评价模型拟合程度的判定系数，说明在总方差中，本次回归线可以解释的比例占到 1%，再次说明解释程度不好，因为本次是一元线性回归，所以没有必要使用统计量调整的判定系数；

③D-W 值 = 1.552 是多元线性回归自变量间关系的重要指标，一元其实也不需要解释和说明。

三　虚拟变量回归分析：方差分析

方差分析表表 14-3 汇总了回归分析中总方差的分配比例，其中回归平方和的大小也代表了本次回归分析的代表性，或者说回归分析的有效性。

表 14-3　　　　　　　　　　　ANOVA[a]（方差分析）

	模型	平方和	自由度	均方	F	显著性
	回归	3.160	1	3.160	8.475	0.004[b]
1	残差	325.896	874	0.373		
	总计	329.056	875			

①均方中，回归对应的均方值 = 3.160，残差的均方值 = 0.373；

②检验回归分析总体线性性的 F 检验值 = 8.475；

③Sig. = 0.004 说明本次 F 检验的显著度 P 值，在 0.05 的显著性水平之下是显著的，说明含虚变量的回归方程总体线性性是成立的。

四 虚拟变量回归分析：回归系数

表 14-4 给出了本次虚拟变量回归分析的最终线性回归模型。

①首先观察回归变量的 t 检验值和对应的显著度，可知虚拟变量的 t 检验值 = -2.91，对应的 P 值 = 0.004，在 0.01 显著性水平之下，该虚拟变量是显著的；

②B 列是回归方程的回归系数列，由该列可以写出最终的线性回归方程：

$\hat{COM}5 = 4.446 - 0.121 \times$ 编码性别。

通过该回归方程可知，对于女性游客"编码性别 = 0"，平均再购买意图为 4.446；而对于男性游客"编码性别 = 1"，平均再购买意图 = 4.325，获知和男性游客相比较，女性游客有更高的再购买意图。

表 14-4 回归系数[a]

模型		未标准化系数		标准化系数	t	显著性
		B	标准误差	Beta		
1	（常量）	4.446	0.027		162.472	0.000
	编码性别	-0.121	0.042	-0.098	-2.911	0.004

第四节 含虚拟变量线性回归分析报告

对虚拟变量的回归分析菜单操作和输出表格逐一分析完毕后，得到了最终的线性回归分析方程，还需要制作统计输出汇总表。

一般需要汇总的统计量包含模型中参与分析的变量、未标准化回归系数、标准误差、标准化回归系数、t 检验值、t 检验对应的 P 值、判定系数 R^2、调整的判定系数、F 检验值和对应的 P 值等。

由表 13-5 知 $R^2 = 0.01$，分析得本次回归分析的总解释程度相当小；F 检验值 = 8.475，对应的显著度 Sig. = 0.004 < 0.05，说明总体线性显著成立；虚拟变量"编码性别"的 t 检验值 = -2.91，对应的 P 值 = 0.004，也说明虚拟变量的显著性也成立，由于数据本身数值的差异性，造成了拟合程度不大好的结果。

表 14-5　　　　　　　　　　　虚拟变量回归分析汇总

	未标准化回归系数		标准化回归系数	t 值	Sig.
	B	标准误差	Beta		
（常量）	4.446	0.027		162.472	0.000**
编码性别	-0.121	0.042	-0.098	-2.911	0.004**
被解释变量=COM5 再购买意图					
$R^2 = 0.01$　调整后的 $R^2 = 0.008$　F 值 = 8.475　P 值 = 0.004**					

注：**P<0.01。

第十五章　均值比较 t-检验

第一节　t-检验介绍

t-检验主要是针对来自两个不同分类的样本，推断这两个样本代表的总体平均数是不是存在显著的不同。比如，两类人群（男女）对某一事物的看法是否相同。

该检验所采用的数学原理是：利用构造的 t 统计量进行检验，看两样本的平均数是否在统计学上存在显著的差异。如果该检验显著，则说明两者看法是明显不同的，存在差异；当然，如果检验不显著，则说明看法没有明显的不同。

第二节　均值比较 t-检验案例介绍

案例 1：对温泉旅游的愉悦价值体验，男女是否持有不同的看法？
案例 2：对温泉旅游的实用性价值，男女是否有明显不同的观点？

第三节　t-检验案例操作

我们利用温泉旅游教材数据来针对上节两个问题利用 t-检验进行检验。

一　t-检验工具条选择
我们首先在数据文件的主菜单上找到两独立样本 t-检验所对应的工

具选项条，如图 15-1 所示。

分析（A）→比较平均值（M）→独立样本 t-检验

图 15-1　t-检验菜单选项条

单击该工具条后出现图 15-2 所示的变量选择对话框。

①在原始变量列表框中选中我们要进行分类比较的分组变量"性别"，反色显示，单击向右箭头，进入分组变量（G）对话框，如图 15-2 所示；

②单击定义组（D）出现图 15-3 所示的对话框，因为原始数据库中"性别"的值标签是"男＝1"和"女＝2"，所以单击使用指定的值（U），录入"组 1：＝1""组 2：＝2"完成类别定义，然后单击继续（C）；

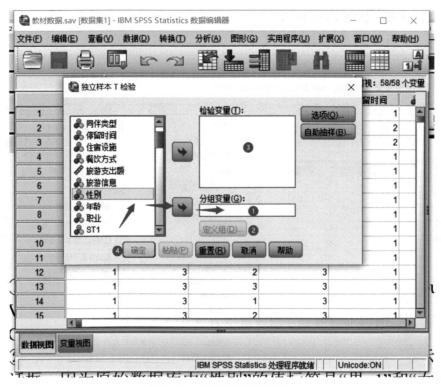

图 15-2   t-检验选择对话框 1

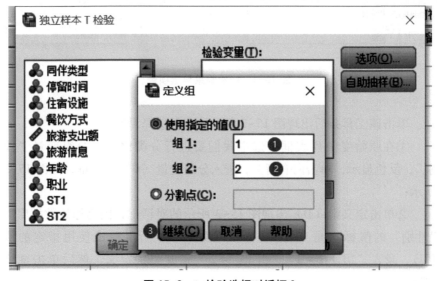

图 15-3   t-检验选择对话框 2

③在图 15-2 所示的原始变量选择对话框中选中我们要进行比较的变量 COM6 愉悦价值和 COM2 实用性价值，单击向右箭头，进入检验变量（T）对话框，如图 15-4 所示；

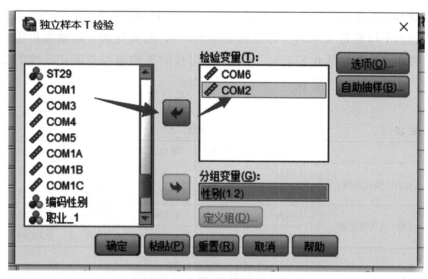

图 15-4　t-检验选择对话框 3

④单击确定完成菜单选择，输出结果文件如图 15-5 所示。

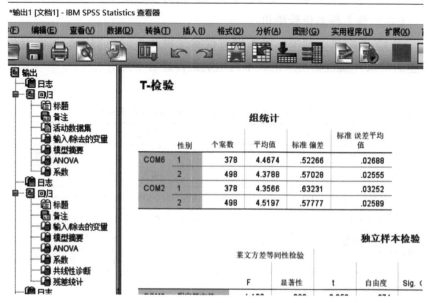

图 15-5　t-检验输出结果窗口 4

二 t-检验结果分析

（一）分组统计量输出

表 15-1 给出了 t-检验中根据分组类别的基本描述统计量。其中检验变量 COM6 愉悦价值中，男性样本 378 个、女性样本 498 个；男性的愉悦价值的平均值是 4.4674、标准差是 0.52266；而女性的平均愉悦价值是 4.3788、标准差是 0.57028。从中可知男性的平均愉悦价值比女性的要高，而且分散程度要小。

表 15-1 分组统计量

	性别	个案数	平均值	标准偏差	标准误差
COM6 愉悦价值	1 男性	378	4.4674	0.52266	0.02688
	2 女性	498	4.3788	0.57028	0.02555
COM2 实用性价值	1 男性	378	4.3566	0.63231	0.03252
	2 女性	498	4.5197	0.57777	0.02589

同时，检验变量 COM2 实用性价值中，男性的平均值是 4.3566、标准差是 0.63231；而女性的平均实用性价值是 4.5197、标准差是 0.57777。说明女性的实用性价值体验略高于男性，且分散程度小。

（二）独立样本检验输出

表 15-2 给出了利用原始数据对检验变量在不同组别中的均值进行 t 检验的结果，通过输出来把握不同组别是否显著不同。

表 15-2 独立样本 t 检验（Independent Samples Test）

		方差齐性检验		平均值等值 t 检验					
		F	Sig.	t	自由度	Sig.（双尾）	平均值差值	差值95%置信区间 下限	上限
COM6	假定等方差	1.133	0.288	2.358	874	0.019	0.0885	0.0149	0.1622
	不假定等方差			2.387	843.6	0.017	0.0885	0.0157	0.1613
COM2	假定等方差	7.569	0.006	-3.971	874	0.000	-0.1631	-0.2437	-0.0825
	不假定等方差			-3.923	771.3	0.000	-0.1631	-0.2447	-0.0815

一般，两样本 t 检验有 3 个重要的步骤。

首先，t 检验根据 t 分布的分布特征和检验的问题选择双尾检验（2-tailed）还是单尾检验（1-tailed）；

其次，计算出两个不同类别的平均数的差值。

最后，给出假设：

零假设 H0＝男女对某种看法没有差异；

备择假设 H1＝男女对某种看法存在明显差异。

与此同时，一定要注意一个前提条件，那就是方差相同是否满足，因为方差相同与否，需要选择不同的检验统计量和方法。而方差等同性（方差齐性）检验这个假设问题的检验采用的是 Levene's Test（莱文方差齐性检验）。

在第一个检验变量 COM6 中，对应的方差齐性检验 F 值＝1.133，显著度 P 值＝0.288，说明在显著性水平 0.05 下，接受零假设，方差不存在显著不同，也就是满足方差相同的假设。此时，我们需要观察两样本分组检验中的假定等方差对应的第一行，系统选择的 t-检验值＝2.358，对应的 sig.（双尾）检验值＝0.019，在 0.05 显著性水平之下，0.019 ＜ 0.05，说明两类人群（男和女）对愉悦价值的看法存在明显的差异。

另一方面，检验变量 COM2 实用性价值中，检验方差齐性的 F 检验值＝7.569，对应的 P 值＝0.006 ＜ 0.01，在 0.01 显著性水平下说明两组样本数据的方差明显不同，应选择另一种统计量进行组别检验。此时，我们应该观察不假定等方差对应的最后一行，均值比较所选择的 t-检验值＝-3.923，对应的 sig.（双尾）检验值＝0.000 ＜ 0.05，也说明性别对实用性价值的看法存在显著的差异。

第四节　t-检验报告

一　t-检验汇总表

t-检验针对两个不同组别对某一事物的看法是否存在明显差异进行检验，在最终的汇总表格中我们需要用到的重要统计量包括参与分析的样本个数、样本平均数、样本标准差、t 检验值和显著度 P 值。利用表 15-1 和表 15-2 可以建立并整理成一个简洁的汇总表。

表 15-3   独立样本 t 检验汇总

检验变量	平均数		标准差		t 值	P 值
	男性（n=378）	女性（n=498）	男性	女性		
COM6 愉悦价值	4.4674	4.3788	0.5227	0.5703	2.358	0.019*
COM2 实用性价值	4.3566	4.5197	0.6323	0.5778	-3.923	0.000*

注：*p < 0.05。

二　t-检验分析报告

在检验变量 COM6 愉悦价值中，方差齐性检验 F 值=1.133，显著度 P 值=0.288，说明在显著性水平 0.05 下，方差不存在显著不同，满足了方差相同的假设，t-检验值=2.358，对应的 sig.（双尾）检验值=0.019，在 0.05 显著性水平之下，0.019 < 0.05，说明两类人群（男和女）对愉悦价值的看法存在明显的差异。

而检验变量 COM2 实用性价值中，检验方差齐性的 F 检验值=7.569，对应的 P 值=0.006 < 0.05，在 0.05 显著性水平下说明两组样本数据的方差明显不同，均值比较所选择的 t-检验值=-3.923，对应的 sig.（双尾）检验值=0.000 < 0.05，也说明性别对实用性价值的看法存在显著的差异。

第十六章 单因素方差分析

第一节 单因素方差分析（ANOVA）介绍

第 14 章中所使用的均值比较 t-检验主要用来进行两类数据之间检验变量的平均数是否存在差异，而 ANOVA 则可以检验 2 类以上的分组数据之间的某项检验变量的均值比较。

其中该检验的方法主要利用了方差的分解和 F 检验，所以称为单因素方差分析 ANOVA。

第二节 单因素 ANOVA 案例介绍

两独立样本 t-检验只能够针对某项检验变量对两组数据进行检验，并且得出这两组数据的均值是否存在明显的不同，如果有 3 组数据的时候，就不能利用两独立样本 t-检验，而单因素 ANOVA 主要是利用方差分析的方法同时可以对 3 组以及 3 组以上的数据进行某项检验变量的均值比较。

下面将以教材数据中的 3 个案例进行详细的操作和介绍。

案例 1：不同温泉地区的游客对该地区的多样性满意度是否一样？

案例 2：不同温泉地区的游客对该地区的可接近性满意度是否一样？

案例 3：不同温泉地区的游客对该地区的信息正确性满意度是否一样？

第三节　单因素 ANOVA 案例应用

一　单因素 ANOVA 菜单操作

我们打开原始数据文件，在主界面上找到单因素方差分析（ANO-VA）所对应的选项工具条，如图 16-1 所示。

分析（A）→比较平均值（M）→单因素 ANOVA 检验

图 16-1　单因素 ANOVA（单因素方差分析）菜单选择项

①单击图 16-1 所示的工具条进入单因素 ANOVA（单因素方差分析）的变量选择对话框，首先需要选择的是分组变量，也就是因子（F）：温泉地区（龙门、南京和昆明），在原始变量列表中选中温泉地区，单击向

右箭头进入因子对话框，接着选中 COM1A、COM1B 和 COM1C，单击向右箭头进入因变量列表（E），完成检验变量的选择，如图 16-2 所示；

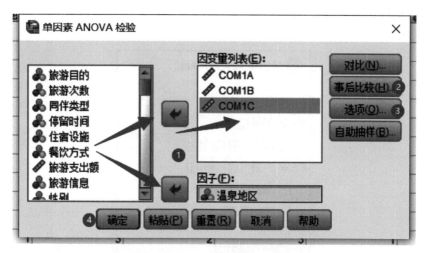

图 16-2 单因素 ANOVA（单因素方差分析）对话框 1

②单击事后比较（H）出现图 16-3 所示的对话框，选中假定等方差选择项中的雪费（Scheffe）项和不假定等方差选择项中的邓尼特 T3（Dunnett's T3）项，然后点击继续（C），返回上一级菜单；

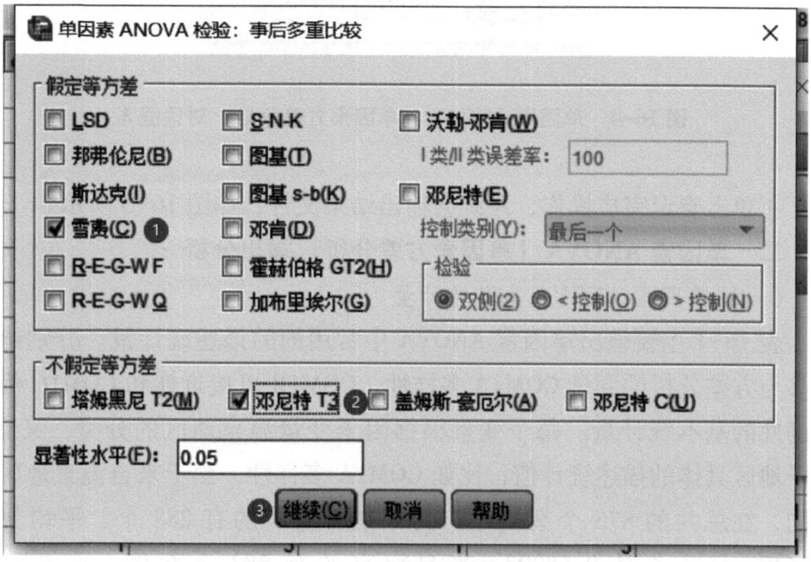

图 16-3 单因素 ANOVA（单因素方差分析）对话框 2

③单击选项（O）按钮时出现图 16-4 所示的对话框，在统计量选项中选中描述（D）和方差齐性检验（H），然后点击继续（C）返回上一级对话框；

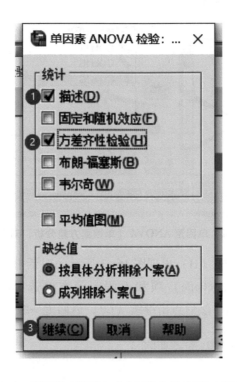

图 16-4　单因素 ANOVA（单因素方差分析）对话框 3

④单击确定完成操作，系统会输出结果文件，如图 16-5 所示。

二　单因素 ANOVA（单因素方差分析）输出分析

（一）单因素 ANOVA 基本统计量

表 16-1 主要输出单因素 ANOVA 中常用的的描述统计量。分别给出了参与方差分析的变量 COM1A 多样性、COM1B 可接近性和 COM1C 信息正确性的基本统计量。每个变量根据因子变量温泉地区的分类，又有 3 个子地区具体的描述统计值，比如 COM1A 多样性，由于来自温泉地区的不同，在总共的 876 个案例中，其中来自龙门的有 288 个、平均数是 4.3449、标准差是 0.68997；来自南京的有 282 个案例、平均数是 4.5485、标准差是 0.30323；来自昆明的有 306 个案例、平均数是

4.1307、标准差是0.66474。而这三个地区的总平均数是4.3356、标准差是0.60746。

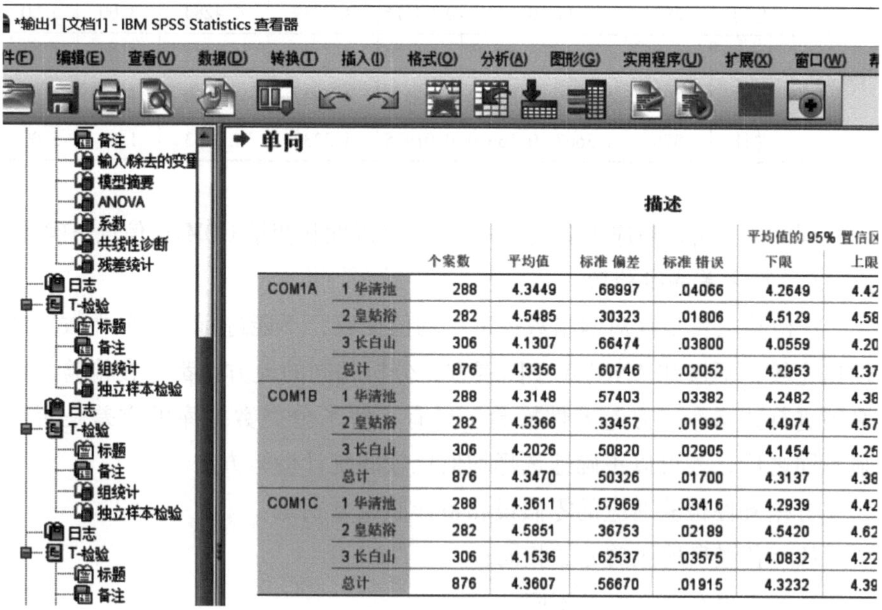

		个案数	平均值	标准 偏差	标准 错误	平均值的 95% 置信区 下限	上限
COM1A	1 华清池	288	4.3449	.68997	.04066	4.2649	4.42
	2 皇姑府	282	4.5485	.30323	.01806	4.5129	4.58
	3 长白山	306	4.1307	.66474	.03800	4.0559	4.20
	总计	876	4.3356	.60746	.02052	4.2953	4.37
COM1B	1 华清池	288	4.3148	.57403	.03382	4.2482	4.38
	2 皇姑府	282	4.5366	.33457	.01992	4.4974	4.57
	3 长白山	306	4.2026	.50820	.02905	4.1454	4.25
	总计	876	4.3470	.50326	.01700	4.3137	4.38
COM1C	1 华清池	288	4.3611	.57969	.03416	4.2939	4.42
	2 皇姑府	282	4.5851	.36753	.02189	4.5420	4.62
	3 长白山	306	4.1536	.62537	.03575	4.0832	4.22
	总计	876	4.3607	.56670	.01915	4.3232	4.39

图16-5　单因素ANOVA（单因素方差分析）视图4

表16-1　基本统计量

		个案数	平均值	标准差	标准误	平均值的95%置信区间 下限	平均值的95%置信区间 上限	最小值	最大值
COM1A	龙门	288	4.3449	0.68997	0.04066	4.2649	4.4249	1.00	5.00
	南京	282	4.5485	0.30323	0.01806	4.5129	4.5840	3.33	5.00
	昆明	306	4.1307	0.66474	0.03800	4.0559	4.2055	2.00	5.00
	总计	876	4.3356	0.60746	0.02052	4.2953	4.3759	1.00	5.00
COM1B	龙门	288	4.3148	0.57403	0.03382	4.2482	4.3814	2.33	5.00
	南京	282	4.5366	0.33457	0.01992	4.4974	4.5759	2.00	5.00
	昆明	306	4.2026	0.50820	0.02905	4.1454	4.2598	2.67	5.00
	总计	876	4.3470	0.50326	0.01700	4.3137	4.3804	2.00	5.00

续表

		个案数	平均值	标准差	标准误	平均值的95%置信区间		最小值	最大值
						下限	上限		
COM1C	龙门	288	4.3611	0.57969	0.03416	4.2939	4.4283	3.00	5.00
	南京	282	4.5851	0.36753	0.02189	4.5420	4.6282	2.50	5.00
	昆明	306	4.1536	0.62537	0.03575	4.0832	4.2239	1.00	5.00
	总计	876	4.3607	0.56670	0.01915	4.3232	4.3983	1.00	5.00

同样的分析也对应于变量 COM1B 可接近性和变量 COM1C 信息正确性。

（二）方差齐性检验

t-检验主要是针对两组数据进行均值比较，不能进行三组分类数据的均值比较，不过和 ANOVA 单因素方差分析相同的地方，都是在检验之前必须进行数据库的方差齐性检验。只有了解了分类数据库的方差是否明显不同之后，才可以正确地选择均值比较的统计检验方法。

方差齐性检验对应的零假设和备择假设分别是：

H_0 = 各温泉地区的方差相同；

H_1 = 至少有两个方差不同。

表 15-2 是方差齐性检验的输出表格，可以看到变量 COM1A 多样性、COM1B 可接近性和 COM1C 信息正确性的方差齐性检验对应的 Sig.（显著度 P 值）全部为 0.000 < 0.05，在 0.05 显著性水平下，说明三个变量的分类方差都是显著不同的，即，都不满足方差齐性条件。

表 16-2 方差齐性检验

		莱文统计	自由度1	自由度2	显著性
COM1A	基于平均值	58.247	2	873	0.000
	基于中位数	64.001	2	873	0.000
	基于中位数并具有调整后自由度	64.001	2	753.547	0.000
	基于剪除后平均值	61.113	2	873	0.000
COM1B	基于平均值	50.531	2	873	0.000
	基于中位数	54.863	2	873	0.000
	基于中位数并具有调整后自由度	54.863	2	852.615	0.000
	基于剪除后平均值	53.541	2	873	0.000

续表

		莱文统计	自由度1	自由度2	显著性
COM1C	基于平均值	42.453	2	873	0.000
	基于中位数	34.735	2	873	0.000
	基于中位数并具有调整后自由度	34.735	2	747.871	0.000
	基于剪除后平均值	40.142	2	873	0.000

（三）单因素 ANOVA（单因素方差分析）

表 16-3 是单因素 ANOVA（单因素方差分析）的主要输出表格，展示了三个参与分析的变量的方差分解统计量和方差分析 F 检验值。可以看到 3 个变量的 F 检验 Sig. 都是 0.000 < 0.05，所以在 0.05 显著性水平之下，3 个变量的结论是一致的，那就是说：来自不同温泉地区的多样性、可接近性和信息正确性都是显著不同的。

表 16-3 　　　　　　　　　　ANOVA（方差分析）

		平方和	自由度	均方	F	显著性
COM1A	组间	25.647	2	12.824	37.664	0.000
	组内	297.237	873	0.340		
	总计	322.884	875			
COM1B	组间	16.820	2	8.410	35.849	0.000
	组内	204.794	873	0.235		
	总计	221.613	875			
COM1C	组间	27.326	2	13.663	47.019	0.000
	组内	253.683	873	0.291		
	总计	281.009	875			

（四）多重比较

表 16-4 给出了参与分析的变量在具体不同温泉地区的均值比较，包括利用雪费检验和邓尼特 T3 检验给出的不同变量的分组比较检验。值得注意的是，在方差分析中，首先要看方差齐性检验是否通过，如果通过了方差齐性检验，也就是假定等方差，我们在进行多重比较之中选择的检验方法是雪费；而当假定不等方差（当方差不同时）选择的是邓尼特

T3 检验。由刚才的方差齐性检验可知，三个参与分析的变量全部都没有通过方差齐性检验，所以在表 16-4 的多重比较之中，我们全部需要看的是邓尼特 T3 检验结论。

表 16-4 多重比较

因变量		(I) 温泉地区	(J) 温泉地区	平均值差值(I-J)	标准误	显著性	95%置信区间	
							下限	上限
COM1A	雪费	龙门	南京	-0.20356*	0.04888	0.000	-0.3234	-0.0837
			昆明	0.21419*	0.04790	0.000	0.0967	0.3316
		南京	龙门	0.20356*	0.04888	0.000	0.0837	0.3234
			昆明	0.41774*	0.04817	0.000	0.2996	0.5358
		昆明	龙门	-0.21419*	0.04790	0.000	-0.3316	-0.0967
			南京	-0.41774*	0.04817	0.000	-0.5358	-0.2996
	邓尼特 T3	龙门	南京	-0.20356*	0.04449	0.000	-0.3102	-0.0969
			昆明	0.21419*	0.05565	0.000	0.0809	0.3474
		南京	龙门	0.20356*	0.04449	0.000	0.0969	0.3102
			昆明	0.41774*	0.04207	0.000	0.3169	0.5186
		昆明	龙门	-0.21419*	0.05565	0.000	-0.3474	-0.0809
			南京	-0.41774*	0.04207	0.000	-0.5186	-0.3169
COM1B	雪费	龙门	南京	-0.22183*	0.04058	0.000	-0.3213	-0.1223
			昆明	0.11220*	0.03976	0.019	0.0147	0.2097
		南京	龙门	0.22183*	0.04058	0.000	0.1223	0.3213
			昆明	0.33403*	0.03998	0.000	0.2360	0.4321
		昆明	龙门	-0.11220*	0.03976	0.019	-0.2097	-0.0147
			南京	-0.33403*	0.03998	0.000	-0.4321	-0.2360
	邓尼特 T3	龙门	南京	-0.22183*	0.03926	0.000	-0.3159	-0.1278
			昆明	0.11220*	0.04459	0.036	0.0054	0.2190
		南京	龙门	0.22183*	0.03926	0.000	0.1278	0.3159
			昆明	0.33403*	0.03523	0.000	0.2497	0.4184
		昆明	龙门	-0.11220*	0.04459	0.036	-0.2190	-0.0054
			南京	-0.33403*	0.03523	0.000	-0.4184	-0.2497

续表

因变量		(I) 温泉地区	(J) 温泉地区	平均值差值(I-J)	标准误	显著性	95%置信区间	
							下限	上限
COM1C	雪费	龙门	南京	-0.22400*	0.04516	0.000	-0.3347	-0.1133
			昆明	0.20752*	0.04426	0.000	0.0990	0.3160
		南京	龙门	0.22400*	0.04516	0.000	0.1133	0.3347
			昆明	0.43151*	0.04450	0.000	0.3224	0.5406
		昆明	龙门	-0.20752*	0.04426	0.000	-0.3160	-0.0990
			南京	-0.43151*	0.04450	0.000	-0.5406	-0.3224
	邓尼特T3	龙门	南京	-0.22400*	0.04057	0.000	-0.3212	-0.1268
			昆明	0.20752*	0.04945	0.000	0.0891	0.3259
		南京	龙门	0.22400*	0.04057	0.000	0.1268	0.3212
			昆明	0.43151*	0.04192	0.000	0.3311	0.5319
		昆明	龙门	-0.20752*	0.04945	0.000	-0.3259	-0.0891
			南京	-0.43151*	0.04192	0.000	-0.5319	-0.3311

注：＊表示平均值差值的显著性水平为 0.05。

变量 COM1A 多样性中，来自龙门地区的和南京地区的平均值差值是-0.20356，Sig.（显著度 P 值）= 0.000 < 0.05，所以变量多样性在龙门和南京之间是显著不同的。

同样的分析可以应用到其他不同的变量和不同的温泉地区。

表格中平均值差值（I-J）这一列的＊号表示的是在显著性水平 0.05 之下平均数是显著不同的，可以看到全部都带＊号，可知通过本次单因素方差分析 3 个变量和 3 个不同温泉地区之间的均值都存在显著不同，当然如果我们换一个显著性水平，比如更换成 0.01，可以看到均值比较中会出现有一些就不那么显著的结论。比如 COM1B 可接近性中，来自地区是龙门和昆明的，他们的均值比较 Sig.（显著度 P 值）= 0.036 > 0.01，则在 0.01 的显著性水平之下，来自温泉地区分别是龙门和昆明的游客可接近性满意度中是没有什么不同的。

第四节　单因素 ANOVA 报告分析

一　单因素 ANOVA 表格汇总

在单因素方差分析的最后，需要对前面的表格进行汇总，把重要的统计量压缩在一张表格中，给人以直观和简洁的输出。

表 16-5　　　　　　　　　单因素方差分析和多重比较

变量名	温泉地区	均值	标准差	F 值	P 值	雪费/邓尼特 T3	显著与否
COM1A 多样性	龙门（a）	4.3449	0.68997	37.664	0.000	邓尼特 T3 b > a > c	显著
	南京（b）	4.5485	0.30323				
	昆明（c）	4.1307	0.66474				
COM1B 可接近性	龙门（a）	4.3148	0.57403	35.859	0.000	邓尼特 T3 b > a，c	显著
	南京（b）	4.5366	0.33457				
	昆明（c）	4.2026	0.50820				
COM1C 信息正确性	龙门（a）	4.3611	0.57969	47.019	0.000	邓尼特 T3 b > a > c	显著
	南京（b）	4.5851	0.36753				
	昆明（c）	4.1536	0.62537				

通过表格汇总我们可以看出，单因素方差分析刚好检验了 3 个假设：

假设 1 温泉地区不同，游客对温泉基础设施的多样性感知有差别。

假设 2 温泉地区不同，游客对温泉基础设施的可接近性感知有差别。

假设 3 温泉地区不同，游客对温泉基础设施的信息正确性感知有差别。

二　单因素 ANOVA 分析

通过分析我们发现，假设 1 "温泉地区不同，游客对温泉基础设施的多样性感知有差别"、假设 2 "温泉地区不同，游客对温泉基础设施的可接近性感知有差别"与假设 3 "温泉地区不同，游客对温泉基础设施的信息正确性感知有差别"显示出了方差不齐的结果，因此假设 1、假设 2 和假设 3 都成立。之后的邓尼特 T3 检验分析显示了南京温泉地区从基础设施的多样性、可接近性和信息正确性三方面都高于龙门温泉和昆明温泉地区。

第十七章　交叉列联表卡方分析

第一节　列联分析介绍

交叉列联表（Crosstabs）采用的是 X^2（Chi-square）检验，所以也被称作卡方检验。列联表是由两个以及两个以上的变量进行交叉分类的频数分布表。通常用于展示定性数据。通过列联表卡方分析，可以探讨定性变量之间是否存在相关性。

其中主要使用的统计量包括观测频数（Observed frequency）和期望频数（Expected frequency）。观测频数反映了总体的实际分布，而期望频数是在行列变量互不相关情况下的期望分布，反映了行列变量之间的独立关系。

如果这个差额很小，说明实际分布和期望分布是大同小异的，也就是说行列变量几乎不相关。如果这个差额足够大，说明实际分布和期望分布显著不同，则说明行列变量显著相关，说明不同的行变量分类值会产生不同的列分类值。

第二节　交叉列联表（Crosstabs）介绍

在实际分析中，除了需要对单个变量的数据分布情况进行分析外，还需要掌握多个变量在不同取值情况下的数据分布情况，从而进一步深入分析变量之间的相互影响和关系，这种分析就称为交叉列联表分析。

当所观察的现象同时与两个因素有关时，如某种服装的销量受价格和居民收入的影响，某种产品的生产成本受原材料价格和产量的影响等，通过交叉列联表分析，可以较好地反映出这两个因素之间有无关联性及两个因素与所观察现象之间的相关关系。

因此，数据交叉列联表分析主要包括两个基本任务：一是根据收集的样本数据，产生二维或多维交叉列联表；二是在交叉列联表的基础上，对两个变量间是否存在相关性进行检验。要获得变量之间的相关性，仅仅靠描述性统计是不够的，还需要借助一些表示变量间相关程度的统计量和一些非参数检验的方法。

常用的衡量变量间相关程度的统计量是简单皮尔逊相关系数，但在交叉列联表分析中，由于行列变量往往不是连续变量，不符合计算简单皮尔逊相关系数的前提条件。因此，需要根据变量的性质选择其他的相关系数，如肯德尔（Kendall）等级相关系数、Eta 值等。

SPSS 提供了多种适用于不同类型数据的相关系数表达，这些相关性检验的零假设都是：行和列变量之间相互独立，不存在显著的相关关系。根据 SPSS 检验后得出的相伴概率判断是否存在相关关系。如果相伴概率小于显著性水平 0.05，那么拒绝零假设，说明行列变量之间彼此相关；如果相伴概率大于显著性水平 0.05，那么接受原假设，说明行列变量之间彼此独立。

在交叉列联表分析中，SPSS 所提供的相关关系的检验方法主要有 3 种。

一　卡方（χ^2）统计检验

常用于检验行列变量之间是否相关。计算公式为：

$$\chi^2 = \sum \frac{(f_o - f_e)^2}{f_e}$$

该式中，f_o 表示每类别中实际观察到的频数，f_e 表示每类别理论期望频数。

该统计量服从（行数-1）×（列数-1）自由度的卡方分布。SPSS 在计算卡方统计量时，同时给出了相应的相伴概率，由此我们可以判断行列变量之间是否相关。

二　列联系数（Contingency coefficient）

也称为 C 系数，常用于名义变量之间的相关系数计算。主要用于大于 2×2 列联表的情况。当列联表中的两个变量相互独立时，系数 $C = 0$，但它不可能大于 1，计算公式由卡方统计量修改而得，公式如下：

$$C = \sqrt{\frac{\chi^2}{\chi^2 + N}}$$

其中，$N=$ 总样本个案数。

三 Phi 系数和克莱姆 V 系数（Phi and Cramer's V）

也常用于名义变量之间的相关系数计算。计算公式也由卡方统计量修改而得，公式如下：

$$V = \sqrt{\frac{\chi^2}{N(K-1)}}$$

系数介于 0 和 1 之间，式中 K 为行数和列数较小的实际数。

第三节 列联分析案例应用

一 列联分析案例操作

列联分析是在数据文件的主窗口中对应的分析工具条，描述性统计量，交叉列联表下进行分析的。相应的工具条如图 17-1 所示。

分析（A）→描述统计（E）→交叉表（C）

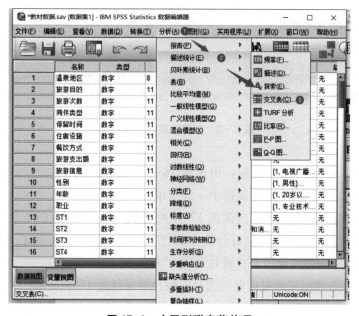

图 17-1 交叉列联表菜单项

①在交叉表原始变量列表中选中"旅游目的"，点击向右箭头进入行（O）变量框。在原始变量列表框中选中"同伴类型"，点击向右箭头进入列（C）变量框，完成变量选择，如图 17-2 所示；

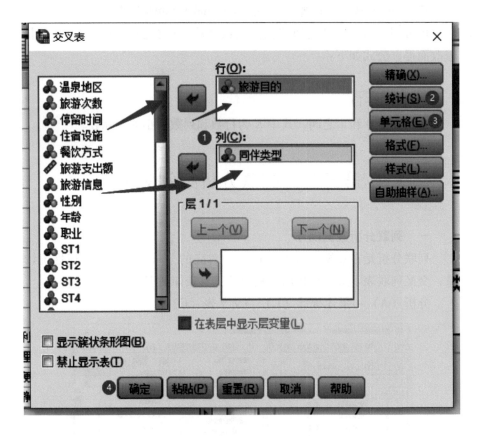

图 17-2　交叉列联表对话框 1

②单击统计（S）按钮，出现图 16-3 对话框，选中卡方（H）复选框，然后点击继续（C）返回上一级菜单；

③单击单元格（E）出现图 17-4 对话框，选中计数（T）中的实测值（O）和期望值（E），百分比中的行（R）、列（C）和总计（T），然后点击继续（C）返回上一级对话框；

④单击确定完成对话框的选择，输出结果如图 17-5 所示。

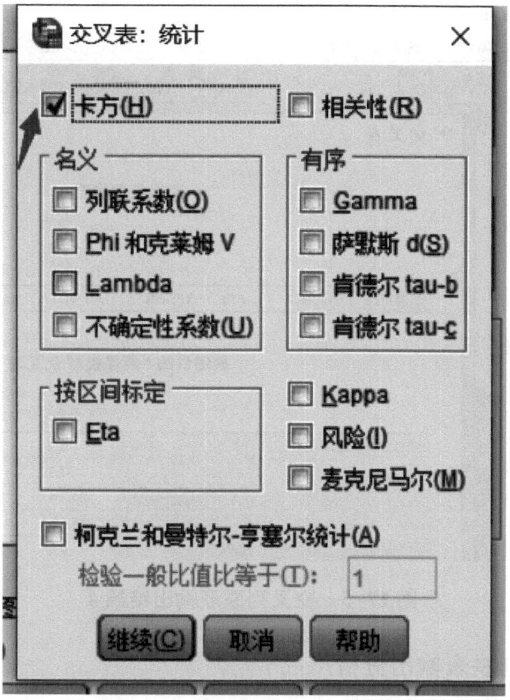

图 17-3 交叉列联表对话框 2

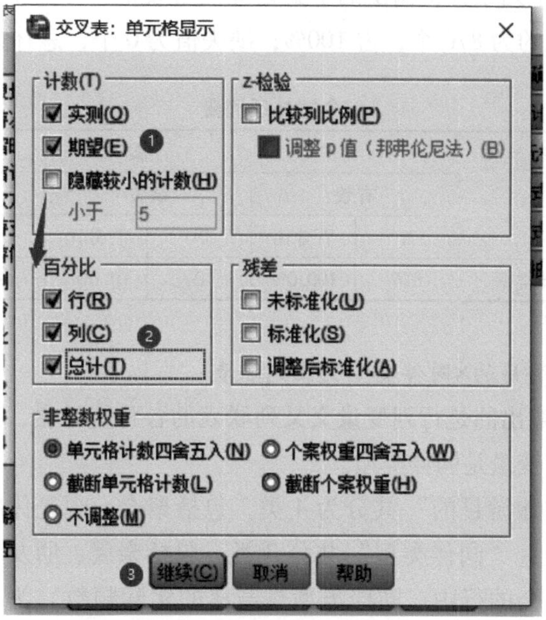

图 17-4 交叉列联表对话框 3

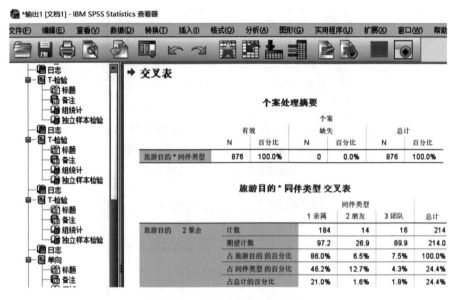

图 17-5　交叉列联表输出结果 4

二　交叉列联表输出分析

（一）个案处理摘要输出

表 17-1 是列联分析输出的个案处理摘要表格，可以得知参与分析的案例中，有效的为 876 个，占 100%；缺失值为 0 个，总计为 876。

表 17-1　　　　　　　　　　　个案处理摘要

	个案					
	有效		缺失		总计	
	N	百分比	N	百分比	N	百分比
旅游目的×同伴类型	876	100.0%	0	0.0%	876	100.0%

（二）旅游目的×同伴类型交叉列联表

表 17-2 输出的是行列变量交叉列联表的各种统计量，其中行变量是旅游目的，列变量是同伴类型。

行变量"旅游目的"共分为 4 类，包括聚会、观光休闲、改善健康和疗养；列变量"同伴类型"共分 3 类，包括亲属、朋友和团队，其中旅游目的是聚会的行中，同伴类型是亲属的实际频数）为 184 个，期望频数为 97.2 个，在同样的旅游目的中占 86.0%，在同样的同伴类型中占

46.2%，在全部数据中占 21.0%；同伴类型是朋友的实际频数为 14，期望频数为 26.9，在聚会中占 6.5%，在朋友中占 12.7%，在全部数据中占 1.6%；同伴类型是团队的实际频数为 16，期望频数为 89.9，在聚会中占 7.5%，在朋友中占 4.3%，在全部数据中占 1.8%。

表 17-2   旅游目的×同伴类型交叉表

			同伴类型			总计
			亲属	朋友	团队	
旅游目的	聚会	计数	184	14	16	214
		期望计数	97.2	26.9	89.9	214.0
		占旅游目的的百分比	86.0%	6.5%	7.5%	100.0%
		占同伴类型的百分比	46.2%	12.7%	4.3%	24.4%
		占总计的百分比	21.0%	1.6%	1.8%	24.4%
	观光休闲	计数	34	32	40	106
		期望计数	48.2	13.3	44.5	106.0
		占旅游目的的百分比	32.1%	30.2%	37.7%	100.0%
		占同伴类型的百分比	8.5%	29.1%	10.9%	12.1%
		占总计的百分比	3.9%	3.7%	4.6%	12.1%
	增进健康	计数	164	62	288	514
		期望计数	233.5	64.5	215.9	514.0
		占旅游目的的百分比	31.9%	12.1%	56.0%	100.0%
		占同伴类型的百分比	41.2%	56.4%	78.3%	58.7%
		占总计的百分比	18.7%	7.1%	32.9%	58.7%
	疗养	计数	16	2	24	42
		期望计数	19.1	5.3	17.6	42.0
		占旅游目的的百分比	38.1%	4.8%	57.1%	100.0%
		占同伴类型的百分比	4.0%	1.8%	6.5%	4.8%
		占总计的百分比	1.8%	0.2%	2.7%	4.8%
总计		计数	398	110	368	876
		期望计数	398.0	110.0	368.0	876.0
		占旅游目的的百分比	45.4%	12.6%	42.0%	100.0%
		占同伴类型的百分比	100.0%	100.0%	100.0%	100.0%
		占总计的百分比	45.4%	12.6%	42.0%	100.0%

另外，该列联表的最下端和最右端分别表示边缘分布，比如最下面一行总计，表示在全部数据中同伴类型是亲属的实际频数 398、期望频数是 398 等。

（三）卡方检验输出

表 17-3 显示的是卡方检验输出表格，给出了列联分析的皮尔逊卡方检验的各种统计量，包括检验值、自由度和渐进的显著度 P 值（双尾），本次卡方检验的值为 224.897，自由度是 6 =（行分类-1）×（列分类-1）=（4-1）×（3-1），渐进 P 值 = 0.000，说明在 0.05 显著性水平下，本次卡方检验是显著的，也意味着行列变量之间存在显著的相关关系，也就是说旅游目的和同伴类型有明显的相关关系。

表 17-3　　　　　　　　　　　　　　　**卡方检验**

卡方检验			
	值	自由度	渐进显著性（双侧）
皮尔逊卡方	224.897[a]	6	0.000
似然比	235.365	6	0.000
线性关联	155.573	1	0.000
有效个案数	876		

注：0 个单元格（0.0%）的期望计数小于 5。最小期望计数为 5.27。

注意：对于卡方检验而言，要求交叉列联表中不应该有期望频数小于 1 的单元格，或者不应该有大量期望频数小于 5 的单元格，否则卡方检验就失去了意义。从脚注可以看到：a 期望频数小于 5 的单元格为 0，最小期望频数是 5.27，这都意味着满足卡方检验的前提条件，所以本次列联分析卡方检验是有效的。

其实，回过头看一下原始数据，可以发现旅游目的中共有 6 种类型，还包括生意往来和作为会议场所，只不过这里都是 0 案例；并且观察表 17-2 可知表中旅游目的是疗养的，总共案例是 42 个，而且同伴类型是朋友的只有 2 个，在全部数据中所占的比例过少，对于整体分析而言略显单薄，所以综合原始分类和数据，我们有必要对旅游目的的分类进行一下合并。比如，我们可以把旅游目的是疗养的合并到改善健康一组中，因为他们的分类目的有些模糊、大同小异。

（四）旅游目的重新编码

对一个原始变量进行重新的编码计算，在第 13 章已经讲述过，本节我们就简单展示下，如图 17-6 所示。

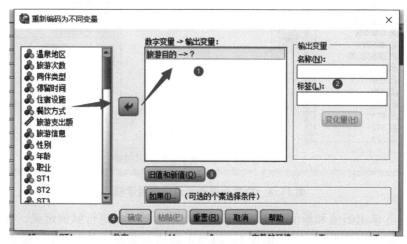

图 17-6　交叉列联表变量编码

①在重新编码为不同变量的原始变量列表框中选中旅游目的，点击向右箭头进入数字变量->输出变量对话框，如图 17-6 所示；

②在输出变量名称（N）中输入"新旅游目的"，标签（L）中输入"编码后旅游目的"，见图 17-7，然后单击变化量（H），结果显示如图 17-8 所示；

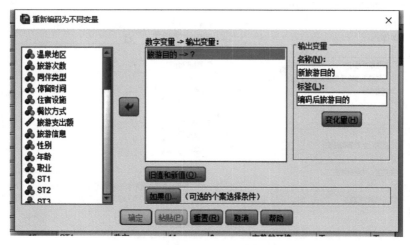

图 17-7　交叉列联表变量编码对话框 1

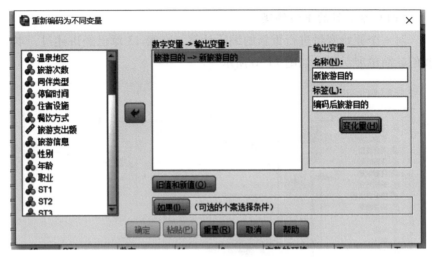

图 17-8 交叉列联表变量编码对话框 2

③单击旧值和新值（O）按钮对编码前后的变量进行赋值定义，在旧值对话框中单击值（V）输入 1，再单击新值对话框中的值（L）输入 1，然后点击添加（A），接着继续进行新旧变量的赋值，在旧值对话框中点击值（V）输入 2，再点击新值对话框中的值（L）输入 2，然后点击添加（A），继续上述步骤，赋值 3 = 3、4 = 4、5 = 5、最后是 6 = 5，这样我们就把原始变量"旅游目的"6 组分类，经过重新编码，变成了新变量"新旅游目的"，变为 5 组分类，如图 17-9 所示；

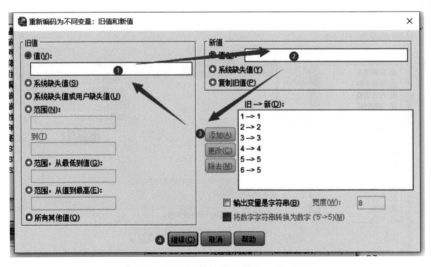

图 17-9 交叉列联表变量编码对话框 3

④单击继续（C）返回上一级对话框，再单击确定完成对旅游目的的重新编码操作，在原始的数据文件中，系统会在所有变量名之后自动生成一列新变量，变量名"新旅游目的"，如图 17-10 所示。

图 17-10　交叉列联表变量编码输出 4

第四节　新旅游目的和同伴类型的列联分析

一　新的列联表分析菜单选择

首先在数据窗口选择分析（A），描述统计（E），交叉表（C）对应的工具条，单击出现图 16-1 所示的对话框，在交叉表对话框中原始变量列表中选中"新旅游目的"进入行（O）变量对话框，选中"同伴类型"进入列（C）变量对话框，见图 17-11 所示，再单击确定完成菜单选择。

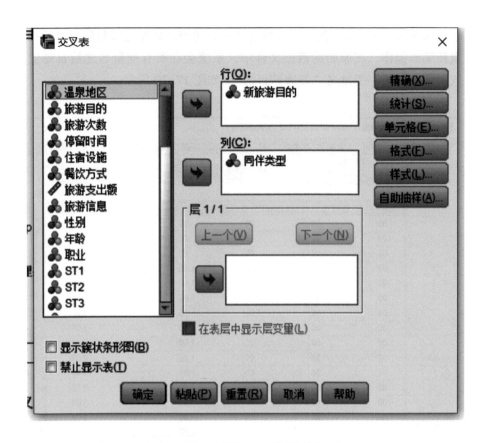

图 17-11　交叉列联表新变量选择框

二　新的列联分析输出分析

表 17-4 是列联分析输出的个案处理摘要表格，可以得知参与分析的案例中，有效的为 876 个，占 100%；缺失值为 0 个，总计 876，输出和表 17-1 的输出结果一致。

表 17-4　　　　　　　　　　　　　个案处理摘要

	个案					
	有效		缺失		总计	
	N	百分比	N	百分比	N	百分比
新旅游目的×同伴类型	876	100.0%	0	0.0%	876	100.0%

表 17-5 输出了行列变量的交叉列联表中各种统计量，其中行变量是"编码后旅游目的"，列变量是"同伴类型"。行变量"编码后旅游目的"共分为 3 类，包括聚会、观光休闲和改善健康，列变量"同伴类型"共分 3 类，包括亲属、朋友和团队，解释如表 17-2 所示。

表 17-5   编码后旅游目的×同伴类型 Crosstabulation

新旅游目的×同伴类型交叉表

			同伴类型			总计
			亲属	朋友	团队	
新旅游目的	聚会	计数	184	14	16	214
		期望计数	97.2	26.9	89.9	214.0
		占新旅游目的的百分比	86.0%	6.5%	7.5%	100.0%
		占同伴类型的百分比	46.2%	12.7%	4.3%	24.4%
		占总计的百分比	21.0%	1.6%	1.8%	24.4%
	观光休闲	计数	34	32	40	106
		期望计数	48.2	13.3	44.5	106.0
		占新旅游目的的百分比	32.1%	30.2%	37.7%	100.0%
		占同伴类型的百分比	8.5%	29.1%	10.9%	12.1%
		占总计的百分比	3.9%	3.7%	4.6%	12.1%
	改善健康	计数	180	64	312	556
		期望计数	252.6	69.8	233.6	556.0
		占新旅游目的的百分比	32.4%	11.5%	56.1%	100.0%
		占同伴类型的百分比	45.2%	58.2%	84.8%	63.5%
		占总计的百分比	20.5%	7.3%	35.6%	63.5%
总计		计数	398	110	368	876
		期望计数	398.0	110.0	368.0	876.0
		占新旅游目的的百分比	45.4%	12.6%	42.0%	100.0%
		占同伴类型的百分比	100.0%	100.0%	100.0%	100.0%
		占总计的百分比	45.4%	12.6%	42.0%	100.0%

三 编码后卡方检验输出

表 17-6 显示的是卡方检验输出表格，给出了列联表分析皮尔逊卡方检验的各种统计量。包括检验值、自由度和渐进的显著度 P 值（双尾），

本次卡方检验的值为 222.911，自由度是 4 =（行分类－1）×（列分类－
1）=（3-1）×（3-1），渐进 P 值＝0.000，说明在 0.05 显著性水平下，
本次卡方检验是显著的，也意味着行列变量之间存在显著的相关关系，
也就是说编码后旅游目的和同伴类型有明显的相关关系。

表 17-6 卡方检验

	值	自由度	渐进显著性（双侧）
皮尔逊卡方	222.911[a]	4	0.000
似然比	232.648	4	0.000
线性关联	161.416	1	0.000
有效个案数	876		

注：0 个单元格（0.0%）的期望计数小于 5，最小期望计数为 13.31。

注意，a 是期望频数小于 5 的单元格为 0，最小期望频数是 13.31，
这些都意味着满足卡方检验的前提条件，本次列联表分析卡方检验是有
效的。

第五节　列联表分析报告分析

在列联表分析的最后，为了表达的直观和简洁，需要把所有输出表
格的重要统计量进行整理和汇总，一般需要保留下行变量（新旅游目的）
和列变量（同伴类型）的基本描述统计量，还有列联表分析的卡方检验
值和对应的显著度，汇总表见表 17-7。

在汇总表中，可以很清楚地看出行列变量每个交叉分类的实际频
数、期望频数和所占的比例，直观地让我们理解数据的基本组织方式
和比例；皮尔逊卡方检验值＝222.911，在显著性水平 0.05 之下，对
应的 P 值＝0.000 < 0.05。说明卡方检验是显著的，也意味着行列变
量之间是显著相关的，也就是说，不同的旅游目的会对应不同的同伴
类型。

表 17-7　　　　　　　　　　新旅游目的×同伴类型交叉列联表汇总

			同伴类型			卡方/P
			亲属	朋友	团队	
新旅游目的	聚会	实际频数	184（21.0%）	14（1.6%）	16（1.8%）	222.911/ 0.000 **
		期望频数	97.2	26.9	89.9	
	观光休闲	实际频数	34（3.9%）	32（3.7%）	40（4.6%）	
		期望频数	48.2	13.3	44.5	
	改善健康	实际频数	180（20.5%）	64（7.3%）	312（35.6%）	
		期望频数	252.6	69.8	233.6	

注：*P < 0.05，**P < 0.01；0 单元格（.0%）期望频数小于 5。

第十八章　聚类分析

第一节　聚类分析介绍

聚类分析（Cluster Analysis）又称群分析，是根据"物以类聚，人以群分"的道理，对样品或者指标进行分类的一种多元统计分析方法。聚类分析的对象是大量的物品，要求以合理的特性进行合理的分类，没有任何模式可供参考和借鉴，即，是在没有先验知识的情况下进行的。

聚类分析起源于古老的分类学，一般很少利用数学工具，在科技发达的现代，对分类的要求越来越高，而数学工具的输入则极大地丰富了聚类分析的内容和科学性。

聚类分析根据分类对象的不同，分为 Q-聚类分析（样品或者案例聚类），它是根据被观测样品的各种特征，将特征相似的样品归为一类；另一种是 R-型聚类分析（指标或者变量聚类），它是根据被观测的变量之间的相似性，将特征相似的变量归为一类。

聚类分析根据聚类的方法又分为系统聚类法和快速聚类法。系统聚类法，也称为层次聚类法（Hierarchical Cluster），它是聚类分析应用最广泛的一种方法。其思想是：开始将样品或者指标各自看作一类，根据类与类之间的距离或者相似程度将最相似的先加以合并，再计算新类和其他类别的相似程度，继续合并最相似的类别，直至最后全部样品或者指标聚为一类为止。快速聚类法，也称为 K-均值聚类法（K-Means Cluster），思想是：首先确定要分为 K 类，然后按照某种方法选取 K 类的聚类中心，让样品或者指标向这个中心进行聚集，然后重新选择合理的新的类中心，继续聚集，直到最优为止。

第二节　聚类分析案例介绍

案例1：针对职业是"专业技术类"的游客有关满意度的调查进行分类，利用系统聚类法把该职业的游客分成若干种类型。

案例2：利用快速聚类法把全部游客，按照因子分析后的满意度进行聚类，分成3类。

第三节　选择个案

一　选择个案工具条

在案例1的应用中，主要是针对职业是专业技术类的游客进行满意度聚类，所以首先需要在原始数据文件中挑选出符合这一特征的案例，然后才可以进行相应的系统聚类。

选择案例的操作是在主菜单数据（D）下的选择个案（S）工具条进行定义的。如图18-1所示。

数据（D）→选择个案（S）

二　选择个案对话框

单击选择个案对应的选项条选择个案（S）后出现图18-2所示的对话框。

对话框的左边是数据文件的原始变量列表，右边是选择个案对话框。其中系统默认的是所有个案（A），其他选择项依次是如果条件满足（C）、随机个案样本（D）、基于时间或者个案范围（B）、使用过滤变量（U）等，在该对话框的左下方是当前状态：不过滤个案。

根据案例1的介绍，本次选择个案对应的是职业 = 1（专业技术类），所以应该选中如果条件满足（C），条件是"职业 = 1"。如图18-3所示。

单击如果（I）按钮，进入选择个案的条件编辑对话框，见图18-4。

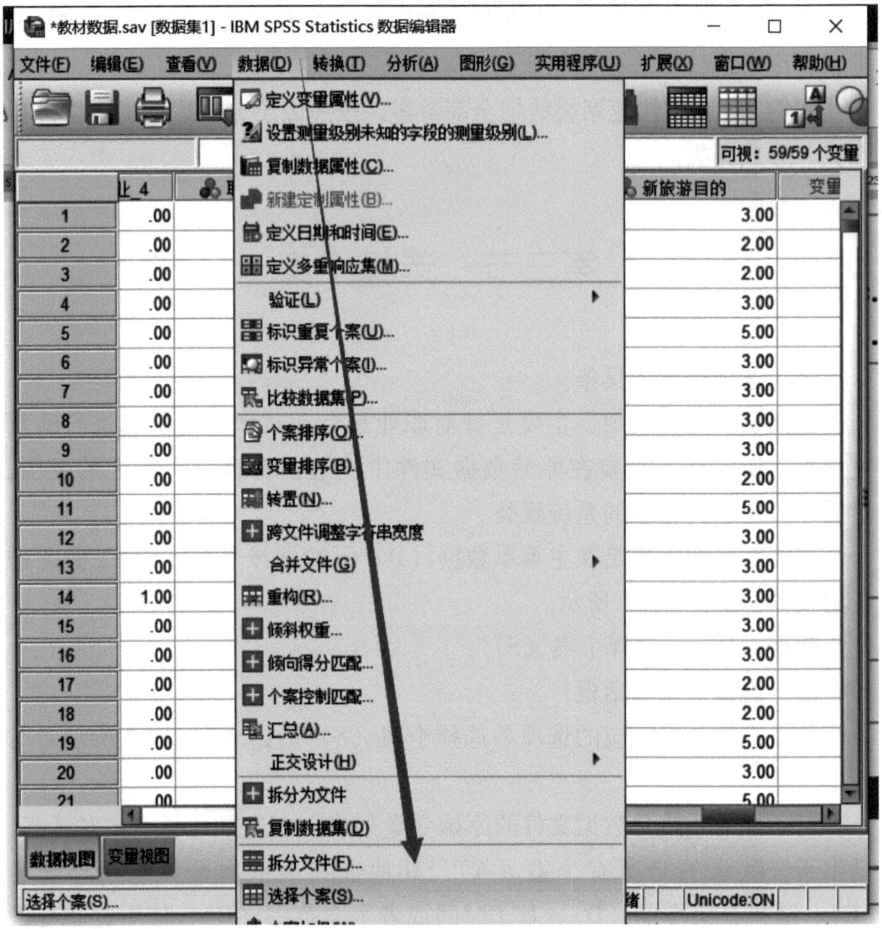

图 18-1 选择个案（S）工具条

图 18-2　选择个案对话框 1

图18-3　选择个案（Select Cases）对话框2

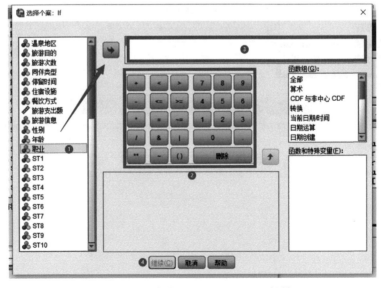

图18-4　选择个案（Select Cases）对话框3

①在图 18-4 条件对话框原始变量列表中选中条件变量"职业"，单击向右箭头进入条件变量对话框③；

②利用数学符号编辑器，选中"="和"1"对条件语言进行编辑赋值；

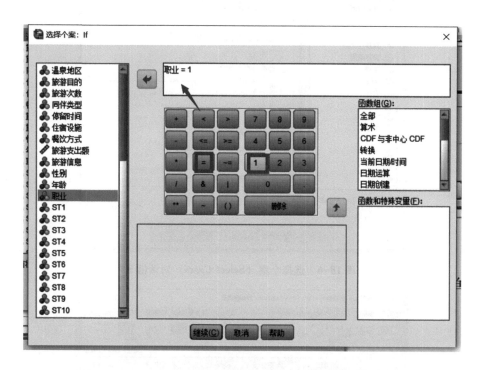

图 18-5　选择个案（Select Cases）对话框 4

③对话框中出现条件赋值语言"职业 = 1"，如图 18-5 所示，单击继续（C）返回上一级对话框，如图 18-6 所示；

④单击确定完成选择个案，原始数据文件自动更新为图 17-7，可以发现 134 表示第 134 案例由于不符合条件被过滤掉了，而 **139** 表示第 139 案例满足条件而保留在个案选择更新后的数据之中。

图 18-6　选择个案（Select Cases）对话框 5

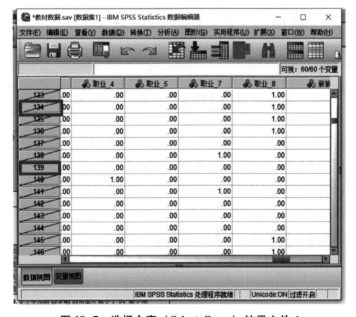

图 18-7　选择个案（Select Cases）结果文件 6

第四节 系统聚类法应用

一 系统聚类工具条

系统聚类法的使用菜单是在数据文件主菜单的分析（A）工具条下的分类（F）下的系统聚类（H）选项条，见图 18-8。

分析（A）→分类（F）→系统聚类（H）

Analyze→Classify→Hierarchical Cluster…

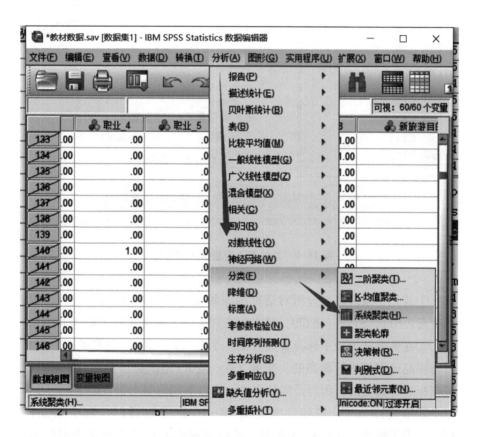

图 18-8 系统聚类工具条

二　系统聚类菜单选择对话框

我们单击系统聚类工具选项条系统聚类（H）后打开对应的选择对话框，如图 18-9 所示。

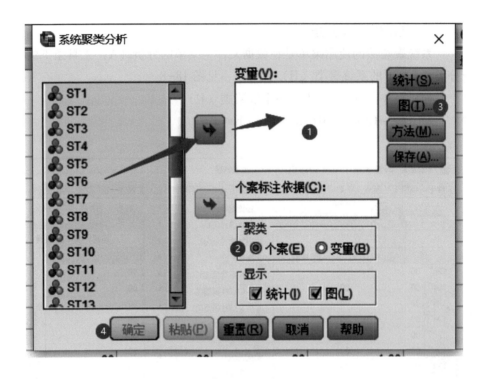

图 18-9　系统聚类变量选择对话框 1

①首先在系统聚类分析对话框的原始变量列表中选中需要进行聚类的变量：ST1、ST2、…ST29，单击向右箭头进入聚类变量（V）对话框；

②在聚类选项条中选择聚类方法，个案（E）是 Q-型聚类，主要是针对样品或案例进行聚类的，变量（B）是 R-型聚类，主要是针对变量或指标进行聚类的，因为是样品聚类，所以本例选择个案（E）；

③单击图（T）按钮，出现图 18-10 绘图对话框，选中谱系图（D），用于输出聚类分析谱系图，冰柱图输出的默认选项是全部聚类，输出方向两种，分别是垂直型（V）和水平型（H），这里选择默认的垂直型；

图 18-10　系统聚类变量选择对话框 2

④其余两个工具条按钮方法和保存都选择默认，然后单击确定完成工具条的选择，输出结果文件如图 18-11 所示。

三　系统聚类：结果输出

（一）个案处理摘要

表 18-1 是个案处理摘要输出表格，可以看到参与系统聚类分析的有效样本个数 = 24，所占的百分比是 100%，没有缺失值。由于所选择的系统聚类方法是默认的，所以个案与个案之间的距离采用 a 平方欧式距离；类别和类别之间的距离度量采用 b 组间平均联接距离。

（二）聚类表（聚类状态表）输出

表 18-2 是聚类状态表，显示的是参与聚类的样品聚类的先后顺序。第一列是表示聚类的步骤（阶段）；第二、三列展示的是在该步骤有哪两个样品被凝聚在了一起；第四列表示的是在该步骤所采用的距离值；第

五列和第六列展示的是本步骤聚类中参与聚类的是样本还是小类，其中 0 表示样本，非 0 数字表示是刚聚类的第几个小类，最后一列展示的是本步骤聚类会在下面哪一步骤聚类时使用到。

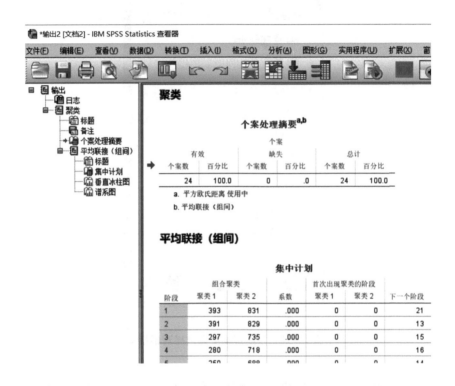

图 18-11 系统聚类变量输出结果 3

表 18-1 个案处理摘要[a,b]

个案					
有效		缺失		总计	
个案数	百分比	个案数	百分比	个案数	百分比
24	100.0	0	0.0	24	100.0

比如，第一步骤（阶段）表示在全部的案例中，首先第 393 案例和第 831 案例凝聚在了一起，因为它们两个的距离是 0.000（平方欧式距离）最小，下一次使用本类别的阶段是第 21 步骤。

表 18-2　　　　　　　　　　　　　　　聚类表

阶段	组合聚类		系数	首次出现聚类的阶段		下一个阶段
	聚类 1	聚类 2		聚类 1	聚类 2	
1	393	831	0.000	0	0	21
2	391	829	0.000	0	0	13
3	297	735	0.000	0	0	15
4	280	718	0.000	0	0	16
5	250	688	0.000	0	0	14
6	237	675	0.000	0	0	14
7	154	592	0.000	0	0	20
8	139	577	0.000	0	0	13
9	118	556	0.000	0	0	15
10	68	506	0.000	0	0	16
11	49	487	0.000	0	0	22
12	46	484	0.000	0	0	17
13	139	391	6.000	8	2	17
14	237	250	10.000	6	5	18
15	118	297	12.000	9	3	21
16	68	280	13.000	10	4	19
17	46	139	13.000	12	13	18
18	46	237	15.667	17	14	19
19	46	68	16.700	18	16	20
20	46	154	25.429	19	7	22
21	118	393	32.000	15	1	23
22	46	49	42.250	20	11	23
23	46	118	49.037	22	21	0

（三）垂直冰柱图输出

图 18-12 输出的是垂直冰柱图，显示的是参与聚类分析的 24 个个案聚类的具体过程。观察冰柱图从最后一行开始，当聚成 23 类的时候，第 393 个案和第 831 个案凝聚为一类；当聚成 22 类的时候，第 829 个案和第 391 个案开始凝聚为一类；依次类推，直至最后全部个案凝聚为一大类。

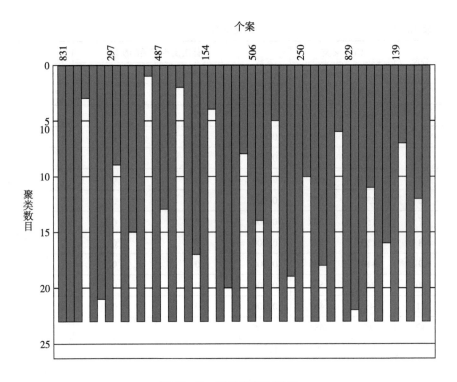

图 18-12　垂直冰柱图输出

（四）谱系图（系统聚类分析树形图）输出

图 18-13 输出的是谱系图（系统聚类分析树形图），树形图是以躺倒的方式展示聚类分析每一步骤的合并情况。

SPSS 自动将个类间的距离映射到 0~25 之间，并将凝聚过程近似地表示在树图上。树形图有两个比较直观的地方，第一就是各类别之间的分割线的长度也近似代表了彼此类别之间的距离，长度越长代表特征差异越明显；第二就是如果沿着树形图的底部向上看，看到几条横线，然后用剪刀垂直剪开树形图，你就可以发现原始案例就会自动分离成几类，这样就非常方便根据专业知识和主观意愿进行任意类别的聚类分组了。

比如，在表格中 X 的位置垂直向上剪开，可以发现参与聚类分析的 24 个样本分成了三类。第一类包含 393、831、297、735、118 和 556；第二类包含 49 和 487；其余样本被凝聚到第三类。

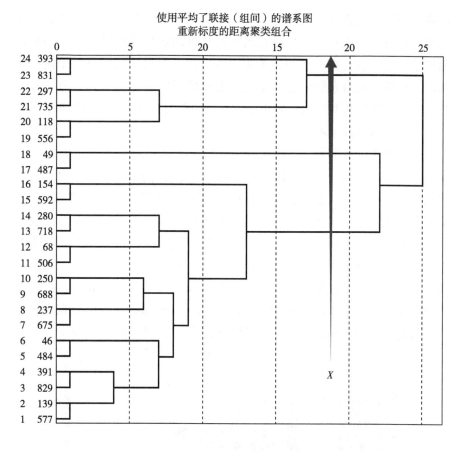

图 18-13 Dendrogram（系统聚类分析树形图）输出

第五节 快速聚类法案例分析

一 快速聚类简介

快速聚类法，也称为 K-均值聚类法（K-Means Cluster）。其思想是：首先确定要分为 K 类，然后按照某种方法选取 K 类的聚类中心，让样品或者指标向这个中心进行聚集，然后再重新选择合理的新的类中心，继续聚集，直到结果最优为止。

在过去计算机运算速度不快的时候，系统聚类法由于需要反复计算距离，当样本量或变量太多时候，采用此法运算会比较慢。快速聚类法明显比系统聚类法有效，但是在当代计算机的运算速度已经有了明显改善的情况下，系统聚类和快速聚类各有应用，但是面对海量数据进行聚类时，往往是先由系统聚类法聚类，由树形图中的距离来判断分为几类比较合适，然后再利用快速聚类法进行新的聚类，得到最终的聚类类别。

二 取消选择个案

对于第 4 节的案例 1，我们利用系统聚类法针对职业是"专业技术类"的游客有关满意度的调查进行分类，因此我们采用了选择个案，一旦执行了选择个案，这个选择个案或过滤会一直存在，而对于案例 2，我们需要利用快速聚类法把全部游客进行聚类，所以首先需要取消之前的选择个案，首先重新打开数据工具条的选择个案项，会得到图 17-14 的对话框，我们可以清楚地看到最下面的状态栏显示：当前状态存在过滤变量，且上面的选择项，系统存在的是如果条件满足等，此时，我们单击所有个案（A），如图 18-15 所示，然后再点确认键，这时数据视图窗口，我们会看到左侧的序号，全部都变成了方框，如图 18-16 所示。

图 18-14　取消选择个案对话框 1

图 18-15　取消选择个案对话框 2

三　快速聚类菜单操作

（一）快速聚类菜单

快速聚类法的使用菜单是在数据文件主菜单的分析工具条下的分类的 K-均值聚类选项条，如图 18-17 所示。

分析（A）→分类（F）→K-均值聚类

图 18-16　取消选择个案结果视图

图 18-17　快速聚类工具条

（二）快速聚类对话框选择

①在原始变量列表中选中参与聚类的变量：COM1、COM2、COM3、COM4、COM5 和 COM6，单击向右箭头，进入变量（V）：对话框；

②根据案例 2 的要求，在聚类数（U）：中输入 3；

③单击保存（S）按钮，选择结果文件中需要保存的变量，如图 18-19 所示，选中聚类类别可以保存聚类后的类别名；

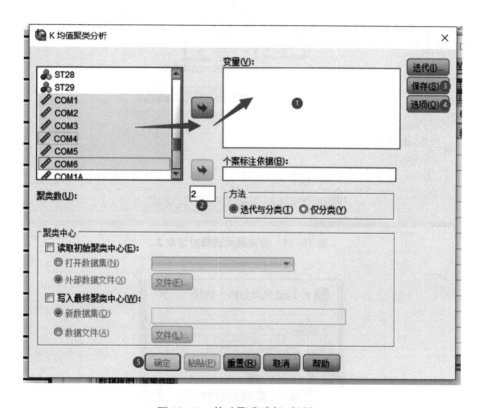

图 18-18 快速聚类选择对话框 1

④单选项（O）按钮，如图 18-20 所示，选中统计量选项中的初始聚类中心和 ANOVA 表（方差分析表），缺失值选择默认即可；

⑤单击确定完成菜单选择，输出结果文件如图 18-21 所示。

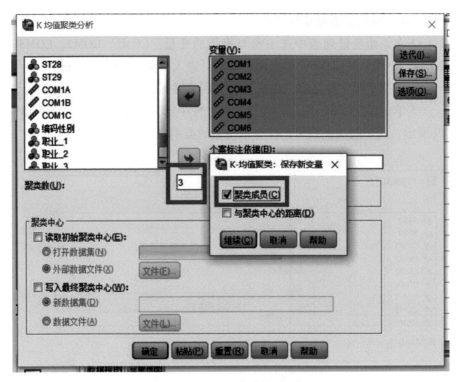

图 18-19 　快速聚类选择对话框 2

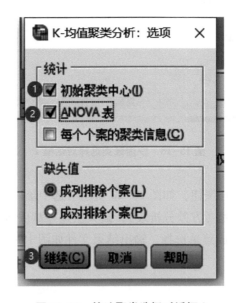

图 18-20 　快速聚类选择对话框 3

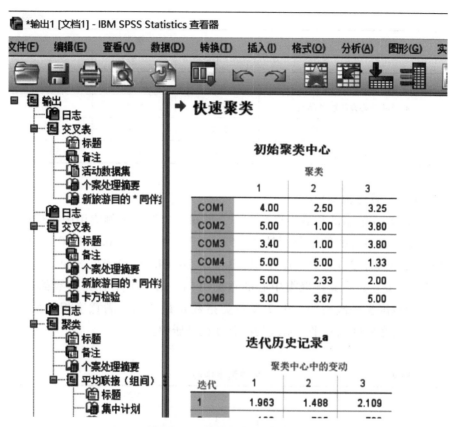

图 18-21　快速聚类输出结果 4

三　快速聚类输出分析

（一）初始聚类中心

表 18-3 输出的是初始聚类中心，可知快速聚类案例应用中，3 个类别的初始类中心的数据分别是（4.00，5.00，3.40，5.00，5.00，3.00）（2.50，1.00，1.00，5.00，2.33，3.67）和（3.25，3.80，3.80，1.33，2.00，5.00）。

表 18-3　　　　　　　　　　　初始聚类中心

	聚类		
	1	2	3
COM1 温泉旅游基础设施	4.00	2.50	3.25
COM2 实用性价值	5.00	1.00	3.80

续表

	聚类		
	1	2	3
COM3 社会文化价值	3.40	1.00	3.80
COM4 核心设施服务品质	5.00	5.00	1.33
COM5 再购买意图	5.00	2.33	2.00
COM6 愉悦价值	3.00	3.67	5.00

（二）最终聚类中心

表 18-4 输出的是最终聚类中心，可知快速聚类案例应用中，3 个类别的最终类中心的数据分别是（4.52，4.74，4.58，4.62，4.60，4.64）（3.63，3.40，3.13，3.15，3.21，3.83）和（4.15，4.07，3.69，3.89，4.26，4.06）。从最终聚类中心的数据可知，第 1 类中各类指数都是最优，满意度也是最高的；第 2 类各类指数是最差的，满意度相应最低，而第 3 类是中间的水平，对应的满意度也是居中。

表 18-4　　　　　　　　　　**最终聚类中心**

	聚类		
	1	2	3
COM1 温泉旅游基础设施	4.52	3.63	4.15
COM2 实用性价值	4.74	3.40	4.07
COM3 社会文化价值	4.58	3.13	3.69
COM4 核心设施服务品质	4.62	3.15	3.89
COM5 再购买意图	4.60	3.21	4.26
COM6 愉悦价值	4.64	3.83	4.06

（三）ANOVA（方差分析）输出

表 18-5 是 ANOVA（方差分析）输出，展示了参与聚类分析的各指标在不同类别的均值比较情况。各数据项的含义依次是：组间（聚类）均方、组间（聚类）自由度、组内（误差）均方、组内（误差）自由度，然后是方差检验的 F 检验值和 Sig.（显著度 P 值），可以看出在 0.05 显著性水平之下，参与聚类分析的 6 个指标的均值在 3 类中的

差异都是显著的。

表 18-5   **ANOVA（方差分析）**

	聚类		误差		F	显著性
	均方	自由度	均方	自由度		
COM1	32.507	2	0.147	873	221.750	0.000
COM2	81.299	2	0.183	873	444.276	0.000
COM3	112.807	2	0.180	873	625.078	0.000
COM4	97.972	2	0.251	873	390.435	0.000
COM5	67.776	2	0.222	873	305.771	0.000
COM6	41.492	2	0.210	873	197.588	0.000

注：由于已选择聚类以使不同聚类中个案之间的差异最大化，因此 F 检验只应该用于描述目的。实测显著性水平并未因此进行修正，所以无法解释为针对"聚类平均值相等"这一假设的检验。

（四）每个聚类中的个案数目输出

表 18-6 是每个聚类中的个案数目输出，展示了各类别成员情况。比如，第 1 类（高满意度水平）包含 574 个案例；第 2 类（低满意度水平）包含 76 个案例，第 3 类（中满意度水平）包含 226 个案例。

表 18-6   **每个聚类中的个案数目**

聚类	1	574.000
	2	76.000
	3	226.000
有效		876.000
缺失		0.000

（五）快速聚类结果保存

图 18-22 展示了通过快速聚类的软件操作，在原始数据文件中在变量列表的最后自动生成一列新变量，表示案例所属的类别，变量名 QCL_1，取值范围是 [1, 3]。比如，第 1 个案例，属于第 1 类；第 2 个案例，也属于第 1 类；第 3 个案例，则属于第 3 类等。

图 18-22　快速聚类保存的类别变量

第十九章 时间序列分析

第一节 概述

前面章节已经把关于时间序列的相关概念和理论知识进行基本展示，这一章节主要通过案例结合 SPSS 进行实操。

一 时间序列数据的特点

时间序列数据，是对同一对象在不同时间连续观察所得到的数据。用于所描述现象随时间变化的情况。这类数据反映了某一事物、现象等随时间的变化状态或程度。例如，每日的股票价格或每周的销售数据。

时间序列的变化主要受到长期趋势、季节变动、周期变动和不规则变动这四个因素的影响。其中：

长期趋势因素（T）反映了经济现象在一个较长时间内的发展方向，它可以在一个相当长的时间内表现为一种近似直线的持续向上或持续向下或平稳的趋势。

季节变动因素（S）是经济现象受季节变动影响所形成的一种长度和幅度固定的周期波动。

周期变动因素（C）也称循环变动因素，它是受各种经济因素影响形成的上下起伏不定的波动。

不规则变动因素（I）不规则变动又称随机变动，它是受各种偶然因素影响所形成的不规则变动。

因此在数据分析时，经常会根据各种因素的有无和联合方式的不同（加法或乘法）来进行建模和预测。

二 旅游统计时序数据

在我国，定期发布的中国统计年鉴中会列示有关旅游的相关数据，以《中国统计年鉴 2020》为例，在本书的十七部分是关于住宿、餐饮和旅游的统计数据，主要反映住宿和餐饮业的发展与经营情况以及旅游产业的发展状况。主要内容包括：限额以上住宿和餐饮业基本情况、经营情况、财务状况；连锁餐饮业经营情况；旅行社、星级饭店基本情况；入境、出境旅游人数、国内居民旅游人数，以及国际、国内旅游收入等。

其中旅游产业统计数据主要根据文化和旅游部、国家移民管理局有关资料编制而成。旅游数据中国际、国内旅游收入和国内旅游人数等指标采用抽样调查方法推算，其余数据均为全面调查统计取得。参见数据文件 1。

除了中国统计年鉴，还有专业的数据库也会列示旅游相关的数据，比如 CEIC 数据库和 RESSET 国内旅游数据库等，本案例的数据文件 1 来自 CEIC 数据库中关于中国经济的旅游业数据库，入境旅游人数和国内居民出境人数来自公安部。各地区接待国际旅游者人数、旅行社接待国际旅游者人数、国内旅游人数等来自国家旅游局。旅行社基本情况、国内旅游收入、国际旅游外汇收入等来自国家旅游局。国内出游人数等指标采取抽样调查方法，其余指标均为全面调查统计取得。国际、国内旅游收入等指标采取抽样调查方法，其余指标均为全面调查统计取得。

案例 1：采用数据文件 1 中的国际旅游外汇收入，单位：百万美元，频率：月，进行时序预测，如表 19-1 所示。

表 19-1　　　　　　　　国际旅游外汇收入数据

	2012 年	2013 年	2014 年	2015 年	2016 年	2017 年	2018 年
1 月	3484	3809	3830	8931	9093	9050	9872
2 月	3683	3228	3620	8500	7986	8930	7554
3 月	4171	4371	4248	9419	10335	10703	11798
4 月	4353	4151	4430	10112	10580	11120	11375
5 月	4128	3949	4387	9704	10050	10407	10752
6 月	4010	3930	4257	9048	9836	10082	10443
7 月	4069	3941	4280	9150	10121	10093	10411
8 月	4232	4131	4494	9604	9926	10008	10434
9 月	3925	3964	4353	9498	10141	10396	10424
10 月	4312	4582	4874	10621	11332	11347	11904

	2012 年	2013 年	2014 年	2015 年	2016 年	2017 年	2018 年
11 月	3911	4016	4348	9699	10328	10540	11020
12 月	3938	4176	5128	9362	10270	10740	11115

第二节　时间序列数据的预处理

时间序列数据和普通数据不同，它有严格的顺序，并且需要定义时间变量让程序读懂其时间顺序，特别对于季节性模型，必须使用 SPSS 软件内部的时间变量。根据时间序列的顺序特点，可以产生移动平均序列、滞后或提前序列。这些都属于时间序列的预处理工作。

时间序列预处理的目的：使序列的特征体现得更加明显，利于分析模型的选择；其次，使数据满足于某些特定模型的要求。如时间序列的平滑处理目的是为了消除序列中随机波动性影响。

时间序列预处理的主要方法：定义日期变量、对缺失数据的处理和对数据的变换处理等。

一　定义日期变量

首先打开 SPSS 软件，新建一个变量，把 EXCEL 中的月度数据复制粘贴过来，取变量名"FTI（Foreign tourist income）"。单击菜单中的"数据"命令下的"定义日期"，见图 19-1，在弹出的对话框中指定时间序列的特性和起始时间，如图 19-2 所示。

在定义日期的对话框中，首先在个案是（C）列表选择我们要定义时间数据的周期，因为案例中数据是月度数据，所以找到"年，月"选中，反色显示，然后右边需要输入第一个个案的开始日期，年：2012，月：1，然后点击确定，在原始数据窗口就会自动生成三个分别表示年份、月份和日期变量：YEAR_、MONTH_和 DATE_，如图 19-3 所示。

二　绘制时间序列图

为了更好对时序数据进行分析和预测，在定义好日期变量后，首先需要绘制时间序列图，通过图形的变化趋势来发现数据的特征，才能更好地选择合适的模型进行建模和预测。

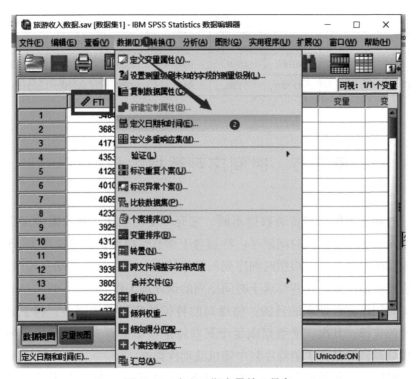

图 19-1　定义日期变量的工具条

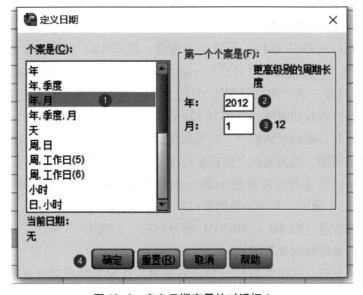

图 19-2　定义日期变量的对话框 1

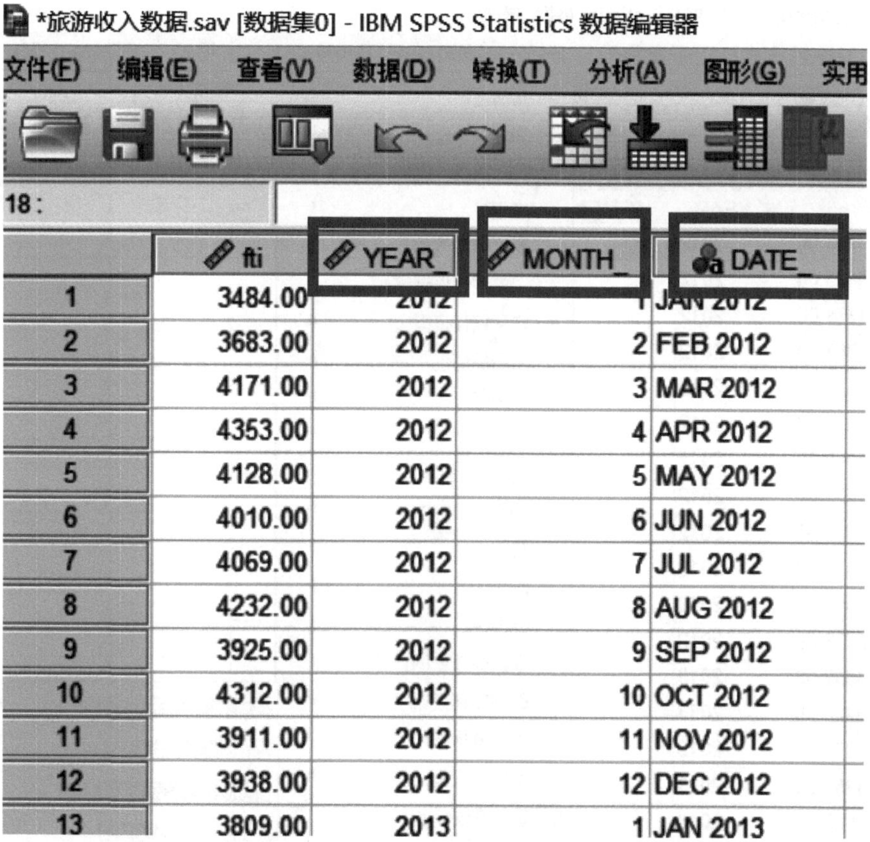

	fti	YEAR_	MONTH_	DATE_
1	3484.00	2012	1	JAN 2012
2	3683.00	2012	2	FEB 2012
3	4171.00	2012	3	MAR 2012
4	4353.00	2012	4	APR 2012
5	4128.00	2012	5	MAY 2012
6	4010.00	2012	6	JUN 2012
7	4069.00	2012	7	JUL 2012
8	4232.00	2012	8	AUG 2012
9	3925.00	2012	9	SEP 2012
10	4312.00	2012	10	OCT 2012
11	3911.00	2012	11	NOV 2012
12	3938.00	2012	12	DEC 2012
13	3809.00	2013	1	JAN 2013

图 19-3　定义日期变量的结果文件

根据图 19-4 所示，打开主菜单分析，选择下拉菜单的时间序列预测，然后点击时序图，打开时序图对话框，如图 19-5 所示。

分析（A）→时间序列预测（T）→时序图（N）

①在序列图对话框左边原始变量列表中，选中变量 FTI，反色显示，单击向右箭头，进入右边的变量（V）的对话框中；

②在原始变量列表中，选中日期变量 DATE_，单击下面的向右箭头，进入右边的时间轴标签（A）；

③单击确定键，输出时序图，如图 19-6 所示。

从 FTI 的时序图中易见，该数据序列图有一定的趋势性，也有明显的季节性，而且没有离群值和缺失值。

v [数据集0] - IBM SPSS Statistics 数据编辑器

查看(V)	数据(D)	转换(T)	分析(A) ❶	图形(G)	实用程序(U)	扩展(X)	窗口(W)	帮助

3484.00

⁇ fti	⁇ YEAR_	⁇ MON			变量	变量
3484.00	2012		报告(P) ▶			
3683.00	2012		描述统计(E) ▶			
4171.00	2012		贝叶斯统计(B) ▶			
4353.00	2012		表(B) ▶			
4128.00	2012		比较平均值(M) ▶			
4010.00	2012		一般线性模型(G) ▶			
4069.00	2012		广义线性模型(Z) ▶			
4232.00	2012		混合模型(X) ▶			
3925.00	2012		相关(C) ▶			
4312.00	2012		回归(R) ▶			
3911.00	2012		对数线性(O) ▶			
3938.00	2012		神经网络(W) ▶			
3809.00	2013		分类(F) ▶			
3228.00	2013		降维(D) ▶			
4371.00	2013		标度(A) ▶			
4151.00	2013		非参数检验(N) ▶			
3949.00	2013		时间序列预测(T) ❷ ▶	创建时间因果模型(E)...		
3930.00	2013		生存分析(S) ▶	创建传统模型(C)...		
3941.00	2013		多重响应(U) ▶	应用时间因果模型(P)...		
4131.00	2013		缺失值分析(Y)...	应用传统模型(A)...		
3964.00	2013		多重插补(T) ▶	季节性分解(S)...		
4582.00	2013		复杂抽样(L) ▶	谱分析(T)...		
4016.00	2013		模拟(I)...	序列图(N)... ❸		
4176.00	2013		质量控制(Q) ▶	自相关(O)...		
			ROC 曲线(V)...	交叉相关性(R)...		
			空间和时间建模(S)... ▶			

图 19-4　绘制时序图的工具条

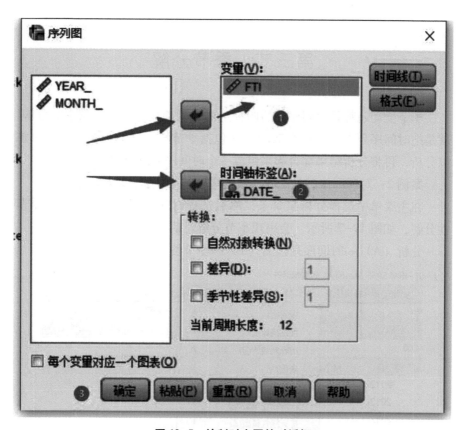

图 19-5 绘制时序图的对话框

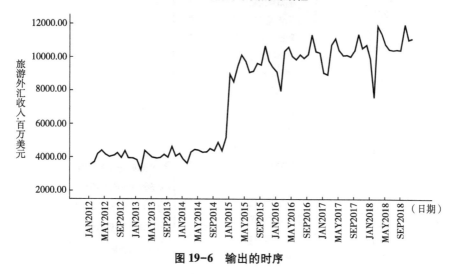

图 19-6 输出的时序

第三节 季节分解

季节变动趋势是时间序列的四种主要变动趋势之一，所谓季节分解，就是把时间序列中的 4 种变动趋势（包括季节性）分解出来，并分别加以分析，再将分析结果综合起来组成一个时间序列总模型。

案例 2：对国际旅游外汇收入数据进行季节分解，计算季节指数。

在主菜单中选择分析工具条，然后选择时间序列预测，再选中季节性分解，如图 19-7 所示，会出现季节分解对话框，如图 19-8 所示。

分析（A）→时间序列预测（T）→季节性分解（S）

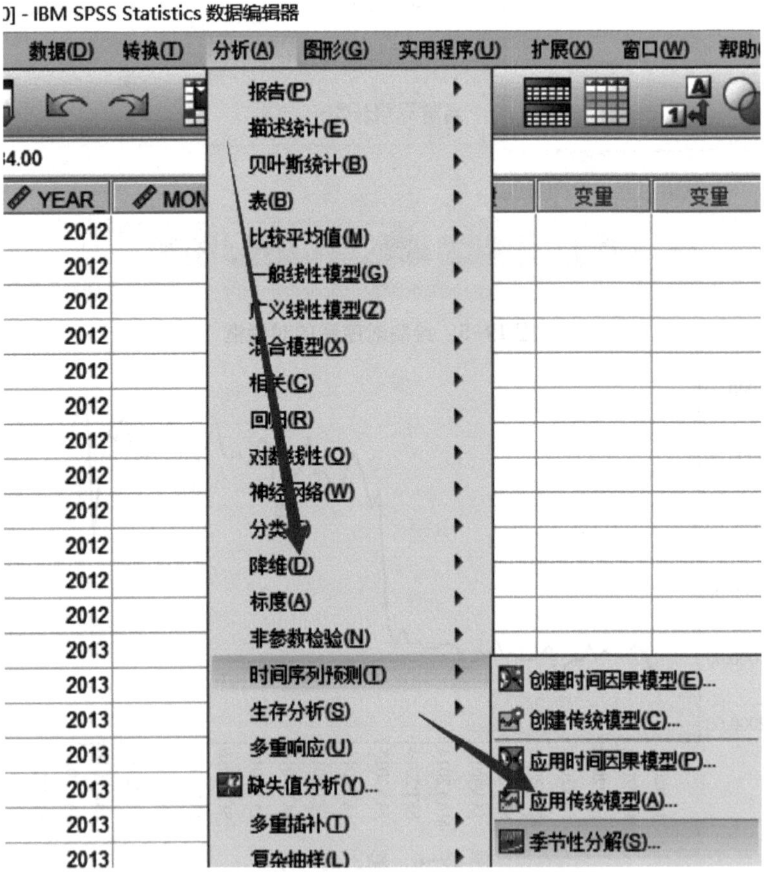

图 19-7 季节性分解工具条

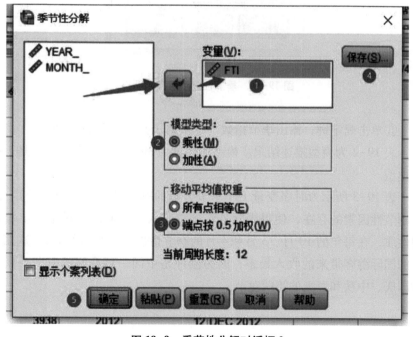

图 19-8 季节性分解对话框 1

图 19-9 季节性分解对话框 2

①在季节性分解对话框左边原始变量列表中，选中变量 FTI，反色显示，单击向右箭头，进入右边的变量（V）的对话框中；

②对于模型类型，选则乘法（M）；

③对于移动平均值权重方面，选择端点按 0.5 加权，这一选项的计算结果相当于先进行一次 12 期的移动平均，再进行一次 2 项的移动平均；

④点击右边的保存，进入保存对话框，如图 19-10 所示，如果创建变量，就会产生四个分别代表数据四个成分的新变量，如果只分析季节指数，可以选择不创建；

图 19-10　季节性分解保存对话框

⑤单击确定键，输出季节指数（季节因子），如图 19-11 所示。

表 19-2 为模型描述结果。模型的名称为 MOD_3，模型的类型是：乘法模型。

表 19-3 所示为时序变量 FTI 季节分解的季节指数（季节因子）。由于季节性因素的存在，使得国际外汇旅游收入在不同的月份呈现出相似的性质，在每年的 10 月、3 月和 4 月的季节指数大于 1，说明每年这几个月的国际游客带来的收入最多，因为刚好是中国一年最好的时节，秋天的国庆、中秋和春天的清明时节。

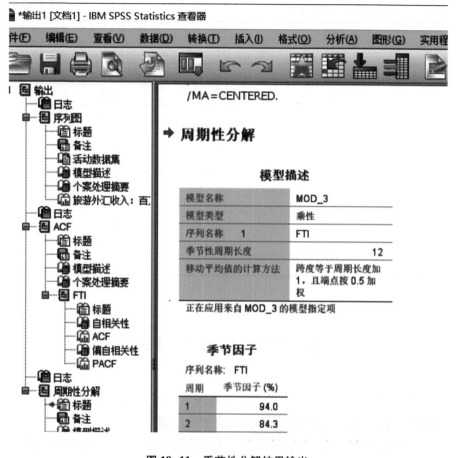

图 19-11 季节性分解结果输出

表 19-2 时间序列季节分解模型描述

模型名称		MOD_3
模型类型		乘性
序列名称	1	FTI
季节性周期长度		12
移动平均值的计算方法		跨度等于周期长度加 1，且端点按 0.5 加权

注：正在应用来自 MOD_3 的模型指定项。

表 19-3 FTI 的季节指数

周期	季节因子（%）
1	94.0

续表

周期	季节因子（%）
2	84.3
3	108.2
4	107.2
5	101.9
6	98.3
7	98.2
8	99.9
9	99.0
10	110.0
11	99.6
12	99.5

第四节　指数平滑法

指数平滑法的目的是为了去除一些随机波动，从而找到其中显而易见的规律性，并对未来发展趋势进行合理的预测。

指数平滑法有助于预测存在趋势和/或季节的序列，此处 FTI 数据同时体现上述两种特征。创建最适当的指数平滑模型包括确定模型类型（此模型是否需要包含趋势和/或季节），然后获取最适合选定模型的参数。

指数平滑法模型（Gardner，1985）分为季节性模型和非季节性模型。季节性模型只有在为活动数据集定义了周期时才可用。

①简单。该模型适用于没有趋势或季节性的序列。其唯一的平滑参数是水平。

②Holt（霍尔特）线性趋势。该模型适用于具有线性趋势并没有季节性的序列。其平滑参数是水平和趋势，不受相互之间的值的约束。

③Brown（布朗）线性趋势。该模型适用于具有线性趋势并没有季节性的序列。其平滑参数是水平和趋势，并假定二者等同。

④阻尼（衰减）趋势。此模型适用于具有线性趋势的序列，且该线性趋势正逐渐消失并且没有季节性。其平滑参数是水平、趋势和阻尼趋势。

⑤简单季节性。该模型适用于没有趋势并且季节性影响随时间变动保持恒定的序列。其平滑参数是水平和季节。

⑥Winters（温特斯）可加的。该模型适用于具有线性趋势和不依赖于序列水平的季节性效应的序列。其平滑参数是水平、趋势和季节。

⑦Winters（温特斯）可乘的。该模型适用于具有线性趋势和依赖于序列水平的季节性效应的序列。其平滑参数是水平、趋势和季节。

因为我们要预测的数据 FTI 有一定的趋势和季节性，所以可以选择使用简单季节性或者 Winters 方法进行预测。

从菜单中单击分析工具条，然后找到时间序列预测中的创建传统模型，工具条见图 19-12，对话框如图 19-13 所示。

分析（A）→时间序列预测（T）→创建传统模型（C）

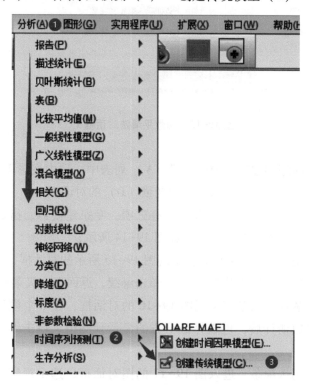

图 19-12 指数平滑法工具条

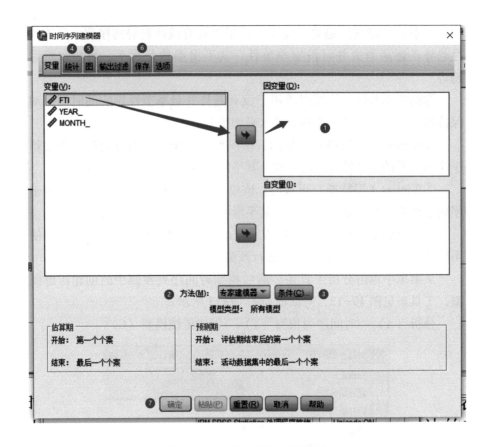

图 19-13 指数平滑法对话框 1

①在时间序列建模器原始变量（V）列表中，选中变量 FTI，反色显示，单击向右箭头，进入右边的因变量（D）的对话框中；

②对于方法，点击下拉菜单，有三项：专家建模器、指数平滑法和 ARIMA，本案例选择指数平滑，如图 19-14 所示；

③单击条件（C）选项条，出现图 19-15 所示的对话框，在模型类型列表中选择选中简单季节性（M），单击继续，返回上一级菜单；

④单击统计选项条，出现图 19-16 的对话框，在单个模型统计量模块中选择参数估计后，也选择最下方的显示预测值，单击继续，返回上一级菜单；

⑤单击图选项条，进入图 19-17 的图对话框，选中观察值、预测值和拟合值，单击确定，输出结果如图 19-18 所示。

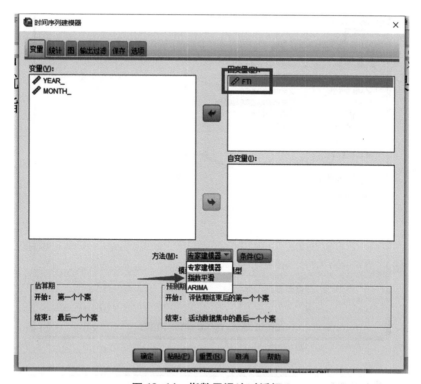

图 19-14 指数平滑法对话框 2

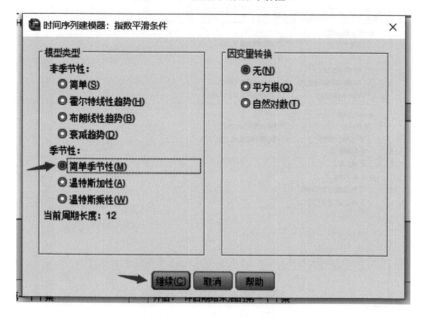

图 19-15 指数平滑法对话框 3

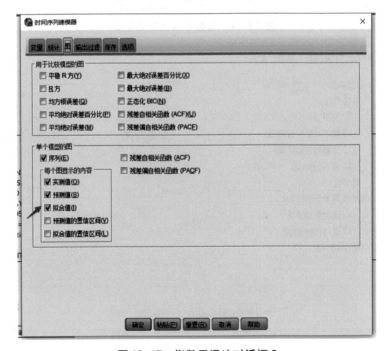

图 19-16　指数平滑法对话框 4

图 19-17　指数平滑法对话框 5

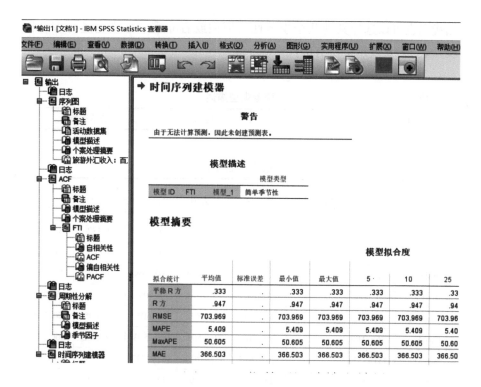

图 19-18　指数平滑法输出结果 1

结果分析：

表 19-4 显示指数平滑模型的因变量是 FTI，模型的名称为模型_1，模型类型为简单季节性，表 19-5 给出了反映模型拟合的 8 个拟合优度指标，以及这些指标的平均值、最小值、最大值和百分位数。其中平稳 R 方为 0.333。表 19-6 所示为模型的拟合统计量和 Ljung-Box（杨-博克斯）Q 统计量。该统计量值为 12.165，显著水平为 0.733，所以可以判断残差已经变成白噪声，该模型可以被接受。表 19-7 所示为指数平滑模型参数估计值列表。本案例拟合的指数平滑模型的水平值 Alpha 为 0.903，P 值为 0.000，结果具有显著性差异。季节值为 0.618，P 值为 0.408，结果无统计学意义。因此判断该数据有水平趋势，没有季节性特征。图 19-19 所示为指数平滑模型的拟合图，指数平滑模型的拟合图波动情况为国际外汇旅游收入序列数据整体上呈线性上升趋势，拟合值和观测值在整个区间几乎重合，因此可以说该指数平滑模型对 FTI 的拟合情况良好。当

然我们也可以选择其他几个季节性的模型或者非季节性模型进行综合比较，表 19-6 展示了所有的探索。

表 19-4 模型类型描述

模型 ID	FTI	模型_1	简单季节性

表 19-5 模型拟合度输出

拟合统计	平均值	标准误差	最小值	最大值	百分位数		
					25	50	75
平稳 R 方	0.333		0.333	0.333	0.333	0.333	0.333
R 方	0.947	.	0.947	0.947	0.947	0.947	0.947
RMSE	703.969	.	703.969	703.969	703.969	703.969	703.969
MAPE	5.409	.	5.409	5.409	5.409	5.409	5.409
MaxAPE	50.605	.	50.605	50.605	50.605	50.605	50.605
MAE	366.503	.	366.503	366.503	366.503	366.503	366.503
MaxAE	4519.517	.	4519.517	4519.517	4519.517	4519.517	4519.517
正态化 BIC	13.219	.	13.219	13.219	13.219	13.219	13.219

表 19-6 模型统计量输出

模型	预测变量数	模型拟合度统计	杨-博克斯 Q（18）			离群值数
		平稳 R 方	统计	DF	显著性	
FTI-模型_1	0	0.333	12.165	16	0.733	0

表 19-7 指数平滑法模型参数输出

模型			估算	标准误差	t	显著性
FTI-模型_1	不转换	Alpha（水平）	0.903	0.107	8.406	0.000
		Delta（季节）	0.618	0.744	0.831	0.408

通过表 19-8 的综合指标对比，也说明，无论采用指数平滑的什么模型，如果不考虑季节因素，则结果会拒绝残差的白噪声假设，只要考虑了季节因素，都可以得到较好结果，不同的季节性指数平滑方法只是细微差异。不同模型之间优劣性的差异可以通过 AIC 准则、BIC 准则来判

断。AIC 适用于自回归模型，而 BIC 准则是一个更通用的标准，该标准越小模型拟合得越好。而模型_6，Winters 加性模型所有的指标都比较好，因此我们最终选择该模型进行预测，预测 2019 年 1-6 月的 FTI 值。

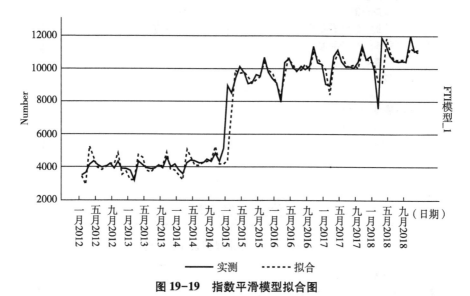

图 19-19 指数平滑模型拟合图

表 19-8 指数平滑法几种模型综合指标汇总

模型	类型	平稳 R 方	BIC	L-B Q	P
模型_1	简单	0.060	13.611	37.643	0.003
模型_2	霍尔特线性趋势	0.627	13.653	36.210	0.003
模型_3	布朗线性趋势	0.585	13.698	39.586	0.001
模型_4	衰减趋势	0.083	13.716	37.048	0.001
模型_5	简单季节性	0.333	13.219	12.165	0.733
模型_6	Winters 加性	0.426	13.148	9.455	0.853
模型_7	Winters 乘性	0.203	13.416	13.019	0.601

首先选择图 19-13 所示的指数平滑法对话框，点击条件框，模型类型选择温特斯加性（A），见图 19-20，单击继续，返回上一级对话框，然后单击图 19-13 所示对话框上部的选项部分，预测期选项选择评估期结束后的第一个个案到指定日期之间的个案，日期部分，输入年：2019，月：6，然后单击确定，预测结果如图 19-22 所示。

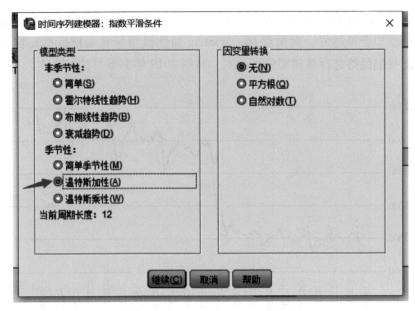

图 19-20　指数平滑模型条件选择框

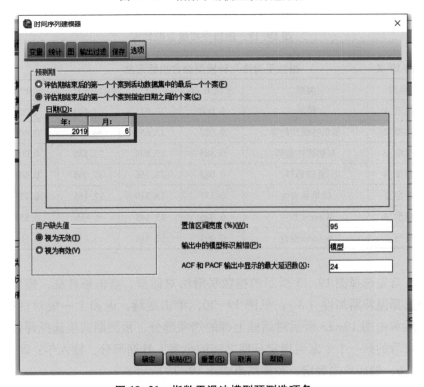

图 19-21　指数平滑法模型预测选项条

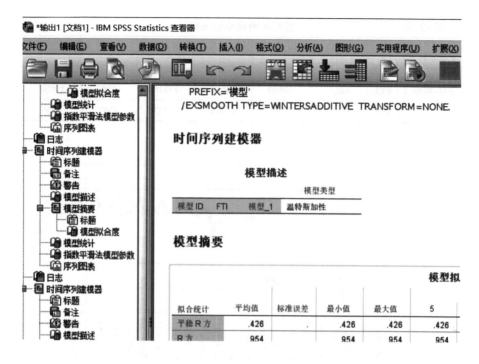

图 19-22　指数平滑法模型预测结果

　　表 19-9 所示为指数平滑模型参数估计值列表。如果有需要，可以据此写出估计的模型方程。表 19-10 指数平滑模型预测值列表列示了利用该平滑模型预测的 2019 年 1 月到 6 月的 FTI 值，并给出了相应的置信区间，图 19-23 所示为最终指数平滑模型的拟合图，拟合值和观测值在整个区间几乎重合，因此可以说该指数平滑模型对 FTI 的拟合情况良好。从 2019 年 1 月向右是预测曲线。

表 19-9　　　　　　　　　　指数平滑模型参数估计值

模型		估算	标准误差	t	显著性
FTI-模型_1	Alpha（水平）	0.900	0.113	7.944	0.000
	Gamma（趋势）	2.295E-7	0.022	1.041E-5	1.000
	Delta（季节）	7.401E-5	0.514	0.000	1.000

表 19-10   指数平滑模型预测值

模型		2019 年 1 月	2019 年 2 月	2019 年 3 月	2019 年 4 月	2019 年 5 月	2019 年 6 月
FTI–模型_1	预测	11521	10868	12517	12671	12279	12026
	UCL	12837	12640	14649	15110	14991	14986
	LCL	10204	9096	10386	10232	9567	9066

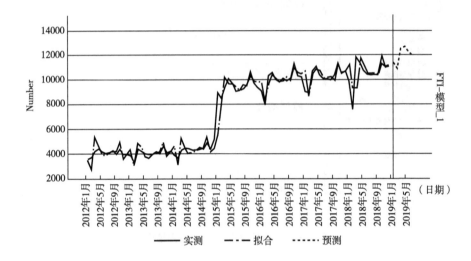

图 19-23　最终指数平滑法模型

附　　录

附录一　常用概率分布表

表 1　　　　　　　　　　标准正态分布表

z	0.00	0.01	0.02	0.03	0.04	0.05	0.06	0.07	0.08	0.09
0.0	0.5000	0.5040	0.5080	0.5120	0.5160	0.5199	0.5239	0.5279	0.5319	0.5359
0.1	0.5398	0.5438	0.5478	0.5517	0.5557	0.5596	0.5636	0.5675	0.5714	0.5753
0.2	0.5793	0.5832	0.5871	0.5910	0.5948	0.5987	0.6026	0.6064	0.6103	0.6141
0.3	0.6179	0.6217	0.6255	0.6293	0.6331	0.6368	0.6406	0.6443	0.6480	0.6517
0.4	0.6554	0.6591	0.6628	0.6664	0.6700	0.6736	0.6772	0.6808	0.6844	0.6879
0.5	0.6915	0.6950	0.6985	0.7019	0.7054	0.7088	0.7123	0.7157	0.7190	0.7224
0.6	0.7257	0.7291	0.7324	0.7357	0.7389	0.7422	0.7454	0.7486	0.7517	0.7549
0.7	0.7580	0.7611	0.7642	0.7673	0.7704	0.7734	0.7764	0.7794	0.7823	0.7852
0.8	0.7881	0.7910	0.7939	0.7967	0.7995	0.8023	0.8051	0.8078	0.8106	0.8133
0.9	0.8159	0.8186	0.8212	0.8238	0.8264	0.8289	0.8315	0.8340	0.8365	0.8389
1.0	0.8413	0.8438	0.8461	0.8485	0.8508	0.8531	0.8554	0.8577	0.8599	0.8621
1.1	0.8643	0.8665	0.8686	0.8708	0.8729	0.8749	0.8770	0.8790	0.8810	0.8830
1.2	0.8849	0.8869	0.8888	0.8907	0.8925	0.8944	0.8962	0.8980	0.8997	0.9015
1.3	0.9032	0.9049	0.9066	0.9082	0.9099	0.9115	0.9131	0.9147	0.9162	0.9177
1.4	0.9192	0.9207	0.9222	0.9236	0.9251	0.9265	0.9279	0.9292	0.9306	0.9319
1.5	0.9332	0.9345	0.9357	0.9370	0.9382	0.9394	0.9406	0.9418	0.9429	0.9441
1.6	0.9452	0.9463	0.9474	0.9484	0.9495	0.9505	0.9515	0.9525	0.9535	0.9545

z	0.00	0.01	0.02	0.03	0.04	0.05	0.06	0.07	0.08	0.09
1.7	0.9554	0.9564	0.9573	0.9582	0.9591	0.9599	0.9608	0.9616	0.9625	0.9633
1.8	0.9641	0.9649	0.9656	0.9664	0.9671	0.9678	0.9686	0.9693	0.9699	0.9706
1.9	0.9713	0.9719	0.9726	0.9732	0.9738	0.9744	0.9750	0.9756	0.9761	0.9767
2.0	0.9772	0.9778	0.9783	0.9788	0.9793	0.9798	0.9803	0.9808	0.9812	0.9817
2.1	0.9821	0.9826	0.9830	0.9834	0.9838	0.9842	0.9846	0.9850	0.9854	0.9857
2.2	0.9861	0.9864	0.9868	0.9871	0.9875	0.9878	0.9881	0.9884	0.9887	0.9890
2.3	0.9893	0.9896	0.9898	0.9901	0.9904	0.9906	0.9909	0.9911	0.9913	0.9916
2.4	0.9918	0.9920	0.9922	0.9925	0.9927	0.9929	0.9931	0.9932	0.9934	0.9936
2.5	0.9938	0.9940	0.9941	0.9943	0.9945	0.9946	0.9948	0.9949	0.9951	0.9952
2.6	0.9953	0.9955	0.9956	0.9957	0.9959	0.9960	0.9961	0.9962	0.9963	0.9964
2.7	0.9965	0.9966	0.9967	0.9968	0.9969	0.9970	0.9971	0.9972	0.9973	0.9974
2.8	0.9974	0.9975	0.9976	0.9977	0.9977	0.9978	0.9979	0.9979	0.9980	0.9981
2.9	0.9981	0.9982	0.9982	0.9983	0.9984	0.9984	0.9985	0.9985	0.9986	0.9986
3.0	0.9987	0.9987	0.9987	0.9988	0.9988	0.9989	0.9989	0.9989	0.9990	0.9990

注：$P\{Z>z\} = \Phi(z) = \int_{-\infty}^{z} \frac{1}{\sqrt{2\pi}} e^{-\omega^2/2} d\omega$,

$\Phi(-z) = 1 - \Phi(z)$。

表 2 χ^2 **分布表**

α / υ	0.5	0.25	0.1	0.05	0.025	0.01	0.001
1	0.45	1.32	2.71	3.84	5.02	6.63	10.83
2	1.39	2.77	4.61	5.99	7.38	9.21	13.82
3	2.37	4.11	6.25	7.81	9.35	11.34	16.27
4	3.36	5.39	7.78	9.49	11.14	13.28	18.47
5	4.35	6.63	9.24	11.07	12.83	15.09	20.52
6	5.35	7.84	10.64	12.59	14.45	16.81	22.46
7	6.35	9.04	12.02	14.07	16.01	18.48	24.32
8	7.34	10.22	13.36	15.51	17.53	20.09	26.12

α υ	0.5	0.25	0.1	0.05	0.025	0.01	0.001
9	8.34	11.39	14.68	16.92	19.02	21.67	27.88
10	9.34	12.55	15.99	18.31	20.48	23.21	29.59
11	10.34	13.7	17.28	19.68	21.92	24.72	31.26
12	11.34	14.85	18.55	21.03	23.34	26.22	32.91
13	12.34	15.98	19.81	22.36	24.74	27.69	34.53
14	13.34	17.12	21.06	23.68	26.12	29.14	36.12
15	14.34	18.25	22.31	25	27.49	30.58	37.7
16	15.34	19.37	23.54	26.3	28.85	32	39.25
17	16.34	20.49	24.77	27.59	30.19	33.41	40.79
18	17.34	21.6	25.99	28.87	31.53	34.81	42.31
19	18.34	22.72	27.2	30.14	32.85	36.19	43.82
20	19.34	23.83	28.41	31.41	34.17	37.57	45.31
21	20.34	24.93	29.62	32.67	35.48	38.93	46.8
22	21.34	26.04	30.81	33.92	36.78	40.29	48.27
23	22.34	27.14	32.01	35.17	38.08	41.64	49.73
24	23.34	28.24	33.2	36.42	39.36	42.98	51.18
25	24.34	29.34	34.38	37.65	40.65	44.31	52.62
26	25.34	30.43	35.56	38.89	41.92	45.64	54.05
27	26.34	31.53	36.74	40.11	43.19	46.96	55.48
28	27.34	32.62	37.92	41.34	44.46	48.28	56.89
29	28.34	33.71	39.09	42.56	45.72	49.59	58.3
30	29.34	34.8	40.26	43.77	46.98	50.89	59.7
35	34.34	40.22	46.06	49.8	53.2	57.34	66.62
40	39.34	45.62	51.81	55.76	59.34	63.69	73.4
45	44.34	50.98	57.51	61.66	65.41	69.96	80.08
50	49.33	56.33	63.17	67.5	71.42	76.15	86.66
100	99.33	109.14	118.5	124.34	129.56	135.81	149.45

注：对于自由度 $\upsilon=10$，$P\{\chi^2>15.99\}=0.10$。

表 3 t 分布表

υ	单侧检验					
α	0.1	0.05	0.025	0.01	0.005	0.0005
	双侧检验					
	0.2	0.1	0.05	0.02	0.01	0.001
1	3.078	6.314	12.706	31.821	63.657	636.619
2	1.886	2.920	4.303	6.965	9.925	31.599
3	1.638	2.353	3.182	4.541	5.841	12.924
4	1.533	2.132	2.776	3.747	4.604	8.610
5	1.476	2.015	2.571	3.365	4.032	6.869
6	1.440	1.943	2.447	3.143	3.707	5.959
7	1.415	1.895	2.365	2.998	3.499	5.408
8	1.397	1.860	2.306	2.896	3.355	5.041
9	1.383	1.833	2.262	2.821	3.250	4.781
10	1.372	1.812	2.228	2.764	3.169	4.587
11	1.363	1.796	2.201	2.718	3.106	4.437
12	1.356	1.782	2.179	2.681	3.055	4.318
13	1.350	1.771	2.160	2.650	3.012	4.221
14	1.345	1.761	2.145	2.624	2.977	4.140
15	1.341	1.753	2.131	2.602	2.947	4.073
16	1.337	1.746	2.120	2.583	2.921	4.015
17	1.333	1.740	2.110	2.567	2.898	3.965
18	1.330	1.734	2.101	2.552	2.878	3.922
19	1.328	1.729	2.093	2.539	2.861	3.883
20	1.325	1.725	2.086	2.528	2.845	3.850
21	1.323	1.721	2.080	2.518	2.831	3.819
22	1.321	1.717	2.074	2.508	2.819	3.792
23	1.319	1.714	2.069	2.500	2.807	3.768
24	1.318	1.711	2.064	2.492	2.797	3.745
25	1.316	1.708	2.060	2.485	2.787	3.725
26	1.315	1.706	2.056	2.479	2.779	3.707

续表

α	单侧检验					
	0.1	0.05	0.025	0.01	0.005	0.0005
υ	双侧检验					
	0.2	0.1	0.05	0.02	0.01	0.001
27	1.314	1.703	2.052	2.473	2.771	3.690
28	1.313	1.701	2.048	2.467	2.763	3.674
29	1.311	1.699	2.045	2.462	2.756	3.659
30	1.310	1.697	2.042	2.457	2.750	3.646
40	1.303	1.684	2.021	2.423	2.704	3.551
60	1.296	1.671	2.000	2.390	2.660	3.460
80	1.292	1.664	1.990	2.374	2.639	3.416
100	1.290	1.660	1.984	2.364	2.626	3.390
120	1.289	1.658	1.980	2.358	2.617	3.373
200	1.286	1.653	1.972	2.345	2.601	3.340

注：对于自由度 $v=10$，$P\{t>1.812\}=0.05$，$P\{t<-1.812\}=0.05$，$P\{|t|>1.812\}=0.1$ 前两个是单侧(右侧或左侧)，第三个是双侧检验。

表4　　　　　　　　　　　　　　　　F 分布表

v_1	分子自由度									
v_2	1	2	3	4	5	6	7	8	9	10
1	161.45	199.50	215.71	224.58	230.16	233.99	236.77	238.88	240.54	241.88
2	18.51	19.00	19.16	19.25	19.30	19.33	19.35	19.37	19.38	19.40
3	10.13	9.55	9.28	9.12	9.01	8.94	8.89	8.85	8.81	8.79
4	7.71	6.94	6.59	6.39	6.26	6.16	6.09	6.04	6.00	5.96
5	6.61	5.79	5.41	5.19	5.05	4.95	4.88	4.82	4.77	4.74
6	5.99	5.14	4.76	4.53	4.39	4.28	4.21	4.15	4.10	4.06
7	5.59	4.74	4.35	4.12	3.97	3.87	3.79	3.73	3.68	3.64
8	5.32	4.46	4.07	3.84	3.69	3.58	3.50	3.44	3.39	3.35
9	5.12	4.26	3.86	3.63	3.48	3.37	3.29	3.23	3.18	3.14
10	4.96	4.10	3.71	3.48	3.33	3.22	3.14	3.07	3.02	2.98
11	4.84	3.98	3.59	3.36	3.20	3.09	3.01	2.95	2.90	2.85

续表

ν_2 \ ν_1	分子自由度									
	1	2	3	4	5	6	7	8	9	10
12	4.75	3.89	3.49	3.26	3.11	3.00	2.91	2.85	2.80	2.75
13	4.67	3.81	3.41	3.18	3.03	2.92	2.83	2.77	2.71	2.67
14	4.60	3.74	3.34	3.11	2.96	2.85	2.76	2.70	2.65	2.60
15	4.54	3.68	3.29	3.06	2.90	2.79	2.71	2.64	2.59	2.54
16	4.49	3.63	3.24	3.01	2.85	2.74	2.66	2.59	2.54	2.49
17	4.45	3.59	3.20	2.96	2.81	2.70	2.61	2.55	2.49	2.45
18	4.41	3.55	3.16	2.93	2.77	2.66	2.58	2.51	2.46	2.41
19	4.38	3.52	3.13	2.90	2.74	2.63	2.54	2.48	2.42	2.38
20	4.35	3.49	3.10	2.87	2.71	2.60	2.51	2.45	2.39	2.35
21	4.32	3.47	3.07	2.84	2.68	2.57	2.49	2.42	2.37	2.32
22	4.30	3.44	3.05	2.82	2.66	2.55	2.46	2.40	2.34	2.30
23	4.28	3.42	3.03	2.80	2.64	2.53	2.44	2.37	2.32	2.27
24	4.26	3.40	3.01	2.78	2.62	2.51	2.42	2.36	2.30	2.25
25	4.24	3.39	2.99	2.76	2.60	2.49	2.40	2.34	2.28	2.24
30	4.17	3.32	2.92	2.69	2.53	2.42	2.33	2.27	2.21	2.16
35	4.12	3.27	2.87	2.64	2.49	2.37	2.29	2.22	2.16	2.11
40	4.08	3.23	2.84	2.61	2.45	2.34	2.25	2.18	2.12	2.08
45	4.06	3.20	2.81	2.58	2.42	2.31	2.22	2.15	2.10	2.05
50	4.03	3.18	2.79	2.56	2.40	2.29	2.20	2.13	2.07	2.03
55	4.02	3.16	2.77	2.54	2.38	2.27	2.18	2.11	2.06	2.01
60	4.00	3.15	2.76	2.53	2.37	2.25	2.17	2.10	2.04	1.99
80	3.96	3.11	2.72	2.49	2.33	2.21	2.13	2.06	2.00	1.95
100	3.94	3.09	2.70	2.46	2.31	2.19	2.10	2.03	1.97	1.93
200	3.89	3.04	2.65	2.42	2.26	2.14	2.06	1.98	1.93	1.88
400	3.86	3.02	2.63	2.39	2.24	2.12	2.03	1.96	1.90	1.85
1000	3.85	3.00	2.61	2.38	2.22	2.11	2.02	1.95	1.89	1.84

注：自由度 $\nu_1 = 5$，$\nu_1 = 10$，$P\{F > 3.33\} = 0.05$，$\alpha = 0.05$。

表 5 　　　　　　　　　　　　　F 分布表

ν_1	分子自由度									
ν_2	1	2	3	4	5	6	7	8	9	10
1	4052	4999	5403	5625	5764	5859	5928	5981	6022	6056
2	98.5	99	99.17	99.25	99.3	99.33	99.36	99.37	99.39	99.4
3	34.12	30.82	29.46	28.71	28.24	27.91	27.67	27.49	27.35	27.23
4	21.2	18	16.69	15.98	15.52	15.21	14.98	14.8	14.66	14.55
5	16.26	13.27	12.06	11.39	10.97	10.67	10.46	10.29	10.16	10.05
6	13.75	10.92	9.78	9.15	8.75	8.47	8.26	8.1	7.98	7.87
7	12.25	9.55	8.45	7.85	7.46	7.19	6.99	6.84	6.72	6.62
8	11.26	8.65	7.59	7.01	6.63	6.37	6.18	6.03	5.91	5.81
9	10.56	8.02	6.99	6.42	6.06	5.8	5.61	5.47	5.35	5.26
10	10.04	7.56	6.55	5.99	5.64	5.39	5.2	5.06	4.94	4.85
11	9.65	7.21	6.22	5.67	5.32	5.07	4.89	4.74	4.63	4.54
12	9.33	6.93	5.95	5.41	5.06	4.82	4.64	4.5	4.39	4.3
13	9.07	6.7	5.74	5.21	4.86	4.62	4.44	4.3	4.19	4.1
14	8.86	6.51	5.56	5.04	4.69	4.46	4.28	4.14	4.03	3.94
15	8.68	6.36	5.42	4.89	4.56	4.32	4.14	4	3.89	3.8
16	8.53	6.23	5.29	4.77	4.44	4.2	4.03	3.89	3.78	3.69
17	8.4	6.11	5.18	4.67	4.34	4.1	3.93	3.79	3.68	3.59
18	8.29	6.01	5.09	4.58	4.25	4.01	3.84	3.71	3.6	3.51
19	8.18	5.93	5.01	4.5	4.17	3.94	3.77	3.63	3.52	3.43
20	8.1	5.85	4.94	4.43	4.1	3.87	3.7	3.56	3.46	3.37
21	8.02	5.78	4.87	4.37	4.04	3.81	3.64	3.51	3.4	3.31
22	7.95	5.72	4.82	4.31	3.99	3.76	3.59	3.45	3.35	3.26
23	7.88	5.66	4.76	4.26	3.94	3.71	3.54	3.41	3.3	3.21
24	7.82	5.61	4.72	4.22	3.9	3.67	3.5	3.36	3.26	3.17
25	7.77	5.57	4.68	4.18	3.85	3.63	3.46	3.32	3.22	3.13
30	7.56	5.39	4.51	4.02	3.7	3.47	3.3	3.17	3.07	2.98
35	7.42	5.27	4.4	3.91	3.59	3.37	3.2	3.07	2.96	2.88
40	7.31	5.18	4.31	3.83	3.51	3.29	3.12	2.99	2.89	2.8
45	7.23	5.11	4.25	3.77	3.45	3.23	3.07	2.94	2.83	2.74
50	7.17	5.06	4.2	3.72	3.41	3.19	3.02	2.89	2.78	2.7
55	7.12	5.01	4.16	3.68	3.37	3.15	2.98	2.85	2.75	2.66
60	7.08	4.98	4.13	3.65	3.34	3.12	2.95	2.82	2.72	2.63

续表

ν_1 ν_2	分子自由度									
	1	2	3	4	5	6	7	8	9	10
65	7.04	4.95	4.1	3.62	3.31	3.09	2.93	2.8	2.69	2.61
80	6.96	4.88	4.04	3.56	3.26	3.04	2.87	2.74	2.64	2.55
100	6.9	4.82	3.98	3.51	3.21	2.99	2.82	2.69	2.59	2.5
200	6.76	4.71	3.88	3.41	3.11	2.89	2.73	2.6	2.5	2.41
400	6.7	4.66	3.83	3.37	3.06	2.85	2.68	2.56	2.45	2.37
1000	6.66	4.63	3.8	3.34	3.04	2.82	2.66	2.53	2.43	2.34

注：自由度 $\nu_1=5$，$\nu_1=10$，$P\{F>5.64\}=0.05$，$\alpha=0.01$。

表 6   **D. W. 检验上下界表**

n	k = 2		k = 3		k = 4		k = 5		k = 6	
	d_L	d_U	d_L	d_U	d_L	d_U	d_L	d_U	d_L	d_U
15	1.08	1.36	0.95	1.54	0.82	1.75	0.69	1.97	0.56	2.21
16	1.10	1.37	0.98	1.54	0.86	1.73	0.74	1.93	0.62	2.15
17	1.13	1.38	1.02	1.54	0.90	1.71	0.78	1.90	0.67	2.10
18	1.16	1.39	1.05	1.53	0.93	1.69	0.82	1.87	0.71	2.06
19	1.18	1.40	1.08	1.53	0.97	1.68	0.86	1.85	0.75	2.02
20	1.20	1.41	1.10	1.54	1.00	1.68	0.90	1.83	0.79	1.99
21	1.22	1.42	1.13	1.54	1.03	1.67	0.93	1.81	0.83	1.96
22	1.24	1.43	1.15	1.54	1.05	1.66	0.96	1.80	0.86	1.94
23	1.26	1.44	1.17	1.54	1.08	1.66	0.99	1.79	0.90	1.92
24	1.27	1.45	1.19	1.55	1.10	1.66	1.01	1.78	0.93	1.90
25	1.29	1.45	1.21	1.55	1.12	1.66	1.04	1.77	0.95	1.89
26	1.30	1.46	1.22	1.55	1.14	1.65	1.06	1.76	0.98	1.88
27	1.32	1.47	1.24	1.56	1.16	1.65	1.08	1.76	1.01	1.86
28	1.33	1.48	1.26	1.56	1.18	1.65	1.10	1.75	1.03	1.85
29	1.34	1.48	1.27	1.56	1.20	1.65	1.12	1.74	1.05	1.84
30	1.35	1.49	1.28	1.57	1.21	1.65	1.14	1.74	1.07	1.83
31	1.36	1.50	1.30	1.57	1.23	1.65	1.16	1.74	1.09	1.83
32	1.37	1.50	1.31	1.57	1.24	1.65	1.18	1.73	1.11	1.82
33	1.38	1.51	1.32	1.58	1.26	1.65	1.19	1.73	1.13	1.81
34	1.39	1.51	1.33	1.58	1.27	1.65	1.21	1.73	1.15	1.81

n	k = 2		k = 3		k = 4		k = 5		k = 6	
	d_L	d_U	d_L	d_U	d_L	d_U	d_L	d_U	d_L	d_U
35	1.40	1.52	1.34	1.58	1.28	1.65	1.22	1.73	1.16	1.80
36	1.41	1.52	1.35	1.59	1.29	1.65	1.24	1.73	1.18	1.80
37	1.42	1.53	1.36	1.59	1.31	1.66	1.25	1.72	1.19	1.80
38	1.43	1.54	1.37	1.59	1.32	1.66	1.26	1.72	1.21	1.79
39	1.43	1.54	1.38	1.60	1.33	1.66	1.27	1.72	1.22	1.79
40	1.44	1.54	1.39	1.60	1.34	1.66	1.29	1.72	1.23	1.79
45	1.48	1.57	1.43	1.62	1.38	1.67	1.34	1.72	1.29	1.78
50	1.50	1.59	1.46	1.63	1.42	1.67	1.38	1.72	1.34	1.77
55	1.53	1.60	1.49	1.64	1.45	1.68	1.41	1.72	1.38	1.77
60	1.55	1.62	1.51	1.65	1.48	1.69	1.44	1.73	1.41	1.77
65	1.57	1.63	1.54	1.66	1.50	1.70	1.47	1.73	1.44	1.77
70	1.58	1.64	1.55	1.67	1.52	1.70	1.49	1.74	1.46	1.77
75	1.60	1.65	1.57	1.68	1.54	1.71	1.51	1.74	1.49	1.77
80	1.61	1.66	1.59	1.69	1.56	1.72	1.53	1.74	1.51	1.77
85	1.62	1.67	1.60	1.70	1.57	1.72	1.55	1.75	1.52	1.77
90	1.63	1.68	1.61	1.70	1.59	1.73	1.57	1.75	1.54	1.78
95	1.64	1.69	1.62	1.71	1.60	1.73	1.58	1.75	1.56	1.78
100	1.65	1.69	1.63	1.72	1.61	1.74	1.59	1.76	1.57	1.78

注：$\alpha = 0.05$ 的上下界。

附录二　调查问卷

温泉旅游目的地竞争力调查问卷

1. 温泉使用目的是？

a 生意往来　b 聚会　c 观光休闲　d 使用会议场所　e 增进健康　f 疗养

2. 最近一年期间到访温泉旅游目的地的次数？

a 1 次　b 2~5 次　c 6~9 次　d 10 次以上

3. 您到访温泉旅游目的地时的伙伴是？

a 家人亲戚　b 朋友　c 团队

4. 您在温泉旅游目的地停留时间是？

a 当日　b 一晚二天　c 三晚四天　d 其他

5. 住宿时主要使用以下哪个设施？

a 星级酒店　b 快捷型旅馆　c 休闲度假村　d 亲友家　e 其他

6. 餐饮如何解决？

a 住宿设施内的餐厅　b 一般餐厅　c 自己做　d 盒饭　e 其他

7. 在温泉旅游中个人支出的费用总共是（　元）。

8. 温泉目的地的信息情况是如何获得的？

a 电视广播　b 杂志宣传册　c 报纸　d 互联网　e 旅行社　f 亲友推荐　g 其他

9. 您的性别？　　a 男　b 女

10. 您的年龄是？

a 20 岁以下　b 21—30　c 31—40　d 41—50　e 51 岁以上

11. 您的职业是？

a 销售管理（　）　b 旅游服务业（　）　c 公务员（　）　d 学生（　）
e 专业技术型（　）　f 私营企业（　）　g 教育业（　）　h 其他（　）

12. 您的居住地在_____省（直辖市/自治区）_____市

13. 下列温泉旅游问题中，请根据您认为的重要性标出来。

问题序号	问项	完全不重要	不重要	一般	重要	非常重要
ST01	设施使用的便利性					
ST02	交通的便利性					
ST03	设施之间空间的便利性					
ST04	温泉旅游目的地的信息					
ST05	旅游资源信息					
ST06	住宿设施的便利性					
ST07	住宿设施的多样性					
ST08	住宿设施的价格体系					
ST09	温泉使用价格					
ST10	温泉设施的多样性					
ST11	餐饮设施的卫生程度					
ST12	疗养娱乐设施的魅力性					

续表

问题序号	问项	完全不重要	不重要	一般	重要	非常重要
ST13	温泉疗养对皮肤病有疗效					
ST14	温泉疗养对肝病有疗效					
ST15	温泉疗养对关节炎有疗效					
ST16	温泉疗养对心脏病、胃病有疗效					
ST17	幸福感					
ST18	愉快感					
ST19	兴奋感					
ST20	增进家人之间的关系					
ST21	所属集团间的社会关系					
ST22	维持对人关系					
ST23	温泉旅游社会视角					
ST24	康养的社会认识					
ST25	体验民间治疗偏方					
ST26	缓解身体上的紧张					
ST27	体验温泉治疗秘方					
ST28	体验温泉水温治疗					
ST29	心理上的再充电					

14. 您认为该旅温泉旅游地与其他温泉旅游目的地相比，是否具有竞争力？

a 没有竞争力　b 一般　c 有竞争力

15. 您认为该旅温泉旅游地与其他温泉旅游目的地相比，是否具有魅力性？

a 没有魅力性　b 一般　c 有魅力性

16. 您认为该旅温泉旅游地与其他温泉旅游目的地相比，对该旅游目的地有浓厚的家乡情？

a 没有　b 一般　c 有

非常感谢您的耐心回答！

主要参考文献

仇立平：《社会研究方法》，重庆大学出版社 2012 年版。

杜智敏：《抽样调查与 SPSS 应用》，电子工业出版社 2010 年版。

何晓群：《多元统计分析（第四版）》，中国人民大学出版社 2015 年版。

贾俊平：《统计学》，清华大学出版社 2004 年版。

李洁明：《统计学原理》，复旦大学出版社 2006 年版。

李享：《旅游统计学原理与实务》，中国旅游出版社 2008 年版。

马保平：《抽样调查》，兰州大学出版社 2000 年版。

王周伟，崔百胜，朱敏：《经济计量研究指导——实证分析与软件实现》，北京大学出版社 2015 年版。

王周伟，龚秀芳，乔军华：《SPSS 统计分析应用案例教程（第二版）》，北京大学出版社 2020 年版。

席唤民：《新编旅游统计学》，旅游教育出版社 2004 年版。

宣泽永：《统计学原理》，广西师范大学出版社 2004 年版。

朱建平：《应用多元统计分析（第二版）》，科学出版社 2012 年版。